彰国社

「境界」から考える住宅―空間のつなぎ方を読み解く

デザイン———刈谷悠三+角田奈央+平川響子—neucitora

彰国社

「境界」から考える住宅

空間のつなぎ方を読み解く

大塚篤｜是永美樹［著］
Atsushi Otsuka, Miki Korenaga

はじめに——日本の住宅の「境界」を考える

日本の伝統的な住宅には、
四季の移ろいに応じて室内を快適にする工夫、
温暖な気候のもと自然を感じるつくり、使い方に応じた設え、
格式などを表す装飾などに代表される様式など、
住宅の内部と外部のつなぎ方や室同士の関係性を調整する
さまざまな仕組みがある。
たとえば、強い日差しや雨から身を守る屋根の先には、
風を感じながら過ごしたり、
屋外の作業場所を確保する軒下空間が生まれ、
その下には室内から一段下がって
地面に近づき外と内の緩衝空間となる縁側がある。
柱間には壁と建具がはめ込まれ、
壁には外を眺める窓が開けられ、
季節や天候に応じて建具の開け閉めを選択し、
光と風を取り込んだり遮ったりする。
一段高い天井や床は、特別な場としての意味をもち、
住宅に格式のある領域をつくる。

—

このような仕組みは、住宅の外と内、内と内の境界として、
日本の伝統的な住宅にはごく普通に取り入れられてきた。
貴族住宅、農家、町家など身分や地域によって
さまざまな住宅の形式があり、それら日本の住宅には、
機能もつくりも異なる境界が多用されてきた。
このような境界は、地域や気候に応じた住まい方に対する
知恵や、日本人の風土に対する姿勢や
生活文化を表しているともいえる。

—

高度成長期には、都市の高密化や環境汚染などの
周辺環境の悪化、核家族化など、
住宅を取り巻く社会情勢が大きく変貌し、
住宅のあり様も多様化した。

住宅は周囲とのかかわりを避け、壁で閉ざすようになり、
特に都市部では限られた敷地の中で、個々の住環境が
完結するような住宅が多くつくられた時代もあった。
—
また「nLDK」という表記が示しているように「個室化」が
住宅の価値づけを左右し、プライバシーの確保された個室の
数で住宅の良さを評価するような不動産的な価値観が、
住宅業界を支配する時代もあった。
現在でもその傾向は残るが、一方で家族形態の変化、
住まい方の多様化、近隣とのかかわりをつくろうとする地域社会、
素材や工法の技術の進歩、気候変動による温暖化に対する
省エネルギーへの配慮など、住宅を取り巻く社会状況の
変容により、住宅に求められる価値観も変容している。
—
本書では、それぞれの敷地条件や施主の要望に
応えるかたちで、建築家によるさまざまな「境界」が
提案された住宅を紹介している。
これらの住宅では、周辺環境とのかかわり方や
家族同士の関係に選択性を与え、
住まい方に応じた「境界」がつくられている。
このような「境界」には、現代に求められる多様な住まい方を
受容し、プロトタイプ的ではない個々の住まい方に応じた
自由で豊かな住宅をつくる可能性が
秘められているのではないかと考える。
—
以下、本書の構成を解説する。
—
まずchapter1では、日本の伝統的な住宅で用いられてきた
境界の仕組みを7つの手法に整理して読み解きながら、
chapter2で紹介する51の住宅でつくられた「境界」を整理した。
つくられた時代も背景も異なるため、
まったく同じ境界とはいかないが、
手法としてのエッセンスには
両者に相通ずる点が感じられるのではないだろうか。
—
chapter2は本書の主となる章である。
51の住宅に見られるさまざまな「境界」について、
平面や断面の構成でつくられた「境界」、
窓辺や家具など部位のつくる「境界」、
新しい素材や仕組みでつくられた「境界」、
リノベーションにより再構成された「境界」など、
その具体的な「境界」の仕組みや工夫を
手法別に読み解いている。
—
chapter3では「境界」をつくる要素として、
伝統的な建具と新しい素材や
近年求められる省エネルギーに関する項目別に、
その特性と設計時の注意点をあげている。
計画の際に、基礎資料として活用していただきたい。
—
伝統的な住宅に埋め込まれてきた
境界としての場の魅力と仕組みとしての手法がどのように解釈され、
現代の住宅にふさわしい「境界」として展開されているのだろうか。
そこには現代の住空間を豊かにするヒントがあふれ、
これからの住文化をつくっていく
知恵が隠れているのではないかと考える。
—
2017年8月 是永美樹

目次

chapter2

事例から読み解く境界の手法 026

26 pallets …… 068
駒田剛司+駒田由香/駒田建築設計事務所

27 ギタンジャリ …… 070
椎名英三建築設計事務所

28 緑縁の栖 …… 072
川本敦史+川本まゆみ/エムエースタイル建築計画

29 川西の住居 …… 074
タトアーキテクツ/島田陽建築設計事務所

B ゾーンや部位でつくる境界

4 窓辺を居場所にする境界

30 北鎌倉のような家 …… 076
佐藤浩平建築設計事務所

31 後山山荘 …… 076
前田圭介/UID、藤井厚二(原設計)

32 森のドールハウス …… 078
早草睦惠/セルスペース

33 永山の家 …… 080
丸山弾建築設計事務所

34 野沢の家 …… 082
藤岡新/プラッツデザイン

5 家具・造作と一体化した境界

35 s house …… 084
松野勉+相澤久美/ライフアンドシェルター社+
池田昌弘/MIAS

36 Blanks …… 086
稲垣淳哉+佐野哲史+永井拓生+堀英祐/Eureka

37 U&U HOUSE …… 086
塚田眞樹子建築設計

38 白い箱の家 …… 088
高安重一+添田直輝/建築研究室 高安重一事務所

39 HOUSE YK/Islands …… 088
赤松佳珠子/CAt

6 多様化するスクリーンの境界

40 スケルトン・ウォール …… 090
濱田修/濱田修建築研究所+
大野博史/オーノJAPAN

41 六日町の家 …… 090
奥野公章/奥野公章建築設計室+
我伊野威之/我伊野構造設計室

42 ナチュラルスラット …… 092
遠藤政樹/EDH遠藤設計室+池田昌弘/MIAS

43 富ヶ谷の住宅 …… 092
井上洋介建築研究所

44 平塚の家 …… 094
甲村健一/KEN一級建築士事務所

45 キリのキョリのイエ …… 096
小島光晴/小島光晴建築設計事務所

A 建築全体でつくる境界

R リノベーションでつくる境界

46 貝塚の住宅 …… 098
荒木洋+長澤浩二/AN Architects

47 カテナハウス …… 100
比護結子+柴田晃宏/ikmo

48 煉瓦倉庫の隠れ家——時の継承 …… 102
河口佳介+K2-DESIGN

49 不動前ハウス …… 104
常山未央/mnm

50 RENOVATION M …… 106
武藤圭太郎建築設計事務所

51 上大須賀の家 …… 106
谷尻誠+吉田愛/SUPPOSE DESIGN OFFICE

chapter3

境界をつくる部材の機能と特徴

本書における事例の分析と図・写真の加工について

掲載する事例については、
主に以下のような視点から図解し、分析を試みた。

- 動線（行き来できるか）や空間のつながり方
- 視線（室間または外へ視線が通るか）
- 採光と通風（周辺の自然条件をどのように取り入れているか）
- 緑地や道路など周辺の状況とどう関わっているか
- 注目すべき部位などの寸法

上記を考慮しながら事例の図面や写真に考察を書き込み、
図から空間の特性が浮かび上がってくるような表現を試みた。

主な凡例

動線
視線
通風
採光

ほか、緑地や領域としての広がりには色のアミをかけ、
グラデーションなどの処理を適宜行っている。

伝統的な境界と現代の境界

日本の伝統的な建築は、温熱環境の制御や
プライバシーの保護などの性能面で見るならば、
現代の構法と比べるまでもない。

–

しかし、空間同士のつなぎ目を検討するとき、いまもなお、
境界のあり方や本質について示唆に富む存在でもある。
たとえば縁側は、奥行きをもった内外の緩衝空間として、
室内を曖昧に、フレキシブルに包み込む。
敷居や垂れ壁、広間に設けられた上段などは、
物理的に遮蔽されてなくとも領域の際《きわ》を暗示させる。

–

また、室内の一角を占める土間や地窓で切り取られた坪庭などは、
屋外の環境を、室内の身近なかたわらへと引き寄せる。
それらは、外皮や部位の仕様というよりも、
建築全体の平面計画や断面計画へ、
あらかじめ織り込まれた境界形成の手法といえる。

–

本章では、日本の伝統的建築において、
境界をつくり出す構成要素である
「縁側」「土間」「坪庭」「屋根・天井」「床」「壁と窓」「仕切り」
という7つの視点から、それぞれの境界のあり方と、
近年の住宅で実践されている手法との関連性について考察していく。

chapter 1

縁側

→伝統的な境界

内と外とをつなぐ、厚みのある境界

縁側は、内外の狭間に設けられた室内空間の縁《ふち》である。その深い軒の下には、内を延長した場所とも、外を引き寄せた場所としても解釈できる、半屋外的な空間が形成されていた。さらに縁側は、人の動線や日射の調整、室の拡張、収穫したものの加工作業など、さまざまな機能の場として活用されてきた。これらの特性が込められた「厚みのある境界」は、現代の住宅作品のなかでも、テラスやサンルーム、廊下などに姿を変えながらも、周辺環境と室内とのつながりを調整し、人の居場所にもなるバッファー空間として実践され続けている。

室内から外を望むと、
逆光により暗くなった軒天井が
明るい外の景色を縁取る
夏の太陽高度
冬の太陽高度
建具を
開放すれば、
室内空間が、
適宜
拡張される
縁側の奥行き
外
縁側
内
吹きさらしの縁側は、
軒下に外を引き寄せる
腰掛けやすい
レベル差
等間隔に並んだ独立柱が、
曖昧な境界面を形成している

内外をゆるやかにつなぐ縁側
(旧佐々木家/川崎市立日本民家園、享保16年[1731])
深い軒の出による日射調整、
室の領域を拡張するなど、
縁側まわりの空間が内外の関係を
複合的に制御している

→現代の境界

縁側のように身にまとったバッファー空間

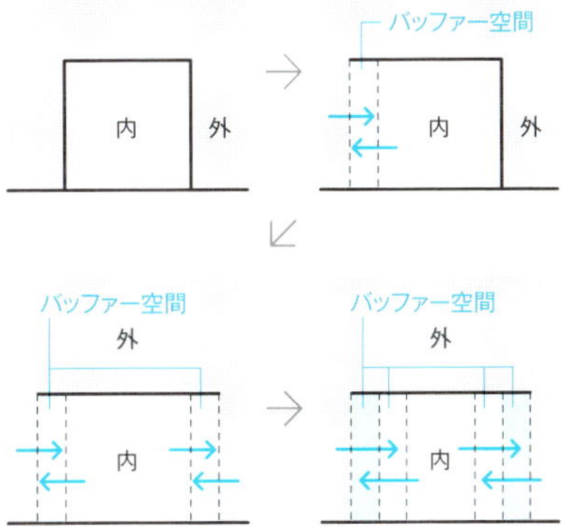

断面の構成

[バッファー空間で内を縁取る]

従来の縁側とは姿が違っても、内と外とのバッファー空間を、住宅の周縁部分にまとう手法は、現代でも比較的多く見られる。バッファー空間のまとい方は、日当りの良い南面に設けたケース、前面道路と庭などの2面で挟み込んだケース、全周をバッファーでくるんだケースなどに大別できる。なかには、幾重にもバッファー空間を重層させた事例も見られる。

[chapter2の主な関連事例]

06	07	08	09	13	14	16
24	25	26	27	28	30	31
43						

内や外の一部に見立てたバッファー空間

[バッファー空間へ内を拡張する]

バッファー空間を、室内的な場として見立て、適宜、室を拡張可能にする方法である。普段は動線として設けた空間を、夏期は建具を開放して室の一部にしたり、冬期は閉め切って、大きな断熱層として役立てることもできる。

[バッファー空間に外を引き寄せる]

一方、室内のバッファー空間であっても、外を引き寄せた場所として見立てる方法もある。このとき、外を想起させる要素として、土間やデッキ、砂利などの床、天窓からの採光、外壁同様の仕上げなどが用いられることが多い。

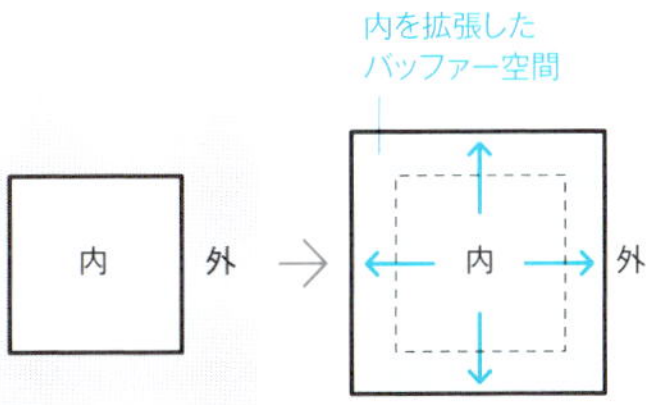

平面の構成

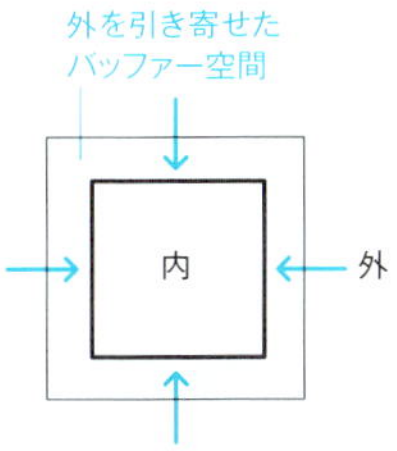

平面の構成

[chapter2の主な関連事例]

06	08	09	23	24	25	28
48						

[chapter2の主な関連事例]

07	29	31	46	50	51

07

八ヶ岳の別荘｜千葉学建築計画事務所
外側を巡らせた回廊は、屋外側・室内側それぞれの開口によって、外の雰囲気を感じさせるバッファー空間になっている

24

IS｜渡辺真理+木下庸子/設計組織ADH
外付けアルミルーバーや、半透明の建具などで包んだサンルームが、内外をゆるやかにつなぐバッファー空間を形成している

31

後山山荘｜前田圭介/UID、藤井厚二(原設計)
外の縁側と和室をつなぐバッファー空間である廊下の床を1段下げ、敷石と砂利で外部的な演出をしている

土間

→伝統的な境界

外の要素を内に包み込んだ境界

かつての土間は、住宅を構成する諸室のひとつとして、比較的大きな割合を占めていた。それは、暮らしに必要でも床上では不都合な、火や水を使った調理や、ごみや埃の出る作業などを、屋内で行うことができる場であった。土間の空間を構成する、地面のような三和土の床仕上げ、小屋組を露した高い天井や吹抜け、排煙や採光を目的とした高窓・天窓など、外を想起させる要素に注目すると、現代の住宅設計のなかにも、土間的な手法を見つけることができる。

カマドのある土間と、囲炉裏のある広間を見る(旧北村家住宅/川崎市立日本民家園、貞享4[1687]年)
三和土の床、外とつながる大きな開口、高い天井高など、外のような要素をもつ土間が、
床上空間とともに、ひとつの大屋根の下に設けられている

→現代の境界

室内でも外を感じさせる土間

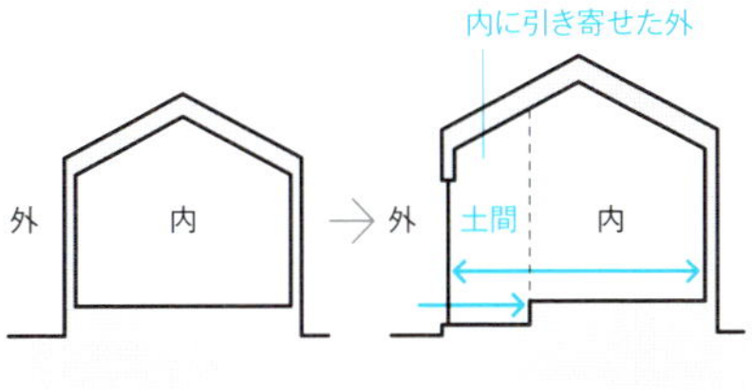

断面の構成

[室内に床上と土間をあわせもつ]

室内に土間を設けると、実際の外形と、心理的な内外の輪郭という、2重の境界ラインが引かれる。それは、それまで一様であった室内に、空間的な差をつくり、床上と土間、各々にふさわしい過ごし方、使い方に気づくきっかけとなるだろう。

[chapter2の主な関連事例]

05 | 23 | 24 | 31 | 46 | 47 | 48 | 49 | 51

[土間を室のひとつに見立てる]

土間を、室と等価な存在として扱ったり、インナーテラスとして見立てることで、外を身近に置いた、内外が入り交じるような室内空間を形成することができる。また、「室だと思って覗いてみたら、実は外だった」という意外な状況も生じる。

[chapter2の主な関連事例]

11 | 16 | 46 | 47 | 51

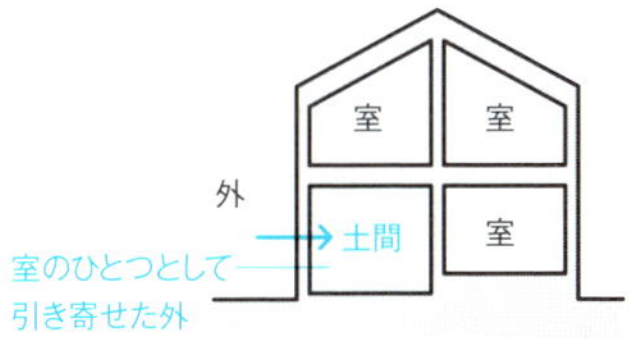

[地面を意識させる]

室内床は、大抵地面よりも上にあるものだから、床を掘り下げると、外の地面が強く意識される。地面に対して、普段と異なる低い視点で眺めれば、動物が地中の巣穴から外の様子をうかがうように、地面との新鮮な関係が生じる。

[chapter2の主な関連事例]

11 | 18

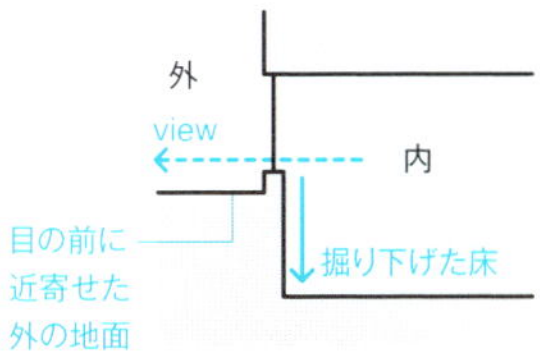

室内を通り抜けるような外

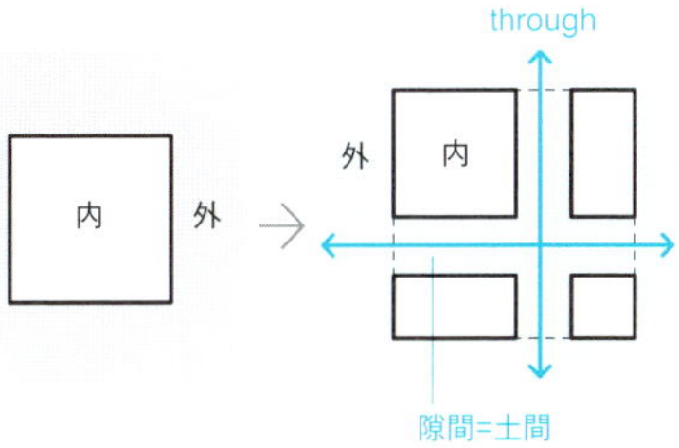

平面の構成

[隙間に外が入り込み、抜けていく]

室内が、いくつかに分節されたボリュームと、それらの隙間で構成された住宅を想像してみる。このとき、隙間を土間に見立てたり、隙間の端部を開放的に設えると、室内でありながら、外が通り抜けていくような空間が形成される。

[chapter2の主な関連事例]

01 | 03 | 04 | 25

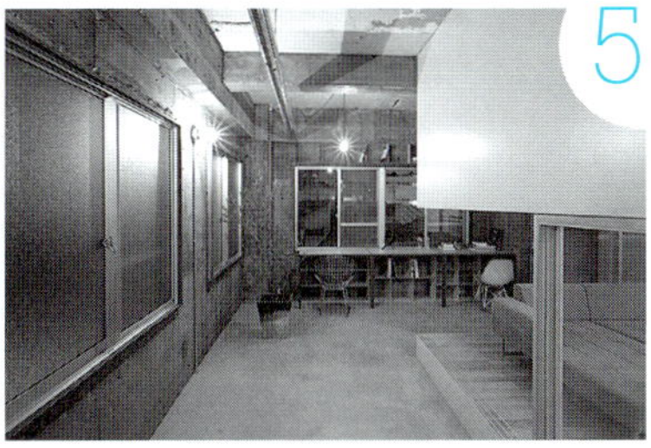

51

上大須賀の家｜谷尻誠＋吉田愛／SUPPOSE DESIGN OFFICE

入れ子にしたLDKとそれを囲んで1段下げた土間。むき出しのRCの床は、仕上げられたLDKを差異化する

48

煉瓦倉庫の隠れ家――時の継承｜河口佳介＋K2-DESIGN

既存倉庫のレンガ壁と内を囲む透明な壁の隙間を外に見立て、内に居ながら外を感じるような広がりを演出する土間

16

川口邸｜保坂猛建築都市設計事務所

頭上のV型梁によってゆるやかに分節された内部空間のひとつが、屋外のような居場所として位置づけられている

01

カーザ・リベラ｜西森陸雄／西森事務所

居室や水まわりをまとめた3つのボリュームの隙間が、外が通り抜けるような動線の空間として位置づけられている

坪庭

→伝統的な境界

生活のかたわらに、外を迎え入れる境界

坪庭を内包する住居の形式は、採光・通風などを主な目的として、本来、外周にあるべき外との境界面を、内側に確保する仕組みをもつ。まるで、外を内へと迎え入れたような坪庭は、限られた室内空間のかたわらに、広がりや奥行きを生み出す。

坪庭の系譜は、コートハウスという形式で現代にも引き継がれている。近年では、坪庭のような空間を挟んで、室同士を関係づけたり、回廊的な坪庭を周辺環境とのバッファー空間として位置づけるような、新たな展開が見られる。

居室に囲まれるように設けられた坪庭（松向庵／金沢、大正10年頃）
周囲が建て込んだ住環境において、居室同士の隙間に設えられた坪庭は、採光や通風のみならず、実面積以上の空間的な広がりをつくり出す

坪庭と居室との関係は、障子の開閉具合によって調整できる
坪庭へと下向きに
眺望を切り取る雪見障子
坪庭を
回り込む
動線
濡縁
手水鉢
こぼれ落ちた水が
溜まりをつくらないように、
手水鉢の足元に並べられた
大小の石
坪庭
view

→現代の境界

外形に内包された坪庭

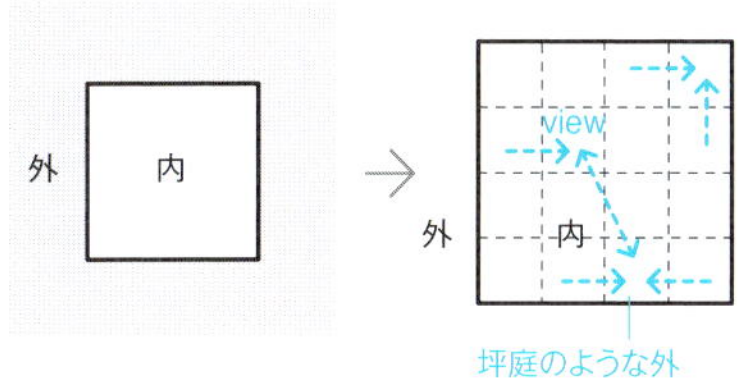

平面の構成

[坪庭をちりばめるように配置する]

矩形な平面上のあちこちに、坪庭のような、小さな外をちりばめてみる。ひとつの外を、いろんな方向からシェアしたり、2つの外に挟まれた居場所も生じる。外周の庭に接する場合とは異なる、外との親密な関係が築けるだろう。

[chapter2の主な関連事例]

02 | 05 | 06 | 10 | 33 | 42 | 45

[層で分けた一部を坪庭に見立てる]

全体を帯状の層を束ねた構成にするとき、その一部を坪庭に見立ててみる。外側に設けたら、周辺環境との関係を調整するバッファーになる。また、内側に設ければ、室同士の距離感や、住宅全体に奥行きを与えることができる。

[chapter2の主な関連事例]

14 | 16 | 20

[坪庭を立体的に配置する]

坪庭は、小さな室のようなサイズの屋外空間だから、室を坪庭に置き換えた姿を想像してみるといい。家全体の輪郭の中に、室と庭とが立体的に散在し、本来の内外の境界が曖昧にぼかされていくような状況が思い描けるだろう。

[chapter2の主な関連事例]

11 | 21 | 26 | 27

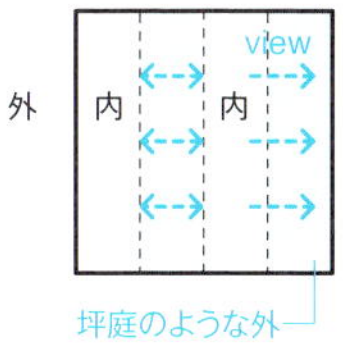

平面の構成

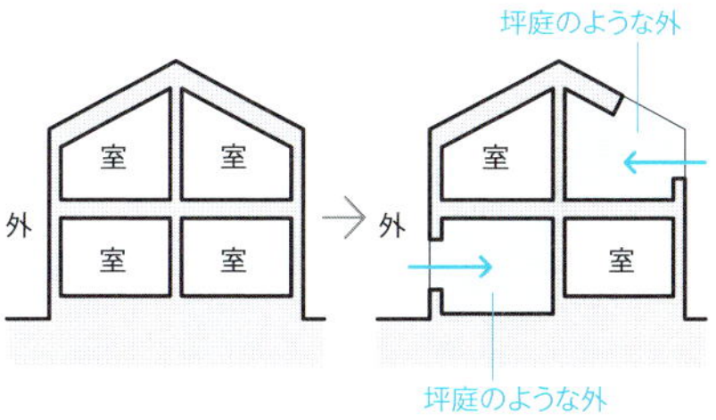

断面の構成

周囲にまとうような坪庭

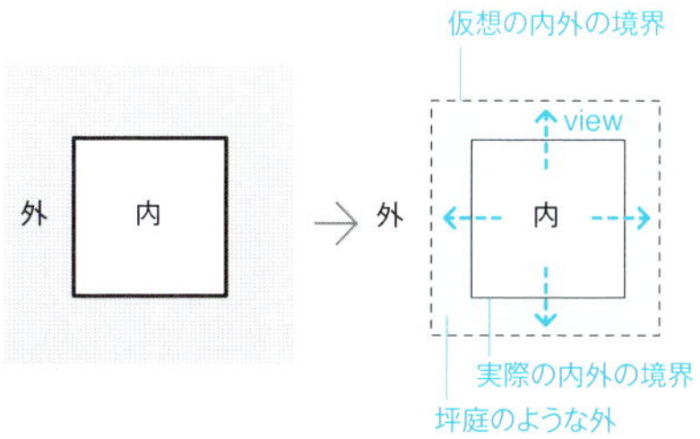

平面の構成

[坪庭を内外のバッファー空間にする]

敷地の中央に建物を配置して、その周囲を庭で囲む場合でも、仮に内外の境界を、庭の外側に見立ててみる。すると、庭は室内の一部として囲い取られ、坪庭を層状のバッファーとしてまとうような内外の関係が生じる。

[chapter2の主な関連事例]

09 | 28 | 48

10

綴の家｜植木幹也+植木茶織/スタジオシナプス

室同士の間に生じる空隙を中庭に見立てて、対面する居場所の距離感や、隙間に隠れ処のような居場所をつくり出している

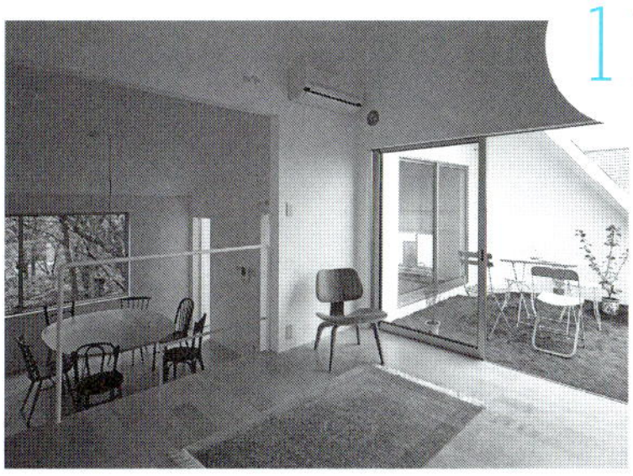

11

にわのある家｜近藤哲雄建築設計事務所

家型を立体的に切り分けた中で、各所に屋外空間を引き寄せて、室のかたわらに外のような居場所をつくり出している

28

緑緑の栖

川本敦史+川本まゆみ/エムエースタイル建築計画

住宅の外周にまとった垂れ壁の内側に、坪庭の層のような、あるいは室が拡張されたような空間が切り替わる

屋根・天井

→伝統的な境界

空間をまとめたり、切り分ける頭上の境界

かつての農村部の民家では、1枚の大屋根が、その下の土間や広間、縁側などを一体にまとめていた。なかには、合掌造りのように、4層をまとめた屋根もある。一方、茶室の室内空間に目を向けると、さまざまな天井形式の組み合わせで、客座や、点前座、床の間などの領域の違いを示すことが多い。
このような屋根・天井による効果は、現代の住宅設計でも、建築全体を統合する輪郭を描き出したり、ワンルーム空間を小さな領域に分節する境界形成の手法として活かされている。

複数の形式を組み合わせた茶室の天井面（如庵/名鉄犬山ホテル 有楽苑、17世紀）
平天井と掛込天井を組み合わせ、その下の客座の空間内に変化をつくり出している。
また、掛込天井の中央部には採光用の突き上げ窓が設けられている

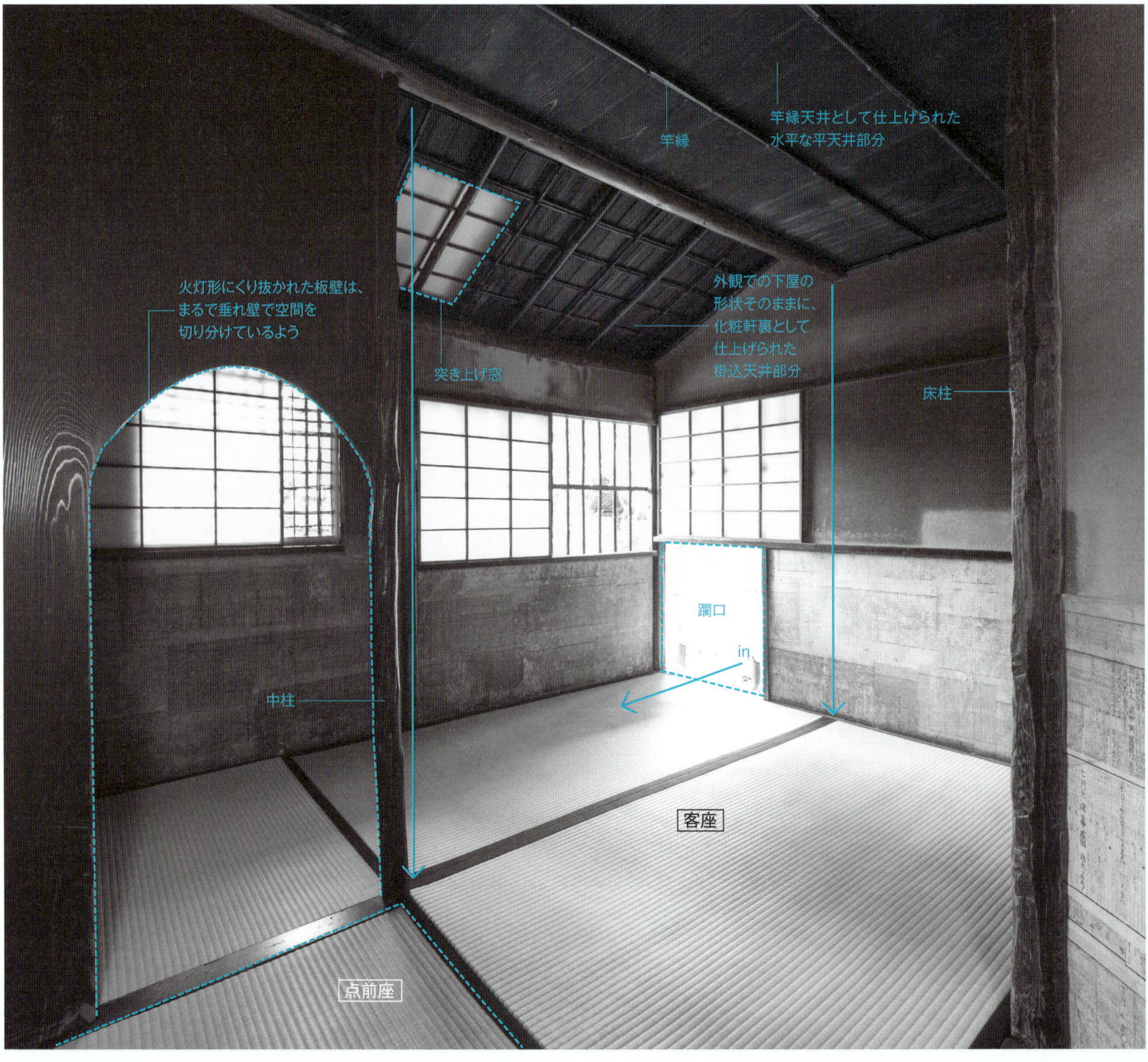

→現代の境界

空間をまとめる屋根・天井

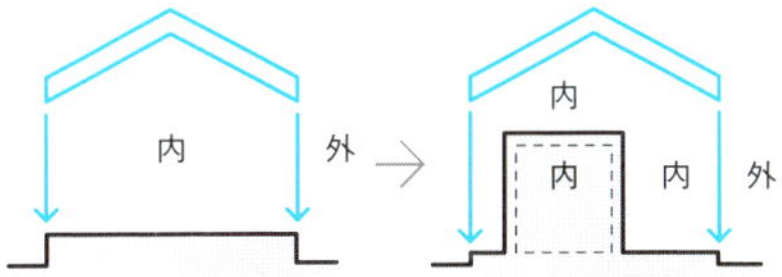

断面の構成

［異なる空間をまとめて覆う］

壁や床のレベル差によって、いくつかに分節された空間でも、1枚の屋根を架けると、全体としてのまとまりが生まれる。屋根の輪郭の下には、室内空間だけでなく、軒下やテラスなどの半外部な空間も合わせて統合することができる。

［chapter2の主な関連事例］

03　05　13　14　19　23　32　46

空間を分ける屋根・天井

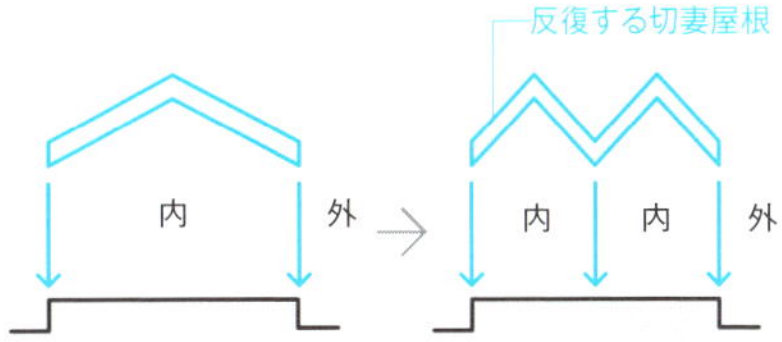

断面の構成

［屋根・天井の形を空間の節目にする］

舟底天井やヴォールト天井の形は、その下に、独立性の高い空間を形成する。この天井の形を反復すると、ワンルーム空間をゆるやかに、小さな領域に分節できる。また、頭上の垂れ壁も、その下に、曖昧な空間の節目を暗示させる。

［chapter2の主な関連事例］

15　16

居場所に見立てた屋根の中

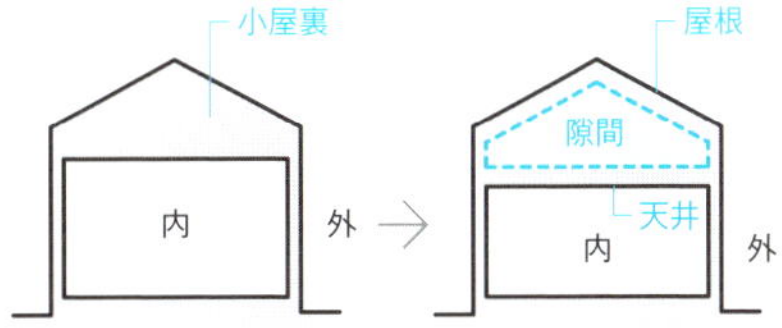

断面の構成

［屋根と天井との隙間に注目する］

本来、ありえない部分に空間が生じていると、特別な場所に感じられる。たとえば「天井のすぐ上は、屋根であり空が存在する」と思い込んでしまうことがある。そんな無意識の想定を、屋根裏部屋は良い意味で裏切り、室内ではあっても、離れのような、内外の狭間に居場所が生じたような感覚を覚える。

［chapter2の主な関連事例］

11　15　17　47

46

貝塚の住宅｜荒木洋＋長澤浩二／AN Architects
既存の柱梁グリッドとずらして挿入された白い箱群を屋根が覆い、新たな住空間として新旧を統合している

15

ハウス・アサマ
アトリエ・ワン＋東京工業大学塚本研究室
中折れ方形屋根によって覆われたワンルームが、井桁状の天井垂れ壁と天窓によってゆるやかに空間が分節されている

17

比叡平の住居
タトアーキテクツ／島田陽建築設計事務所
切妻屋根をかたどった天井面と屋根面との隙間に2階の居室が設けられ、屋根裏のような居場所が形成されている

床

→伝統的な境界

空間の輪郭を見立てる境界

日本の伝統的な住宅には、床に段差を設けたり、床の仕上げを切り替えるなど、床によって領域を示唆したものが多く見られる。それらは、壁のように明確な境界面は存在しないが、床の縁に沿って、曖昧な空間の輪郭を感じさせる。床によって空間を分節する手法は、現代の住宅でも、ワンルーム内で公私の空間を分けたり、細切れの小さな空間の集まりとして全体を構成する方法として時折見られる。それらに共通するのは、床による境界で明確に「切り分ける」ことよりも、ゆるやかに「つなぐ」「連ねる」といった特性が活かされている点である。

下段の間から上段の間を見る（二条城二の丸御殿 大広間／京都、慶長8年［1603］）
畳や柱の繰り返しが一室空間としての連続性を形成しながら、そのなかで床の段差が、
上段と下段という領域の節目を明確に示している

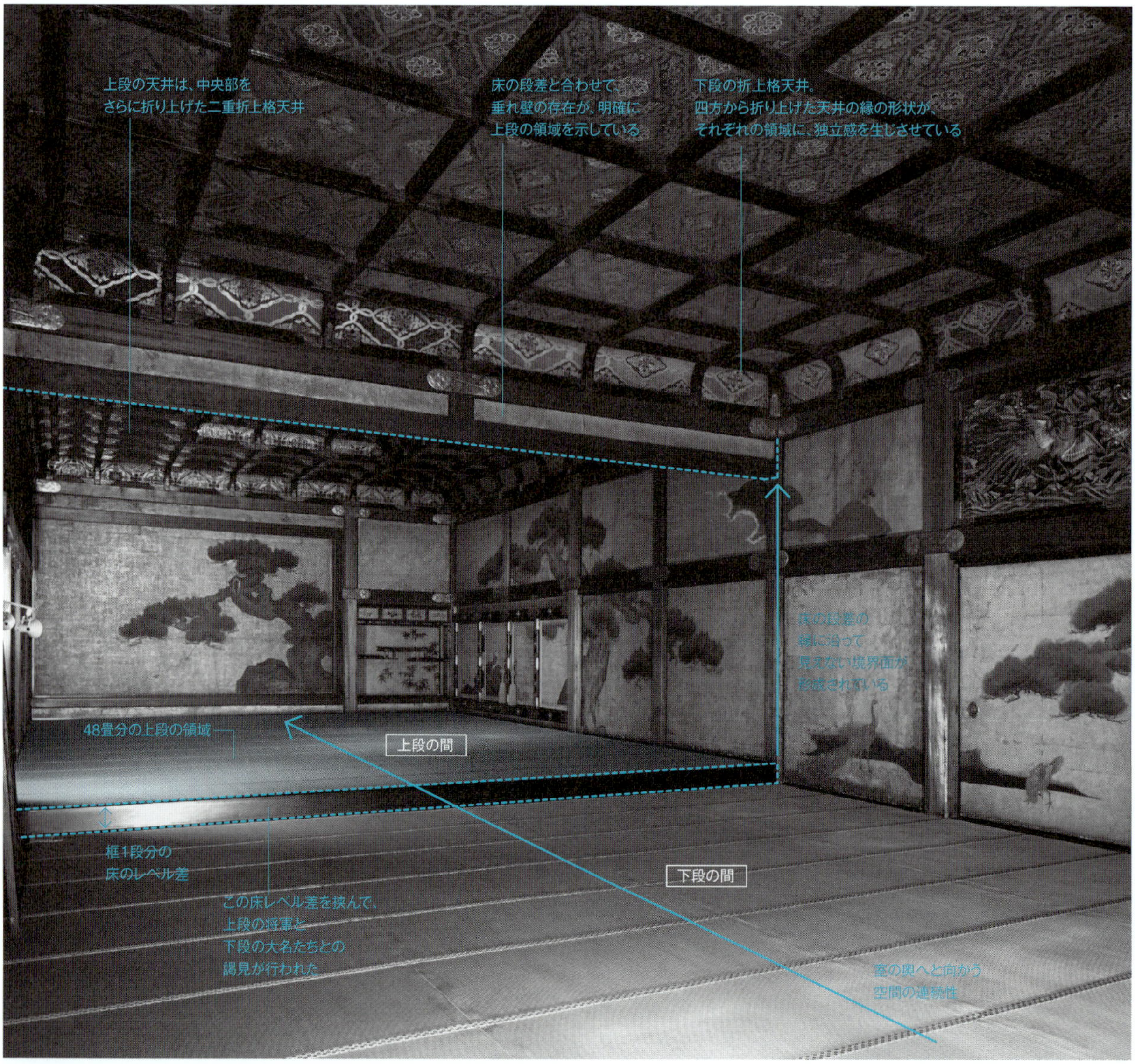
上段の天井は、中央部を
さらに折り上げた二重折上格天井
床の段差と合わせて、
垂れ壁の存在が、明確に
上段の領域を示している
下段の折上格天井。
四方から折り上げた天井の縁の形状が、
それぞれの領域に、独立感を生じさせている
床の段差の
縁に沿って
見えない境界面が
形成されている
48畳分の上段の領域
上段の間
框1段分の
床のレベル差
下段の間
この床レベル差を挟んで、
上段の将軍と
下段の大名たちとの
謁見が行われた
室の奥へと向かう
空間の連続性

→現代の境界

ワンルーム空間を分ける床

[床に凹凸をつける]

仕切りのないワンルームでも、床の凹凸で、空間を分節することができる。このとき、上のレベルと下のレベルの間には、居場所としての差が生じる。また、レベルが切り替わる部分には、互いの場所から使える機能が集約されることが多い。

[chapter2の主な関連事例]

14　23　51

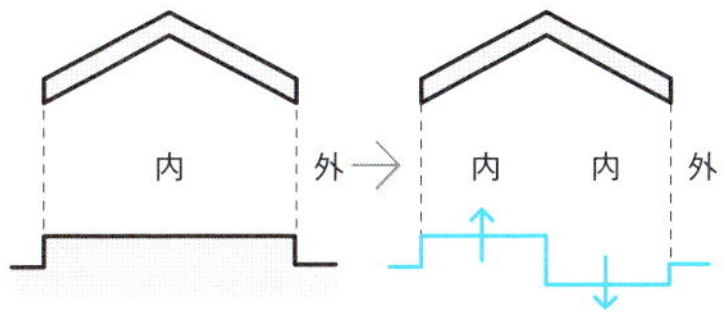

断面の構成

[床を階段状につくる]

階段状にレベル差をつけた床は、それぞれが踊り場のような居場所でありつつ、上下を移動するための動線にもなる。上下に連なる床を渡り歩きながら、その時々で、思い思いに居心地の良い場所を見定めるような暮らしがイメージできる。

[chapter2の主な関連事例]

12　13　47

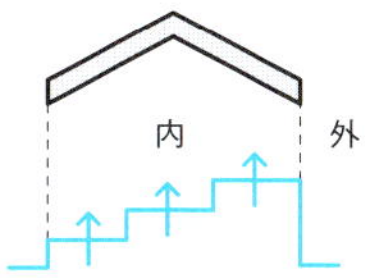

断面の構成

ずらした階層

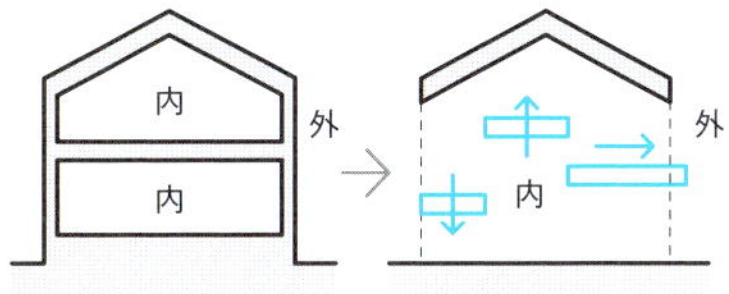

断面の構成

[床を上下左右にずらす]

細切れにした床を、大きな空間内でバラバラと浮かべてみると、立体的に階層が混じり合うようなワンルームになる。床レベルのずれ方に差をつけると、それぞれの居場所の位置づけを見出しやすいし、互いの距離感を調整することもできる。

[chapter2の主な関連事例]

05　18　26　29　30　39

床に見立てた家具

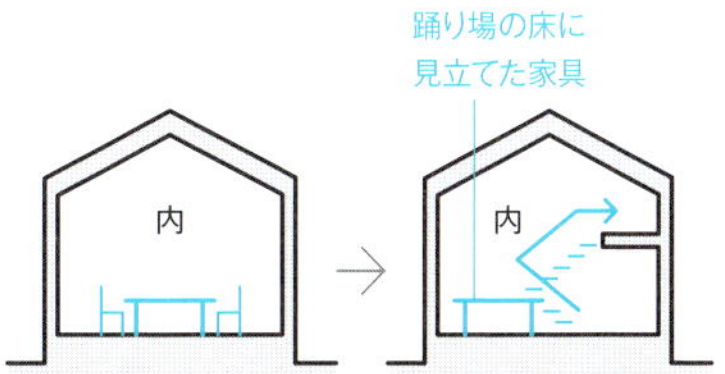

断面の構成

[家具を建築部位に置き換える]

たとえば、テーブルの水平面を、建築の構成要素のひとつとして、階段の踊り場の床に見立てたり、逆に、床の縁を、別の居場所からテーブルやベンチとして見立てたり。家具と建築は、視点によって相互に切り替わる。

[chapter2の主な関連事例]

14　18　22　30　39

だんだんまちや｜アトリエ・ワン
階段そのものを住宅に見立てるように、踊り場が居室とされ、それらをつなぐ階段部分も居場所として設えられている

2004｜中山英之+名和研二
床の開口や、半層下げた床レベル、床にも使えるテーブルなどが、領域のずれや空間の連なりをつくり出している

北鎌倉のような家｜佐藤浩平建築設計事務所
階段の踊り場が大きな机になり、それがそのまま庭のデッキへと延びている。開口部で仕切られる内外をつなぐ装置

壁と窓

→伝統的な境界

向こう側との関係をつくる境界

たとえば、茶室の壁と窓に注目すると、一旦、空間を包み込み、開口の背景となるのが壁であり、特定の場所を照らしたり、外の景色を垣間見せるのが、元来の窓の役割である。
自由な開口が可能な現代でも、窓の位置やサイズで周辺環境と調整したり、窓辺自体を居場所に設えたもの、室同士を窓でつなぐものなどの傾向が見られる。また壁も塞ぐばかりでなく、外壁としての性能を保持しながら透過性をあわせもつなど、新たな機能の複合化を目指した壁も登場している。

室内各所に設けられた茶室の窓(六窓庵/東京国立博物館、17世紀中頃)
壁で囲まれた小さな空間内において、さまざまな位置と高さに設けられた6つの窓が光を導き入れる。
障子を開け放つと、室内の印象はがらりと変化する

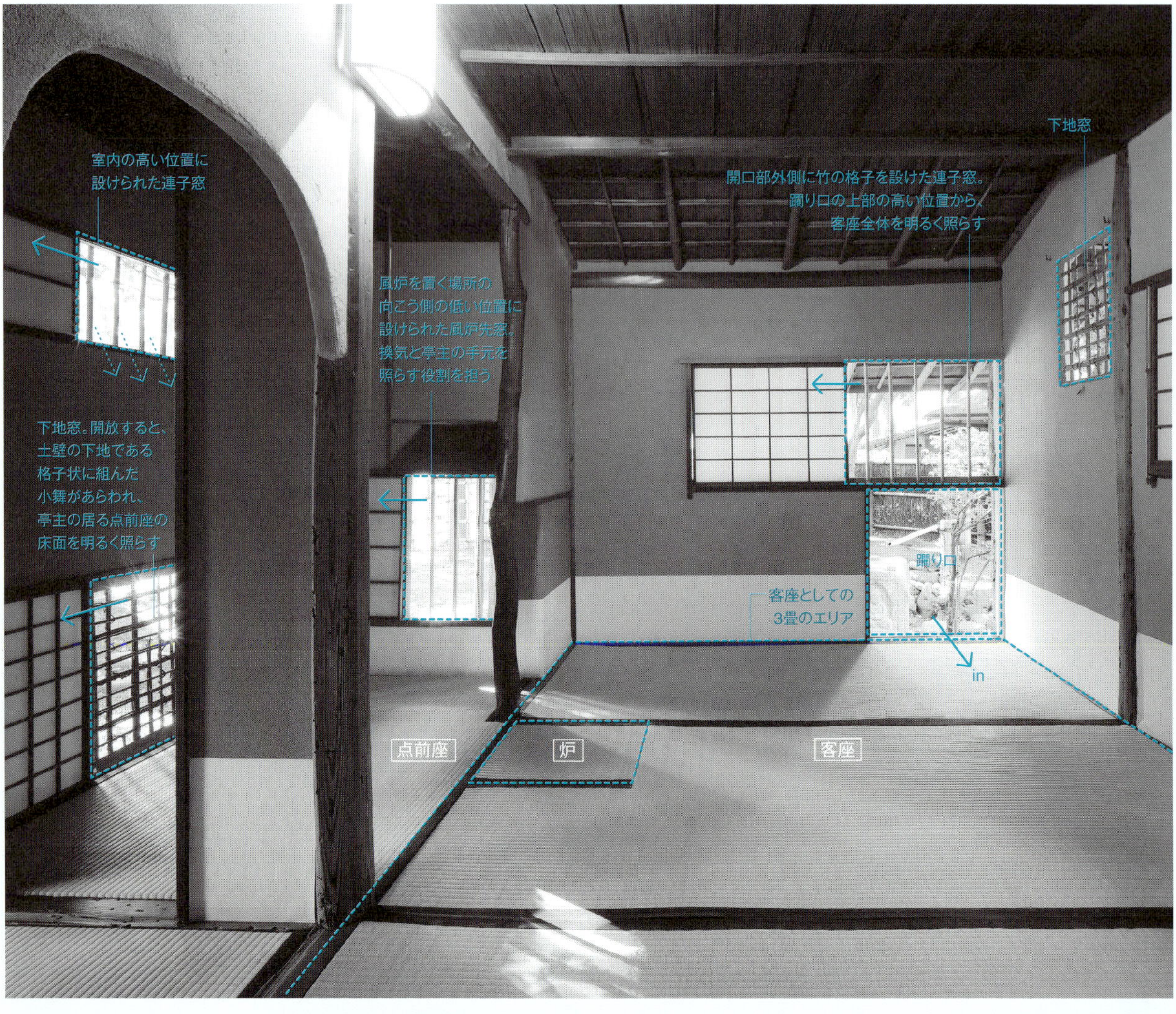
室内の高い位置に
設けられた連子窓
風炉を置く場所の
向こう側の低い位置に
設けられた風炉先窓。
換気と亭主の手元を
照らす役割を担う
下地窓
開口部外側に竹の格子を設けた連子窓。
躙り口の上部の高い位置から、
客座全体を明るく照らす
下地窓。開放すると、
土壁の下地である
格子状に組んだ
小舞があらわれ、
亭主の居る点前座の
床面を明るく照らす
躙り口
客座としての
3畳のエリア
in
点前座
炉
客座

→現代の境界

半端丈な窓

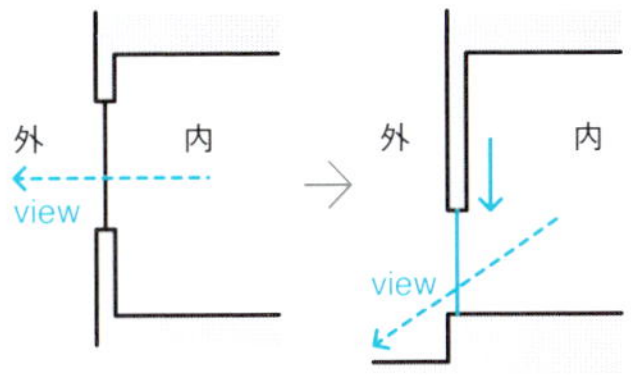

断面の構成

［地窓でゆるやかにつなぐ］

近年、開口する位置の選択やサイズを絞ることで、内外の関係づくりに工夫を凝らした窓が見られる。地窓は、その代表的な例である。切り取った景色を坪庭のように内へと引き寄せたり、なかには室同士のつなぎ目として用いた事例もある。

［chapter2の主な関連事例］

09 | 11 | 18 | 28 | 29 | 51

居場所に設えた窓辺

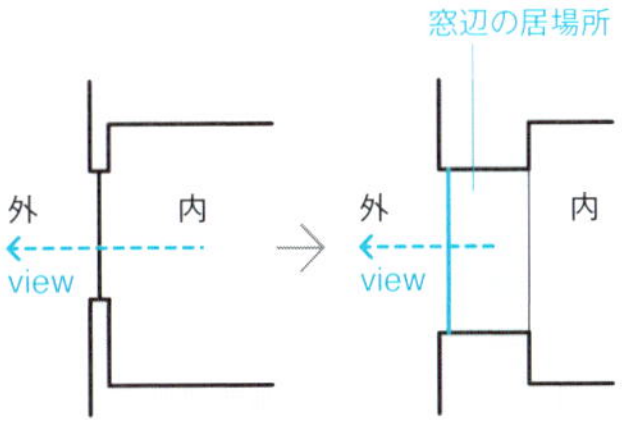

断面の構成

［窓際に止まり木的な要素を加える］

窓がそこにあるだけでは、案外取り付く島がない状態かもしれない。そんなとき、窓枠を延長したベンチやテーブルは、窓の近くに人を滞留させる仕掛けとなる。単なる窓際に止まり木的な要素を加え、窓辺の居場所に見立てる方法。

［chapter2の主な関連事例］

04 | 10 | 12 | 22 | 28 | 30 | 32 | 33 | 34

内同士をつなぐ室内窓

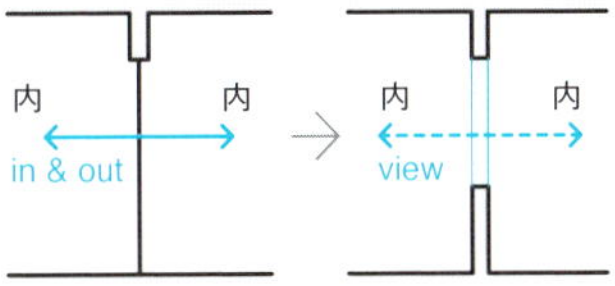

断面の構成

［内外の関係を入れ替える］

多くの場合、室同士の境界は、間仕切り壁や扉で仕切られる。しかし、内と内とを室内窓でつなぐと、お互いに内から眺める気分だったり、外から覗き込むようだったり、室同士の境界に、内外が入れ替わるような関係が生じる。

［chapter2の主な関連事例］

06 | 07 | 11 | 17 | 21 | 22 | 46 | 47 | 48 | 50

ハイブリッドな壁

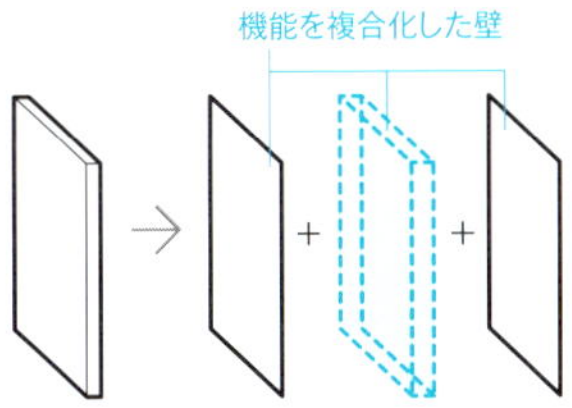

［さまざまな機能を組み合わせる］

元々、壁は防水・断熱・遮音など、何かを遮るための機能をあわせもつ。しかし近年では、光や視線を透過させ、空間同士の距離感を調整したり、物の収納や人の居場所に設えたものなど、新たな機能の導入と複合化が実践されている。

［chapter2の主な関連事例］

35 | 36 | 37 | 38 | 40 | 41 | 42 | 45

09

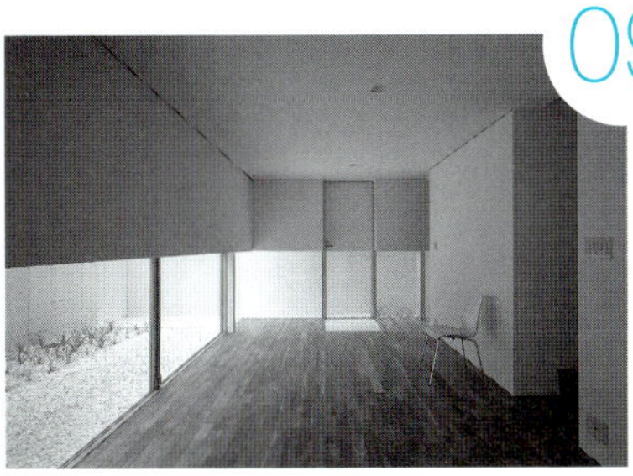

南の家
八島正年＋八島夕子／八島建築設計事務所
住宅の周囲に巡らせた細長い庭に向けて、敷地外との視線を調整した地窓で開く

32

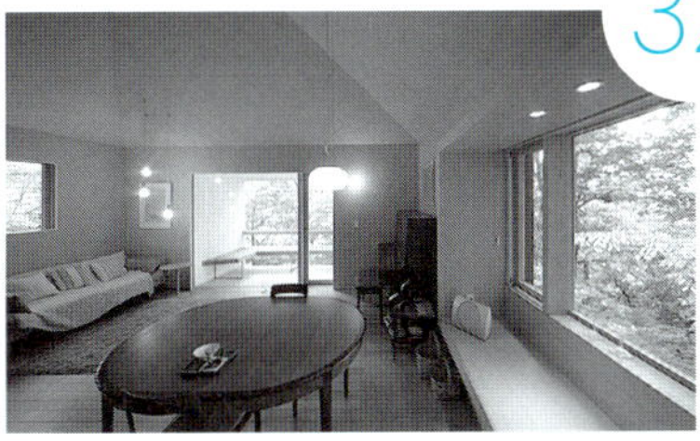

森のドールハウス｜早草睦惠／セルスペース
周囲の自然に身体を近づけ、窓に腰掛けることを実現させてくれる。心身を内から外へ解放できる出窓

22

桜台の住宅｜長谷川豪建築設計事務所
住宅の中心に据えた、中庭のような「テーブル」の部屋を介して、室内窓で向き合う

41

六日町の家｜奥野公章＋我伊野威之
長い冬の間も、断熱材を挟み込んだ開口部から入るやわらかい光でインナーコートが包まれる

仕切り

→伝統的な境界

空間のつなぎ具合を自在に調整する境界

「仕切り」は、間仕切り壁のように空間を閉ざすばかりではない。襖や障子などの可動間仕切りや、固定されていても格子のように透過性のあるものに注目すれば、「仕切り」とは、むしろ、空間同士のつなぎ具合を調整するものだといえる。その時々に応じて、襖を開放して室同士を連結したり、雨戸のように一日のサイクルで開閉したり、簾戸《すど》のように季節に応じて入れ替えたり。そんな、柔軟な空間同士を関係づける境界として、現代の「仕切り」を考えてみる。

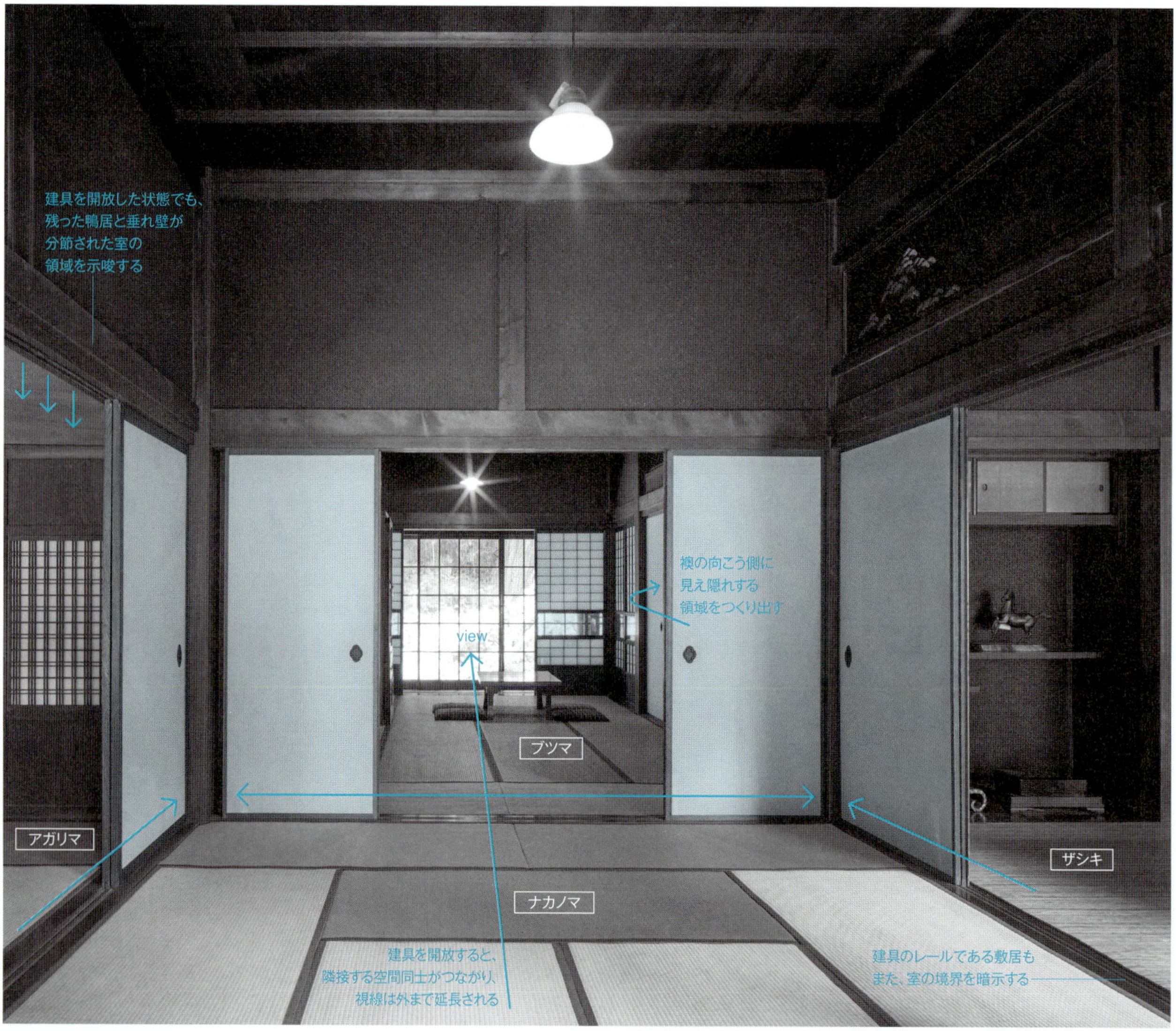
建具を開放した状態でも、
残った鴨居と垂れ壁が
分節された室の
領域を示唆する
襖の向こう側に
見え隠れする
領域をつくり出す
view
ブツマ
アガリマ
ザシキ
ナカノマ
建具を開放すると、
隣接する空間同士がつながり、
視線は外まで延長される
建具のレールである敷居も
また、室の境界を暗示する

襖で仕切られた空間（旧原家／川崎市立日本民家園、大正2年［1913］）
建具の移動によって、室内空間の輪郭を自在に変化させることができる。
また、引き残した建具は、その向こう側と奥行き感を想像させる

→現代の境界

フレキシブルに可変する仕切り

[適宜、内を細切れに仕切る]

一旦、ワンルームに想定したひとつ屋根の下の空間を、たとえば、民家の田の字型プランのごとく、使い方に応じて分節する方法。限られた床面積でも、フレキシブルに暮らす想像力をかきたてる。

[chapter2の主な関連事例]

05 | 16 | 44 | 47 | 49

[適宜、内を囲い取るように仕切る]

雨戸は、起床や就寝といった、朝晩のサイクルで開閉したり、外界の変化に対処する仕切りだ。同様に、適宜、スクリーン状の境界を開閉することで、外との距離感を調整する方法もある。

[chapter2の主な関連事例]

03 | 08 | 43

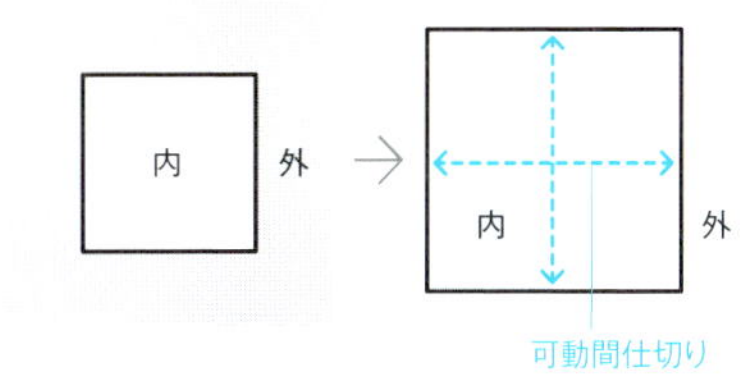

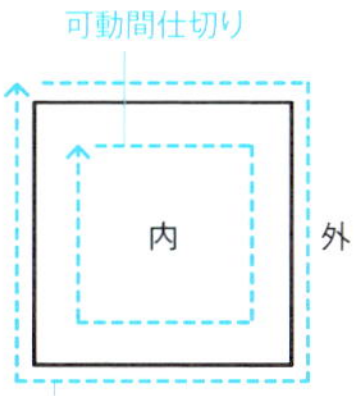

平面の構成

リジッドな仕切り

[外と内との仕切りを透過させる]

外皮に、格子やルーバー、スラット、パンチングメタルなど、透過性のあるスクリーンを用いて、周辺環境との関係を制御する方法。日射や近隣との視線などを調整し、内外をゆるやかにつなぐ。

[chapter2の主な関連事例]

24 | 26 | 40 | 41 | 42 | 44

[内と内との仕切りを透過させる]

透過性のある床や間仕切りで、空間同士がにじみ合うような関係をつくる方法。ひとつながりのワンルーム空間の中に、屋根の近く、地面の近くといった居場所の違いを強く意識させる。

[chapter2の主な関連事例]

02 | 19 | 20 | 44 | 45

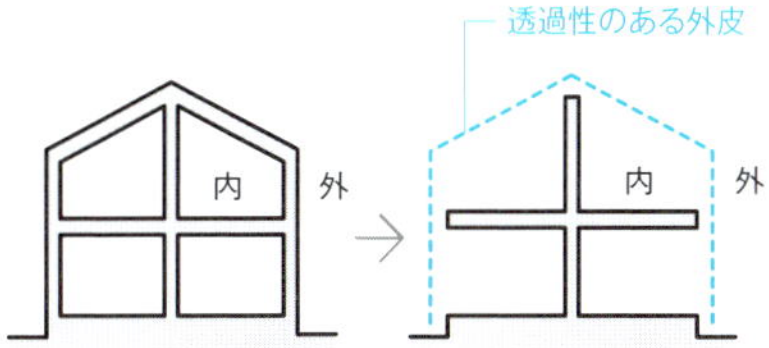

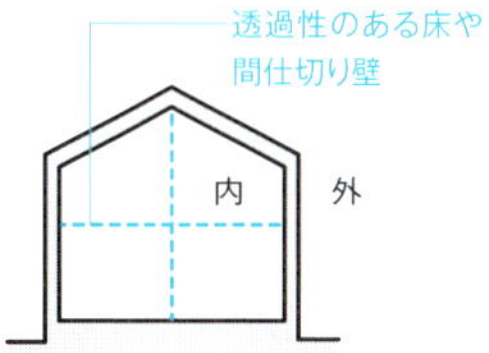

断面の構成

平塚の家

甲村健一／KEN一級建築士事務所

広がりのあるワンルームの領域を、固定された木格子と可動の木格子の引戸でやわらかく分節

能代の住宅

納谷学＋納谷新／納谷建築設計事務所

居室の外周にまとった廊下に対して、半透明の建具を開閉することにより、季節に応じた室の開放と閉鎖を選択できる

キリのキョリのイエ

小島光晴／小島光晴建築設計事務所

開口率の異なるパンチングメタルを間仕切り壁の代わりに平行して並べ、視覚的な距離感を変換する仕掛け

事例から読み解く境界の手法

現代の住宅において、境界部、すなわち敷地と道路、
隣地や周辺環境との関係、外部空間と内部空間への接続、
内部の空間同士において、どのような設計がなされているのだろうか。
領域が接する境界部のデザインは、開放度、
公私の区別、家族間のかかわり、採光や通風など、
さまざまな要因を調整している。たとえば、ゆるやかにつなぐ、
隠しつつ曖昧に開く、などの操作は異なる領域を「分ける」のではなく、
空間同士を「つなぎ」、時には混ざり合うように空間の層を
自在に組み替え豊かな領域を創出する。

–

また家具や造作などでゆるやかに領域を形成したり、
外皮が光や風、熱、視線などを複合的に制御する境界も見られる。

–

本章では、さまざまな与条件の異なる51の住宅事例を俯瞰し、
境界に施された設計の手法と空間への効果を分析し、
設計への手がかりを読み取ることを試みる。

chapter 2

introduction 01

事例から読み解く7つの境界カテゴリー

近年の住宅作品に見られる「境界づくり」の特徴は、
建築全体の構成に根ざす方法と、
小さなゾーンや部位に込められた方法とに
大別してとらえることができる。
前者の全体構成と結びついた方法のなかには、
1｜内外を仕切り・つなぐ境界をはじめ、
2｜室内での領域同士の関係を調整するものや、
3｜厚みをもたせた境界に暮らしの機能を付加したり、
機能的な空間自体を境界に見立てたものなどがある。
一方、小さなゾーンや部位の境界に注目すると、
4｜窓辺に居場所としての設えを施したもの、
5｜建築の部位と家具の垣根を取り去って
領域同士を関係づけるもの、
6｜スクリーン状の部位に、従来見られない
機能の複合化を試みたものなどがある。
また、近年増えている
R｜リノベーション事例では、
既存の要素を活かしながら、空間の内と外、
内と内との間で、新たな輪郭を描き出したものが見られる。
これら7つのカテゴリーに沿って、
住宅事例の「境界づくり」を読み解いていく。

A｜建築全体でつくる境界

1｜内と外の境界

たとえば、外が通り抜けたり、内外が混じり合ったり、
半外部的な領域をまとったり。こうした内外の関係づくりが、
住宅全体の構成と強く結びついた事例に注目する。

→ p.032–047, 098–099

01 | 02 | 03 | 04 | 05 | 06 | 07 | 08 | 09
10 | 11 | 46

2｜内と内の境界

室内空間において、それぞれの領域同士を
仕切る方法やつなぎ方、配置の仕方などについて、
住宅全体の構成との結びつきという
視点から事例を取り上げる。

→ p.048–063, 100–103

12 | 13 | 14 | 15 | 16 | 17 | 18 | 19 | 20
21 | 22 | 23 | 47 | 48

3｜機能をもたせた境界

厚みをもたせた緩衝空間としての境界に、
何らかの機能が付加された事例を集めた。
テラスや書斎、収納、水まわり、あるいは緑地など、
生活の場となった境界に注目する。

→ p.064–075, 104–107

24 | 25 | 26 | 27 | 28 | 29 | 49 | 50 | 51

R｜リノベーションでつくる境界

既存のストックに対する、改修、増築、減築など、
リノベーションの手法によって、新たに内と内、および
内と外との境界などが形成された事例について取り上げる。

→ p.098–107

46 | 47 | 48 | 49 | 50 | 51

凡例：00 本章で紹介する事例の番号

B | ゾーンや部位でつくる境界

4 | 窓辺を居場所にする境界

とりわけ開口部は、もっとも重要な内外のつなぎ目といえる。
ここでは、開口部付近に造り付けたテーブルやベンチなど、
窓辺を人の居場所にする設えに焦点をあてる。

→ p.076–083

30 | 31 | 32 | 33 | 34

5 | 家具・造作と一体化した境界

建築の境界部分の厚みを暮らしの道具に見立てたり、
家具を空間内での領域づくりに活かすなど、
建築と家具とが、本来の役割を越えて結びついた
境界の事例を紹介する。

→ p.084–089

35 | 36 | 37 | 38 | 39

6 | 多様化するスクリーンの境界

従来のスクリーン状の境界が担ってきた光や熱、
視線の制御に加え、外皮であっても可変性や
透過性を有したり、構造との一体化を計るなど、
新たな複合化の事例を紹介する。

→ p.090–097

40 | 41 | 42 | 43 | 44 | 45

introduction 02

事例から読み解く
境界の種類と手法

境界のつくり方が、建築全体に張り巡らせた境界から、
ゾーンで形成された境界、そしてスクリーンのような
部位としてわずかな厚みのなかに込められた境界まで、
さまざまなスケールで実践されているのは01で述べたとおり。
さらに、個々の事例に見られる特徴によって、
手法を細分化していくと、「境界の見立て方」は多岐にわたる。
次ページの図は、本章で取り上げた51事例を、
境界をつくるスケールによるカテゴリーと、
そこでの手法と効果という視点で分類したものである。
これらを、順を追って眺めてみると、
ゆるやかに境界のスケールをスライドしながら、
そして、個々の手法に枝分かれしながらも、
相互にオーバーラップしている様子が、ぼんやりと見えてくる。
本章での、事例に対する7つのカテゴリー分けや
手法の解釈は、筆者らの視点による
一面的あるいは便宜的なものでもある。
事例によっては、複数のカテゴリーに位置づけ可能な
ものもあるし、別の手法として読み解くこともできるだろう。

A | 建築全体でつくる境界

1 | 内と外の境界

境界の種類	空間の構成	手法と事例	
外が入り込む境界	隙間に外を引き込む	01 外が通り抜けるような廊下 **カーザ・リベラ**	1-1-1
		02 凹みに引き込んだ中庭 **アシタノイエ**	
		03 室の隙間も外のような室 **軽井沢離山の家**	
	領域の狭間に建てる	04 景色が通り抜ける開口 **窓の家**	1-1-2
	内外を混在させる	05 内外を合わせて包み込む箱 **森のすみか**	1-1-3
周囲にバッファーをまとう境界		06 内外の距離感をつくる開口 **House N**	1-2-1
	室のかたわらに外を配する	07 外をまとうような回廊 **八ヶ岳の別荘**	1-2-2
		08 室を拡張できる縁側的な廊下 **能代の住宅**	
		09 外を引き寄せた回り庭 **南の家**	
外を内包する境界		10 室同士の隙間に浸透した中庭 **綴の家**	1-3-1
		11 室のひとつのような「庭」 **にわのある家**	
新たに設けた外を引き寄せる境界	既存の領域内に広がりを創出する	46 箱と土間がつくる新たな内外の輪郭 **貝塚の住宅**	1-4-1-R

参考
31 | 後山山荘

2 | 内と内の境界

境界の種類	空間の構成	手法と事例	
床で空間を分ける境界	床を階段の連なりに見立てる	12 居場所を兼ねた折り返し階段 **だんだんまちや**	2-1-1
	凹凸のある床と室をまとめる天井	13 居場所を連ねたひな壇状の床 **ノラ・ハウス**	2-1-2
		14 ゆるやかに空間を分ける床の凹凸 **トラス下の矩形**	
天井で空間を分ける境界	凹凸のある天井とフラットな床	15 空間を切り分ける垂れ壁と天窓 **ハウス・アサマ**	2-2-1
		16 空間を切り分けるV型梁と天窓 **川口邸**	
上下階を分ける境界	領域の認識をずらす	17 ずらした家型の外形と室内の輪郭 **比叡平の住居**	2-3-1
		18 空間を連鎖させる床レベルのずれ **2004**	
柱で分ける境界	規定された領域と滲み出す空間	19 居場所同士の距離感をつくる柱 **方の家**	2-4-1
		20 居場所を多様に見立てた柱 **矩形の森**	
室内窓でつなぐ境界		21 室同士を関係づける室内窓 **House H**	2-5-1
	入れ子の室と相互のつながり	22 「テーブル」に向き合う室内窓 **桜台の住宅**	2-5-2
隙間でつなぐ境界		23 公私をつなぐ入れ子の隙間 **光の郭**	2-6-1
新たに設けた外を引き寄せる境界	既存の領域内に広がりを創出する	47 再構成された壁と床で縦横に室をつなぐ **カテナハウス**	2-7-1-R
新たに設けたバッファーをまとう境界		48 新旧の壁に挟まれた曖昧な隙間 **煉瓦倉庫の隠れ家——時の継承**	2-8-1-R

3 | 機能をもたせた境界

境界の種類	空間の構成	手法と事例	
内の機能をバッファーにする境界	バッファーで室を挟む	24 生活空間を挟み込む機能の空間 **IS**	3-1-1
		25 寝室を包むテラスと階段 **世田谷S**	
	植栽のバッファーをちりばめる	26 室を挟む吹抜けと植栽でつくるバッファーゾーン **pallets**	3-1-2
外の要素をバッファーにする境界		27 窓辺に設けられた植栽のレイヤー **ギタンジャリ**	3-2-1
		28 外と機能が入り交じる周縁部分 **緑縁の栖**	
	内外の境界を惑わす	29 公私を曖昧にする、軒下へ引き寄せた道 **川西の住居**	3-2-2
新たに設けた外を引き寄せる境界	既存の領域に広がりを創出する	49 街と住民をつなぐリビングと住民同士をつなぐ縁側廊下 **不動前ハウス**	3-3-1-R
新たに設けたバッファーをまとう境界	マンションの住戸内に広がりを創出する	50 バッファーゾーンへつなぐ水平な開口部 **RENOVATION M**	3-4-1-R
		51 視線を限定する垂れ壁で庭部屋への広がりを強調 **上大須賀の家**	

B｜ゾーンや部位でつくる境界

4｜窓辺を居場所にする境界

境界の種類	ゾーンや部位の構成	手法と事例	
外へ向き合う居場所をつくる境界	室内の床を外へ延長する	30 窓辺から延びた大テーブル **北鎌倉のような家**	4-1-1 ↓
		31 外部的な緑空間で居室を囲む **後山山荘**	
	出窓を居場所に見立てる	32 外へ近づくアルコーブ **森のドールハウス**	4-1-2 ↓
階をまたいだ室同士をつなぐ境界		33 庭へ飛び出た腰掛窓 **永山の家**	4-2-1 ↓
		34 吹抜けに飛び出たベンチで下の階とつながる **野沢の家**	

5｜家具・造作と一体化した境界

境界の種類	ゾーンや部位の構成	手法と事例	
家具の厚みでつくる境界	外部との距離感を保つ	35 室を巻き込む家具の壁 **s house**	5-1-1 ↓
		36 奥行きをつくる家具の壁 **Blanks**	
	室同士のつながりを演出する	37 室を挟む本棚の列柱 **U&U HOUSE**	5-1-2 ↓
		38 光を分散させる家具の壁 **白い箱の家**	
家具の島でつくる境界		39 ワンルームに回遊性を生む家具群 **HOUSE YK/Islands**	5-2-1 ↓

6｜多様化するスクリーンの境界

境界の種類	ゾーンや部位の構成	手法と事例	
外部との距離感をコントロールする境界	ハイブリッドな機能を盛り込む	40 光を拡散させるパンチングメタル **スケルトン・ウォール**	6-1-1 ↓
		41 断熱と光の透過をあわせもつ外壁 **六日町の家**	
		42 高性能で多機能な鉄板スラット **ナチュラルスラット**	
	境界の位置を動かす	43 視線と光を選択する可動ルーバー **富ヶ谷の住宅**	6-1-2 ↓
室同士の距離感をコントロールする境界	室同士の距離感を演出する	44 外と内、内と内をゆるやかにつなぐ木格子 **平塚の家**	6-2-1 ↓
		45 距離感を変換するパンチングメタル **キリのキョリのイエ**	

参考
|31|後山山荘

参考
|36|Blanks

1-1-1 **外が入り込む境界**
→隙間に外を引き込む

01 外が通り抜けるような廊下

カーザ・リベラ

設計者：西森陸雄／西森事務所
建設地：千葉県勝浦市｜竣工年：2003年

勝浦市南部のリゾート別荘地の一角に建つ週末住宅である。生活に求められる諸機能を、「アクティビティ」「水まわり」「休息」のための3つのボックスに分節し、それらの隙間を外のような空間でつないだ構成をもつ。

ボックス同士の隙間は、2層分の高さをもつ開口部や、上部のトップライト、外壁からそのまま延長された壁仕上げ、石張りの床仕上げなど、外部らしい要素がふんだんに用いられている。室内でありながら、外が入り込み通過していくような内外の境界がつくり出されている。また、それぞれのボックス内にもテラスが設けられ、プライベート感のある外との関係が重層的に形成されている。

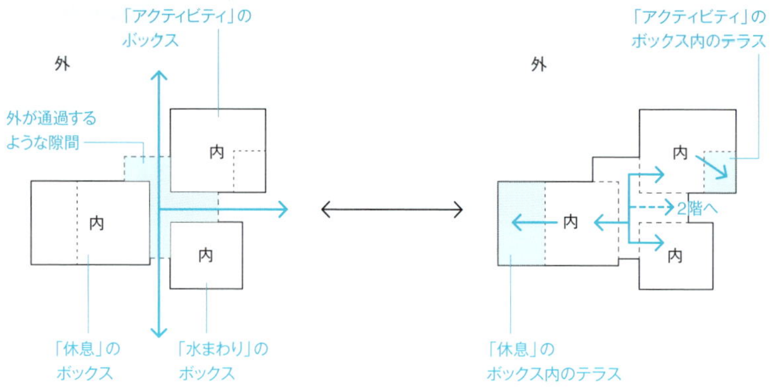

平面構成

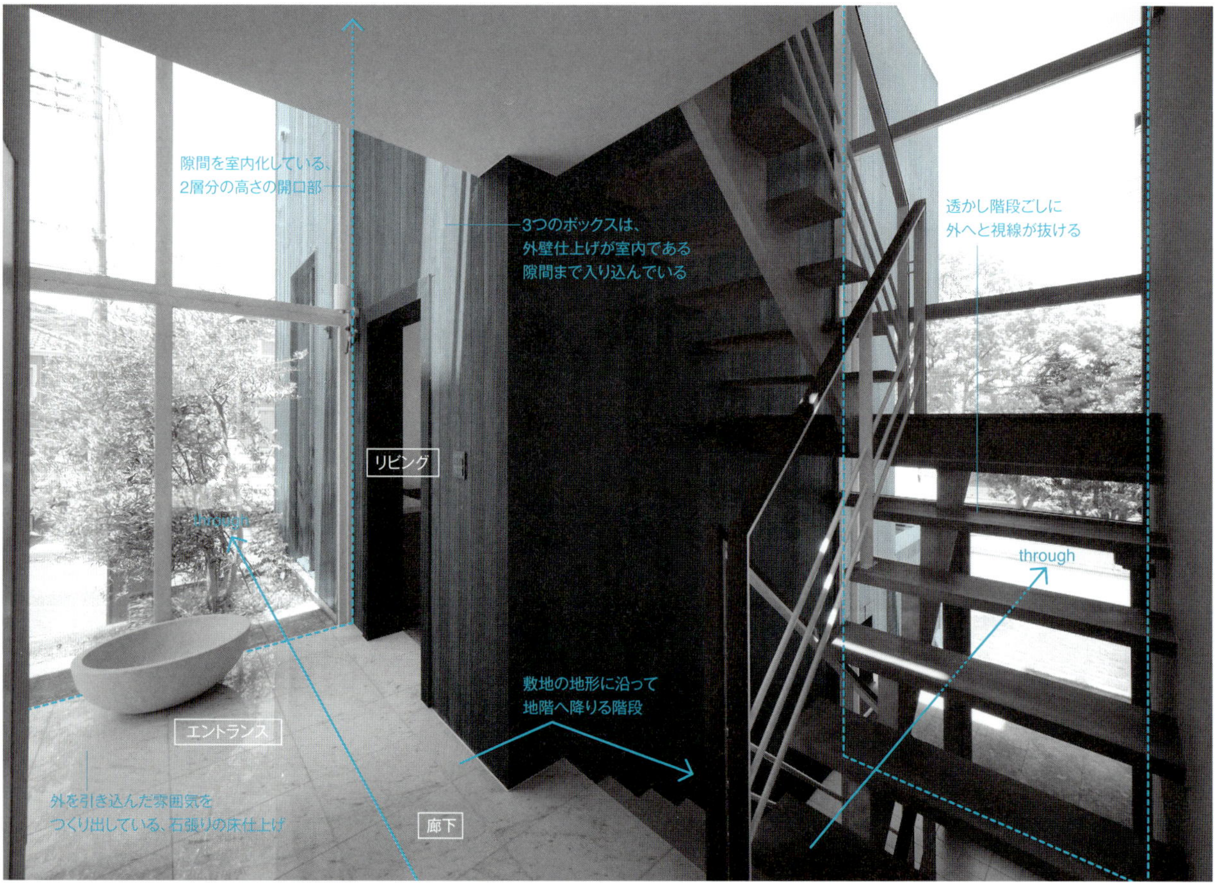

1階廊下から二方向へ抜けていく外を見る
機能を納めた3つのボックス同士の隙間は、2層分の高さをもつ大開口と、外の地面を引き込んだような石張りの床が連続して、外が通り抜けていくように開放的である。また、窓際の吹抜け部分では、2階に設けたトップライトからの光が降り注ぐ

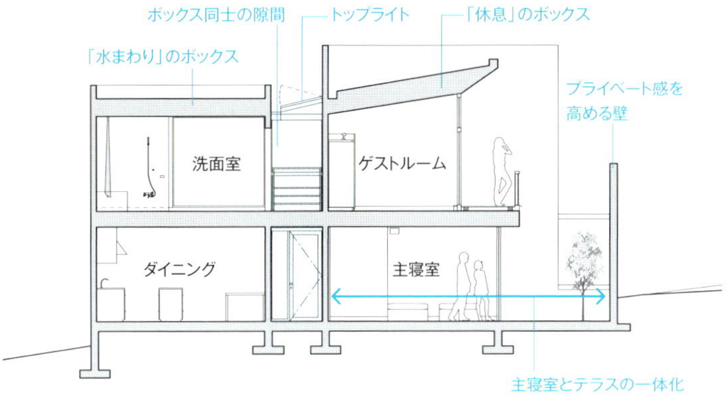

A-A'断面図

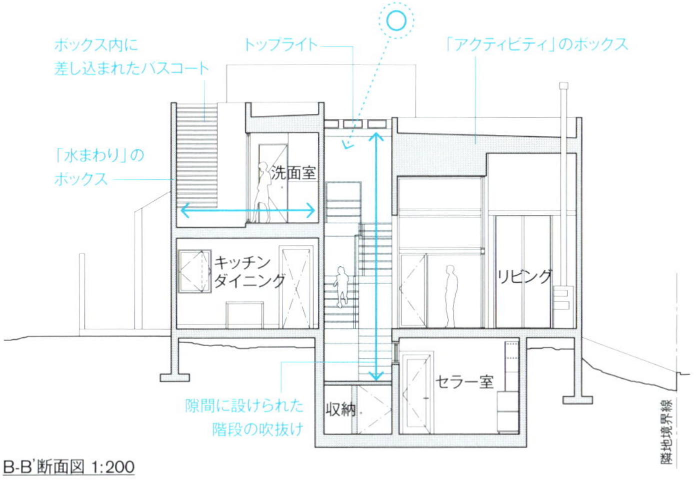

B-B'断面図 1:200

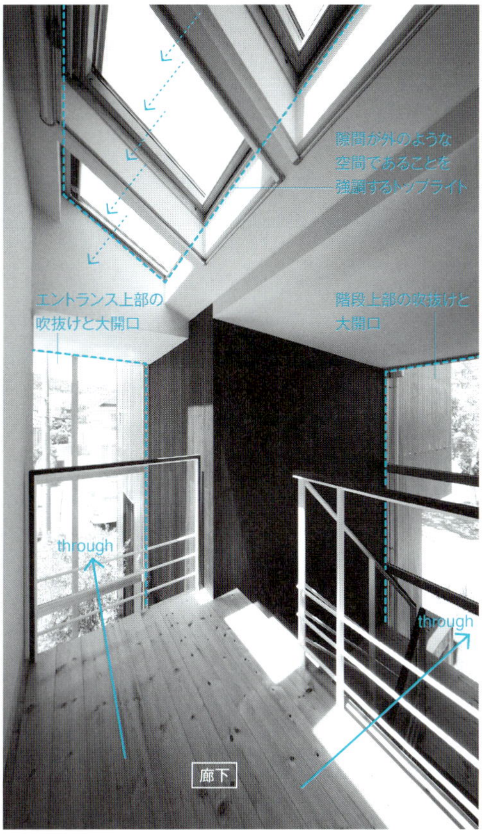

2階廊下から見た隙間の開口

2階廊下の床はコンパクトにまとめられ、2層分の高さをもつ開口と吹抜けが、隙間を開放的な空間に仕立てている

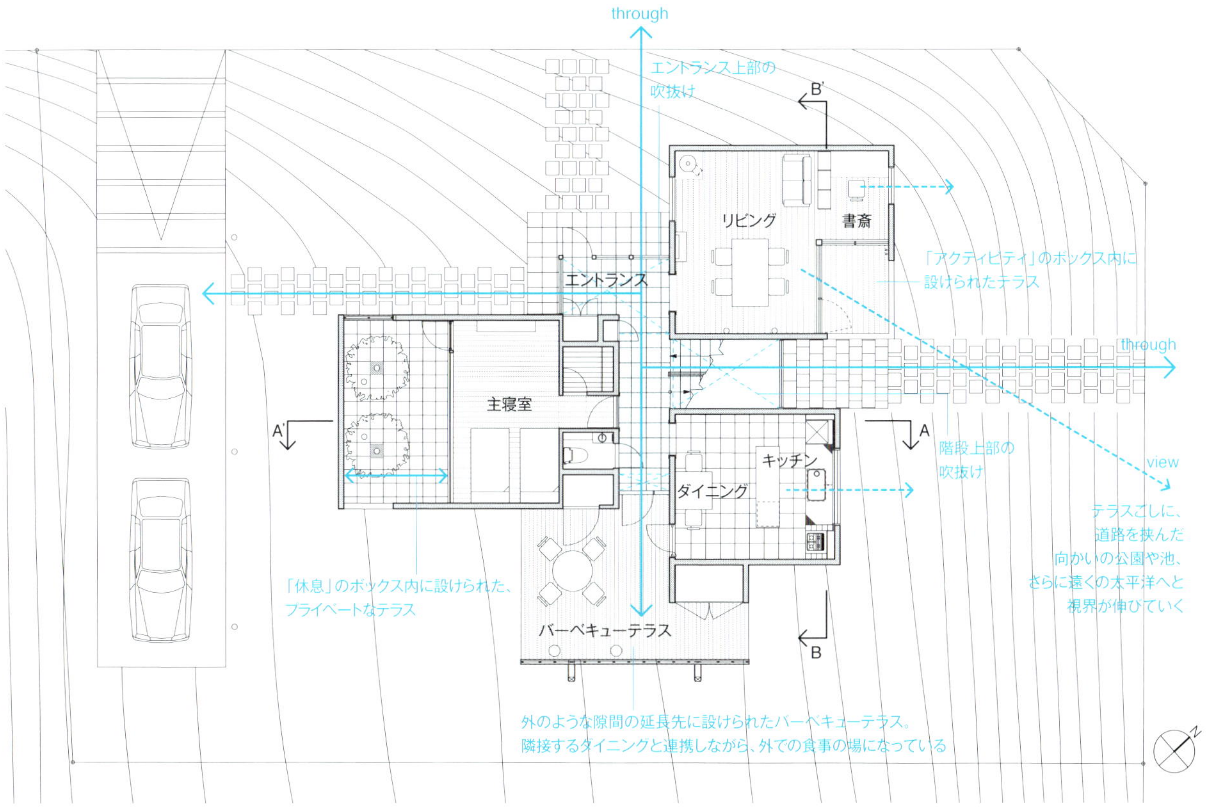

1階平面図 1:200

1-1-1 **外が入り込む境界**
→隙間に外を引き込む

02 凹みに引き込まれた外部で室内をやわらかく仕切る

アシタノイエ

設計者：小泉雅生／メジロスタジオ
建設地：神奈川県横浜市｜竣工年：2004年

郊外の丘陵地に建つ建築家の自邸。周辺の道路との高低差を利用して1階には地形に沿ったデッキが居間と連続的な外部空間となり、屋根は道路と連続して2階が置かれる敷地となる。1階では柱列によって囲まれた大小さまざまな「庭」が室内へ侵入してワンルーム的な空間をやわらかく分節することで、適度に区切られながらも、広がりの感じられる空間となっている。2階は敷地東側の道路と連続することで、周辺の地形との境界が曖昧になった屋根に、独立した箱が置かれている。再編集した地形と呼応して、1階は分散して配置した「外部」が室内に入り込み、2階は周辺と連続する地形に箱を置くという、各階で対比的な操作をとるが、ともに敷地周辺の外部を取り込み、ゆるやかに連続し、つながることで、内外の関係を再構築し、さまざまな方向に広がりの感じられる住空間となっている。

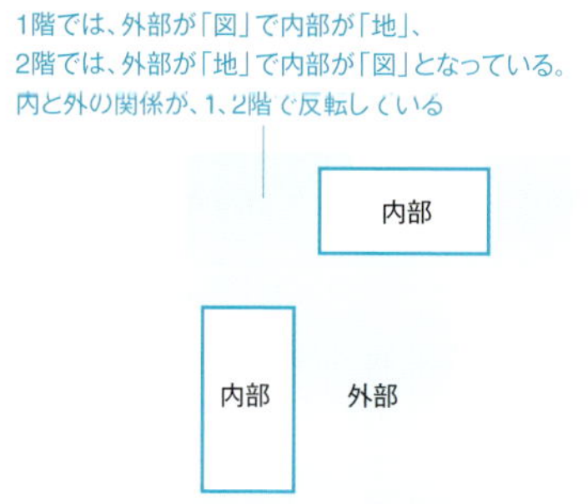
1階では、外部が「図」で内部が「地」、
2階では、外部が「地」で内部が「図」となっている。
内と外の関係が、1、2階で反転している
内部
内部
外部

2階

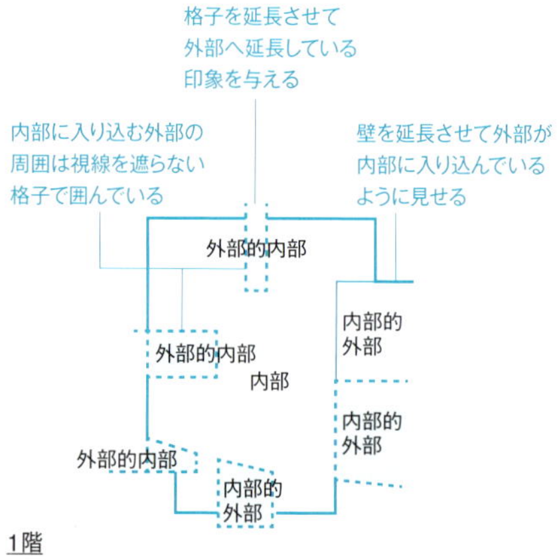
格子を延長させて
外部へ延長している
印象を与える
内部に入り込む外部の
周囲は視線を遮らない
格子で囲んでいる
壁を延長させて外部が
内部に入り込んでいる
ように見せる
外部的内部
内部的
外部
外部的内部
内部
内部的
外部
外部的内部
内部的
外部

1階
平面の構成

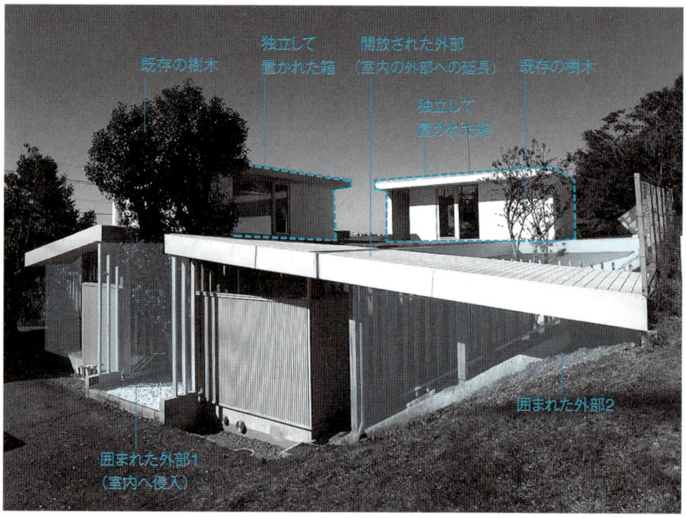
独立して
置かれた箱
開放された外部
（室内の外部への延長）
既存の樹木
既存の樹木
独立して
置かれた箱
囲まれた外部2
囲まれた外部1
（室内へ侵入）

外観 庭にある既存の樹木が2階まで抜けている。1階の屋根は2階の大地となっている

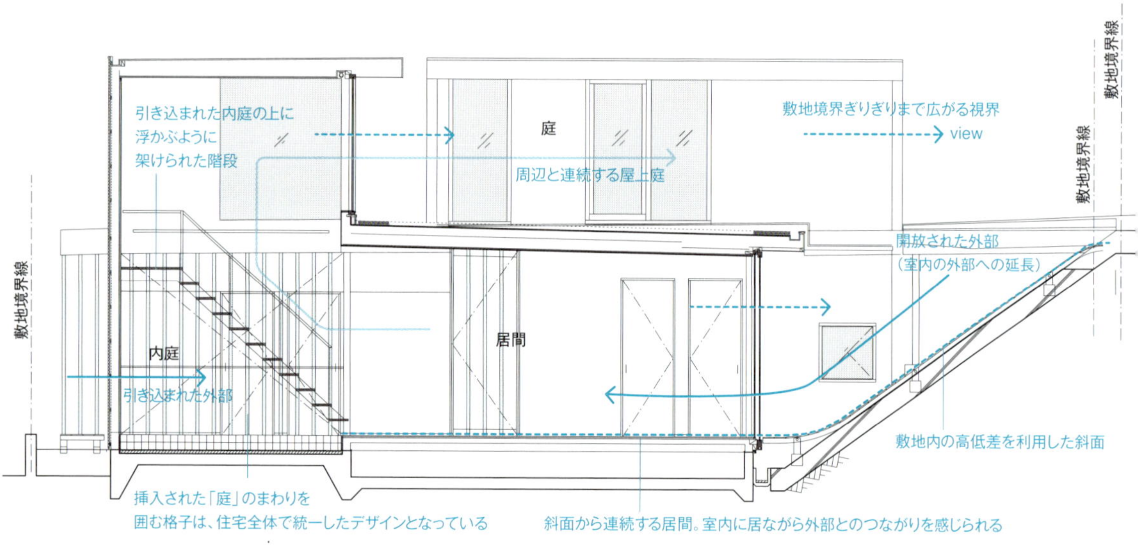
敷地境界線
引き込まれた内庭の上に
浮かぶように
架けられた階段
庭
周辺と連続する屋上庭
敷地境界ぎりぎりまで広がる視界
view
敷地境界線
開放された外部
（室内の外部への延長）
敷地境界線
内庭
引き込まれた外部
居間
敷地内の高低差を利用した斜面
挿入された「庭」のまわりを
囲む格子は、住宅全体で統一したデザインとなっている
斜面から連続する居間。室内に居ながら外部とのつながりを感じられる

A-A'断面図 1:100

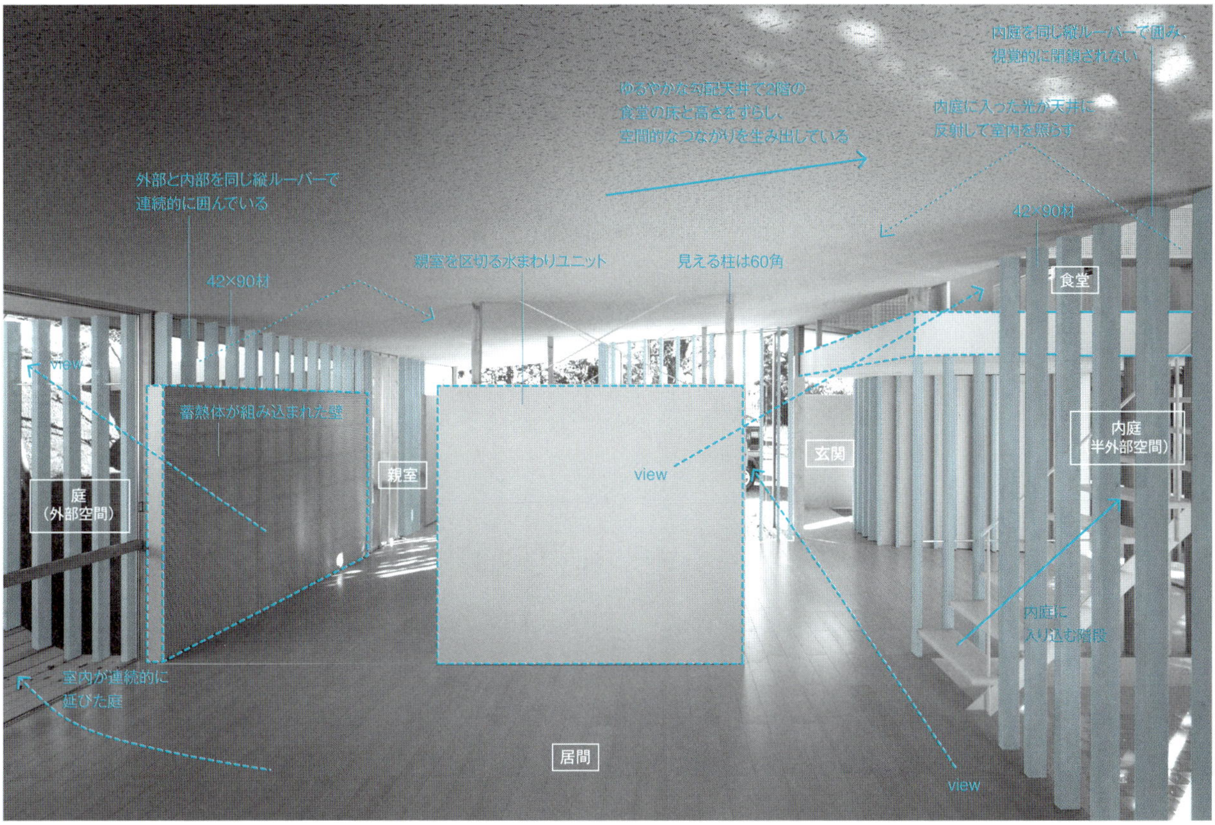

居間 入れ子状に貫入した外部空間（庭）と半外部空間（内庭）が住宅の内外の関係を曖昧にし、閉じながら開いているような曖昧な領域が形成されている。
60角、42×90という通常の木造より小さな柱で建物を支え、視覚的な統一感も演出している（壁内の柱は105角）

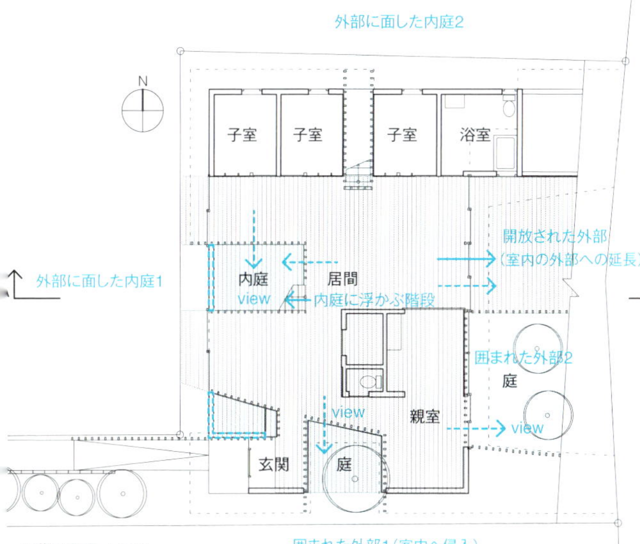

1階平面図 1:250

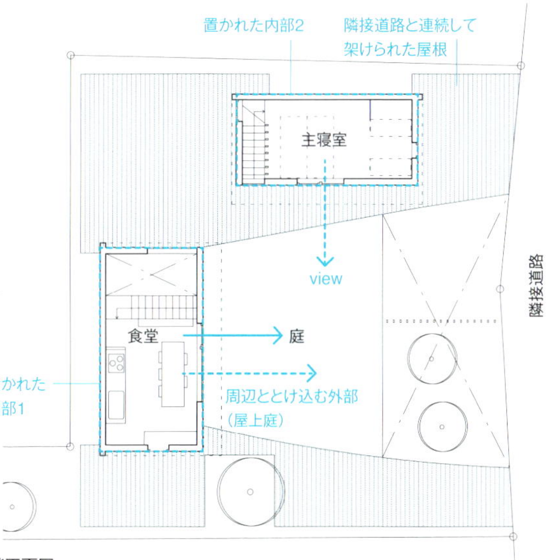

2階平面図

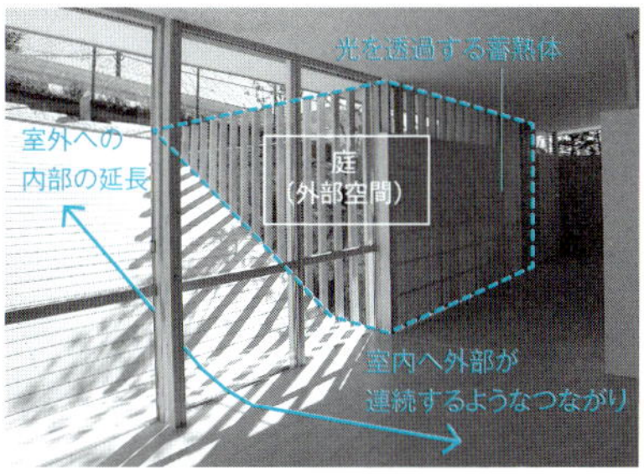

居間と敷地形状を活かした庭
敷地内の高低差を活かしたスロープ状の庭。
外部への意識がゆるやかに広がる

1-1-1　**外が入り込む境界**
→ 隙間に外を引き込む

03　室の隙間も外のような室

軽井沢離山の家

設計者：横田典雄+川村紀子/CASE DESIGN STUDIO
建設地：長野県北佐久郡軽井沢町｜竣工年：2006年

大きな一枚屋根の下に、「囲み」と名づけられたボリュームが分散配置された構成の住宅である。
「囲み」には、主に収納や水まわりなどの機能をまとめ、それらの隙間を生活空間として位置づけている。隙間の平面的な輪郭に注目すると、対角線方向に、次々と空間がつながり、建具を引き込めば、外と連続的な室の連なりが生まれる。本来、シンプルな長方形の外形をもつが、建具の開放によって、外が屋根の下に入り込み、隙間を通り抜けていくような内外の輪郭へと変化させることができる。

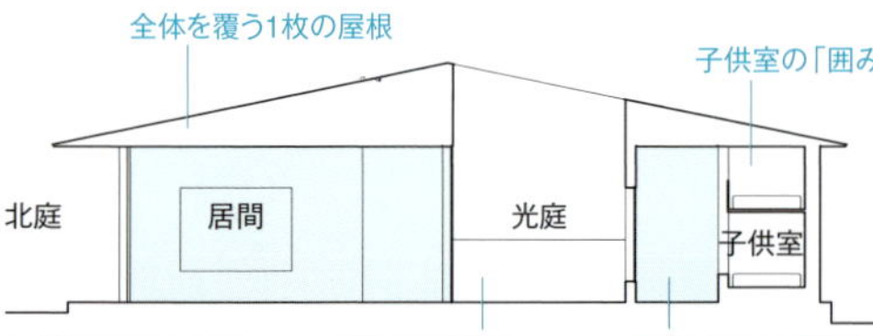

A-A'断面図 1:200

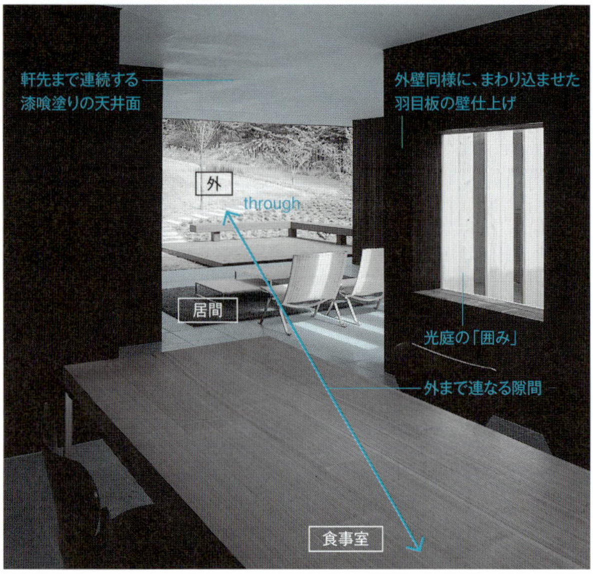

食事室から見た居間
「囲み」同士の隙間に設けられた食事室や居間が、ゆるやかに連なり外へと抜ける

1-1-2　**外が入り込む境界**
→ 領域の狭間に建てる

04　景色が通り抜け、海と山をつなぐ開口

窓の家

設計者：吉村靖孝建築設計事務所
建設地：神奈川県三浦郡｜竣工年：2013年

海と山とに挟まれた、海岸沿いに建つ別荘である。海側・山側のファサードには、ともに大きな開口が開けられ、室内から眺めると、奥行き2,400mmの薄さゆえ、海と山との狭間に居るような窓辺が形成されている。一方、山側から窓を眺めると、視線は2枚の開口を通り越し、海への眺望が確保されている。このように、奥行きの薄さと2枚の大開口によって、海と山との境界線上で佇むような居心地と、額縁のように景色を切り取る、二重の意味をもつ境界がつくり出されている。

山側から見たファサード
額縁のように、開口やピロティが向こう側の景色を切り取る

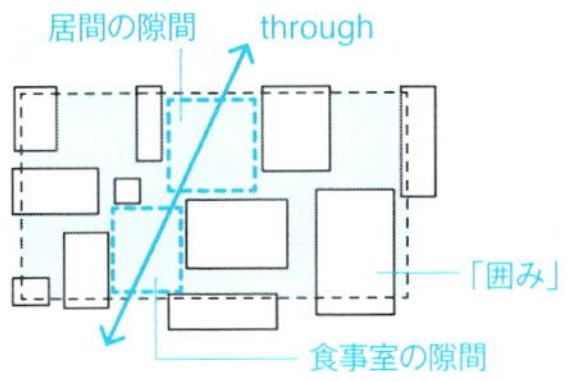

平面構成

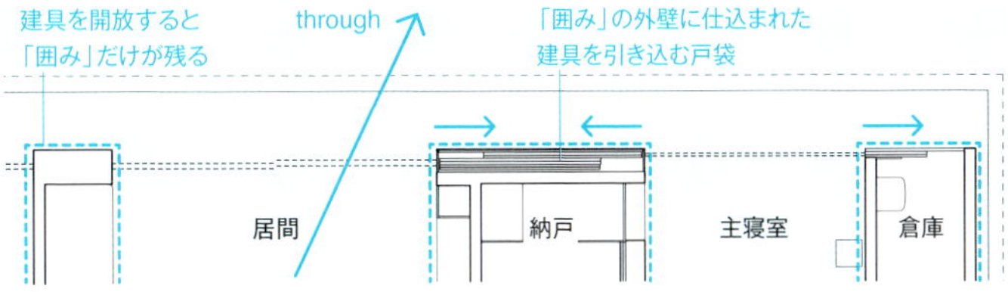

隙間の建具を引き込んだ状態

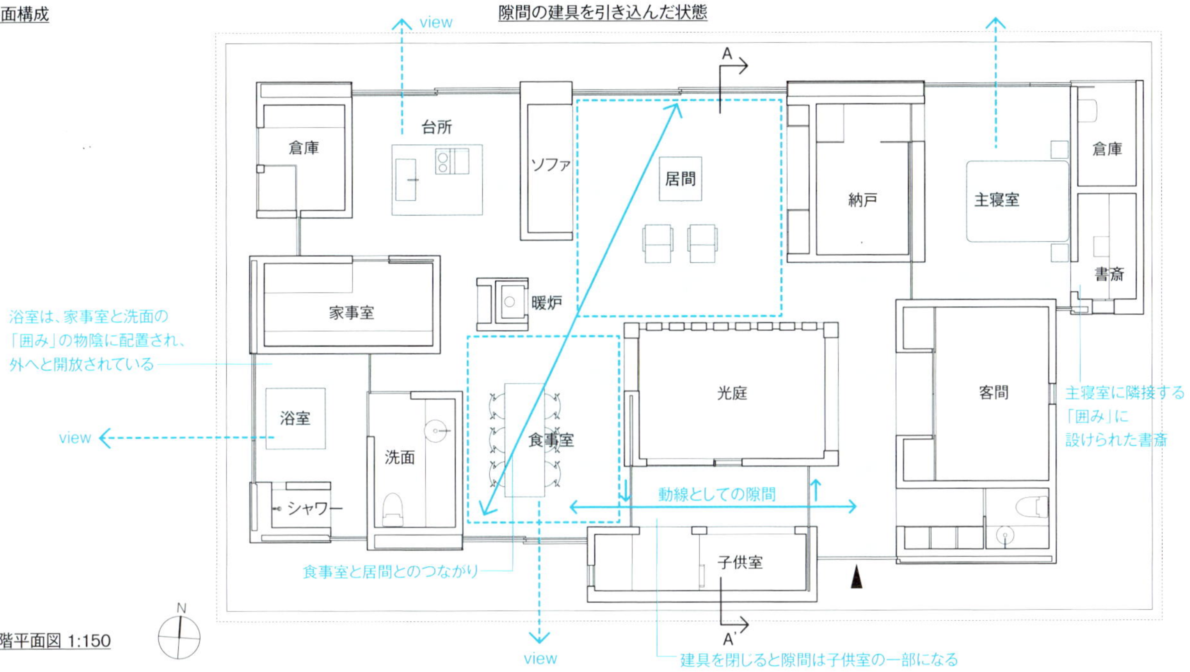

1階平面図 1:150

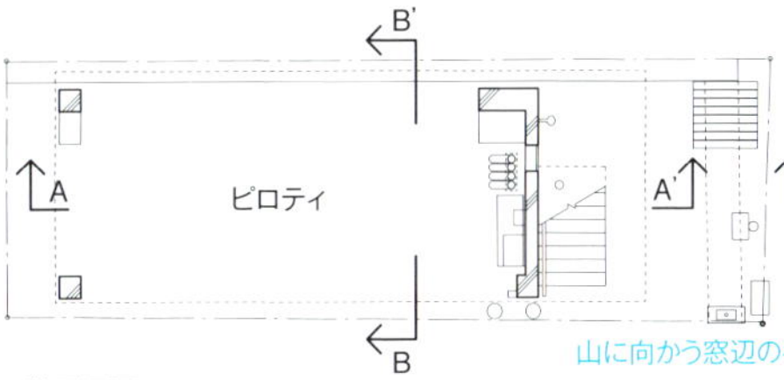

1階平面図 1:150

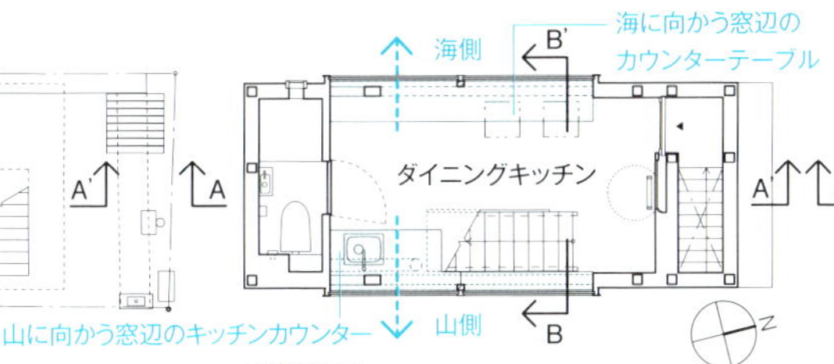

2階平面図

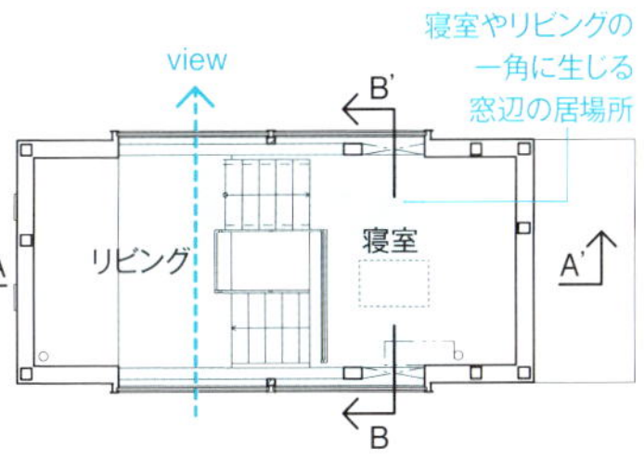

3階平面図

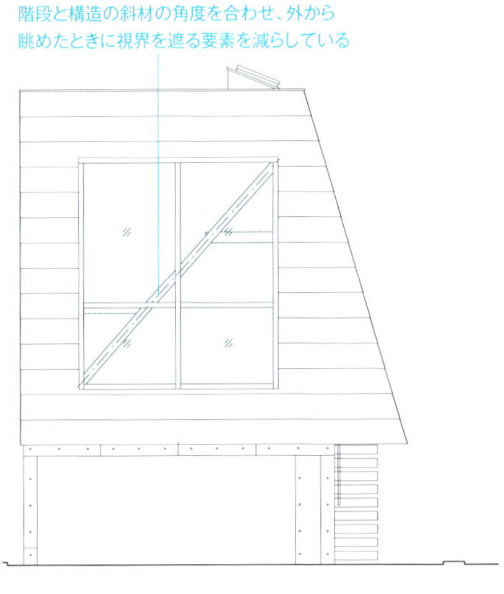

東立面図 1:150

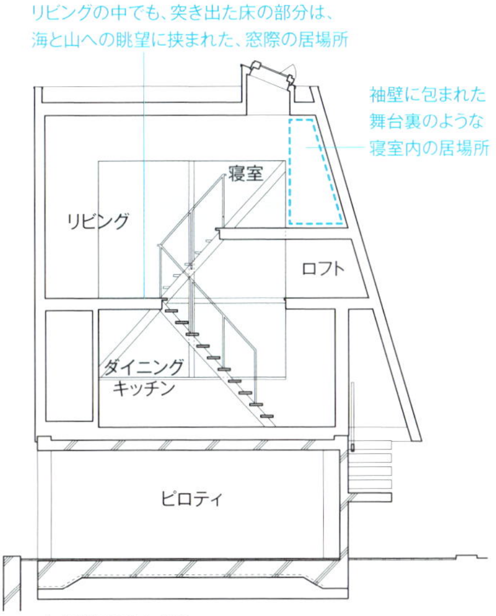

A-A'断面図 1:150

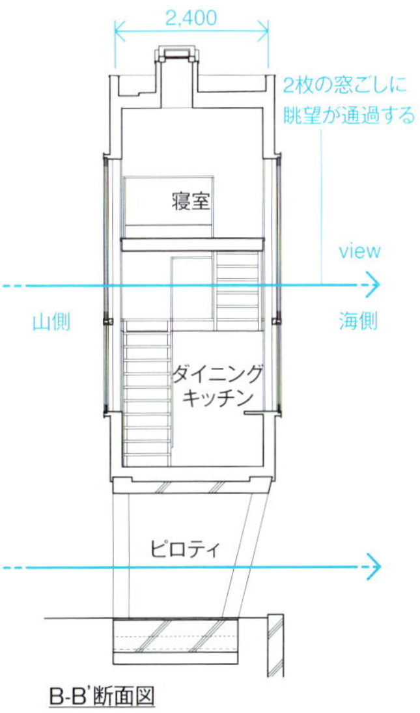

B-B'断面図

1-1-3 **外が入り込む境界**
→ 内外を混在させる

05 内外を合わせて包み込む箱

森のすみか

設計者：前田圭介／UID
建設地：広島県尾道市｜竣工年：2010年

各所に穴をあけた箱によって、屋外の環境と室内とを合わせて包み込んだ住宅である。「森のプラットフォーム」と呼ばれる2階スラブ上では、中央のテラスの建具を開放すると、内外が箱の中で渾然一体となる。また、床の開口からは、2階より掘り下げたリビングや1階アプローチの樹木などが顔を出すなど、箱の上下左右に、内外がにじみ合うような境界が形成されている。

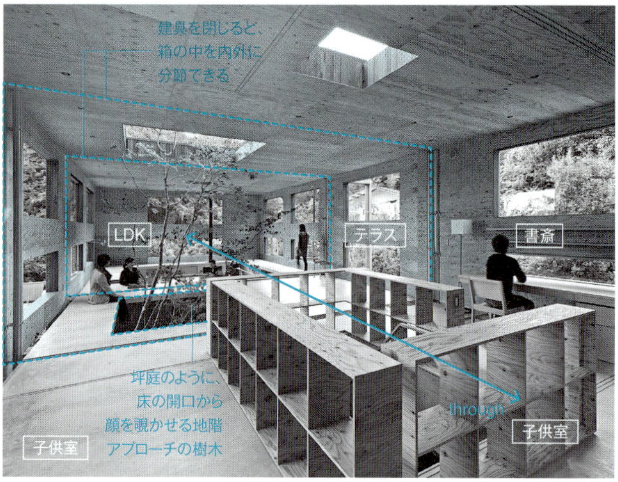

子供室からテラスごしにLDKを見る
箱の内側では、建具を開放すると、半外部のテラスと室内がひとつながりの空間になる

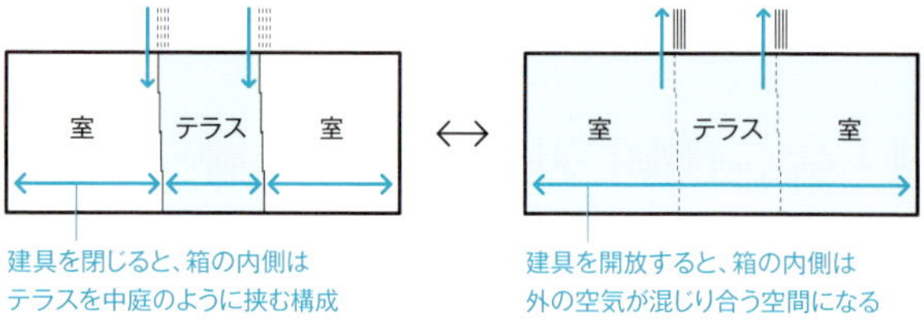

2階の平面構成

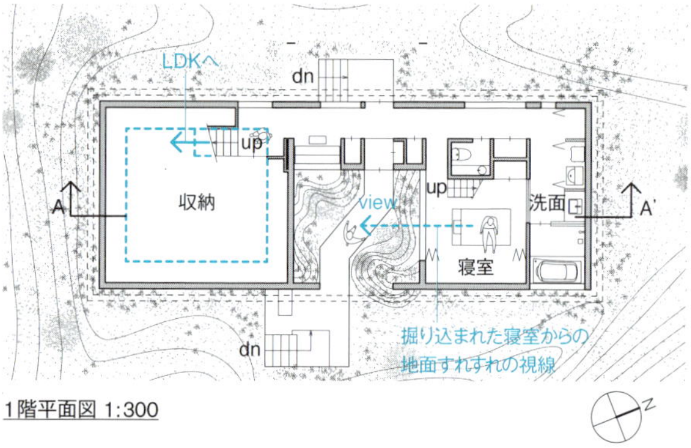

1階平面図 1:300

1-2-1 **周囲にバッファーをまとう境界**
→ 内外を混在させる

06 内外の距離感をつくり出す、重層する開口

House N

設計者：藤本壮介建築設計事務所
建設地：大分県｜竣工年：2008年

あちこちに穴をあけた箱を、3重の入れ子状に重ね合わせた住宅である。最奥の箱にリビングとダイニングを納め、その周囲を取り囲む箱同士の隙間に、住宅の諸室や機能、屋外空間が、入り交じるように配置されている。壁の開口は、ガラス窓と素通しの窓とを等価に扱っているため、内外の輪郭を曖昧にしている。また、開口同士の

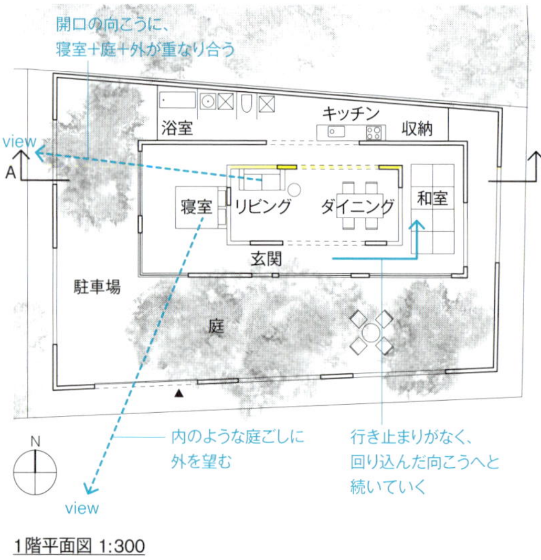

1階平面図 1:300

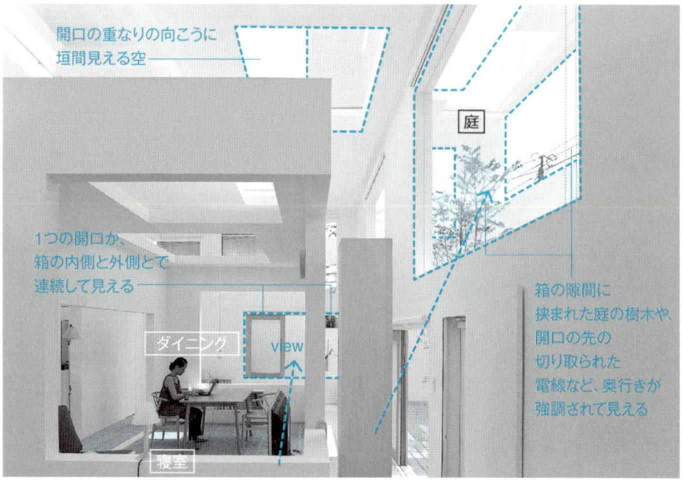

寝室からダイニングを見る
3つの箱と各所に設けられた開口の重なり具合によって、やわらかく包まれたような内部空間と、どこに居ても完全に外と切り離されない居場所が形成されている

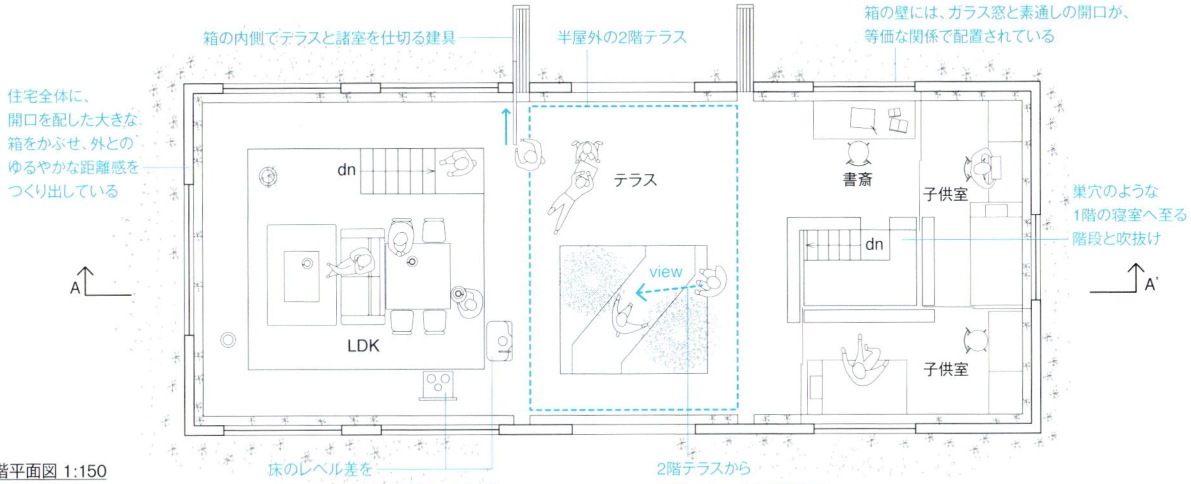
箱の内側でテラスと諸室を仕切る建具
半屋外の2階テラス
箱の壁には、ガラス窓と素通しの開口が、
等価な関係で配置されている
住宅全体に、
開口を配した大きな
箱をかぶせ、外との
ゆるやかな距離感を
つくり出している
dn
テラス
書斎
子供室
巣穴のような
1階の寝室へ至る
階段と吹抜け
view
dn
A
A'
LDK
子供室
床のレベル差を
キッチンカウンターに見立てている
2階テラスから
1階アプローチを見下ろす

2階平面図 1:150

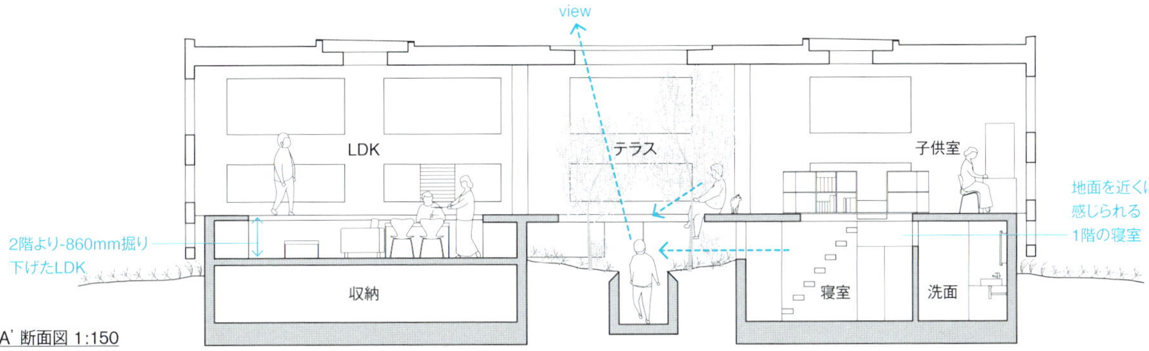
view
LDK
テラス
子供室
地面を近くに
感じられる
1階の寝室
2階より-860mm掘り
下げたLDK
収納
寝室
洗面

A-A' 断面図 1:150

重なりは、建物周囲の外部環境に対して、どこに居ても、開口の向こう側の居場所がバッファーとなり、内外の距離感を調整する境界がつくられている。

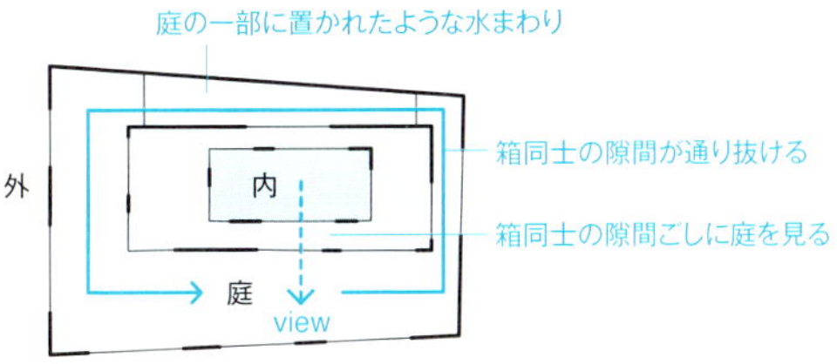
庭の一部に置かれたような水まわり
外
内
箱同士の隙間が通り抜ける
箱同士の隙間ごしに庭を見る
庭
view

平面構成

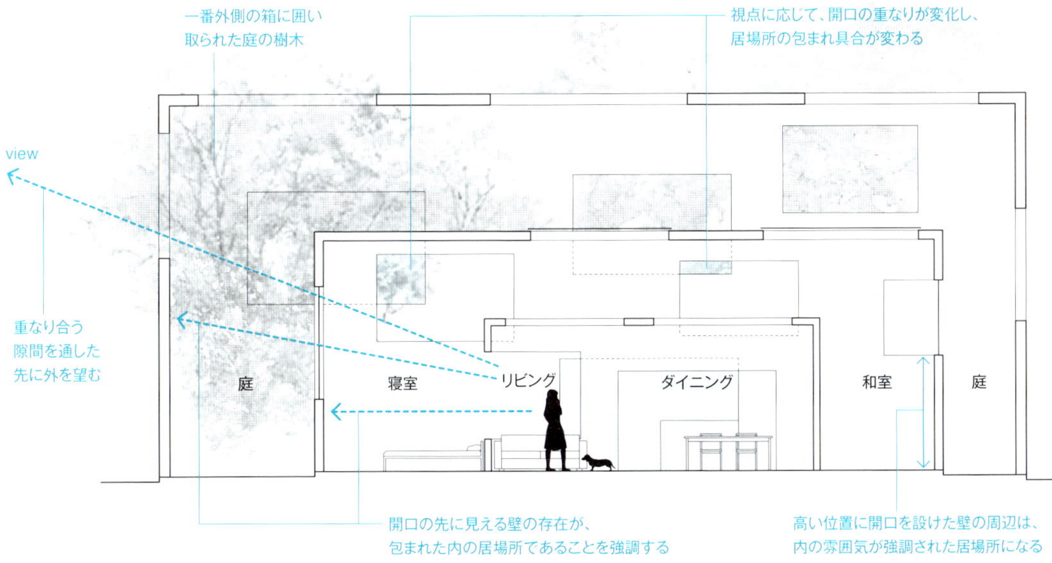
一番外側の箱に囲い
取られた庭の樹木
視点に応じて、開口の重なりが変化し、
居場所の包まれ具合が変わる
view
重なり合う
隙間を通した
先に外を望む
庭
寝室
リビング
ダイニング
和室
庭
開口の先に見える壁の存在が、
包まれた内の居場所であることを強調する
高い位置に開口を設けた壁の周辺は、
内の雰囲気が強調された居場所になる

A-A' 断面図 1:150

1-2-2　**周囲にバッファーをまとう境界**
→ 室のかたわらに外を配する

07 外をまとうような回廊

八ヶ岳の別荘

設計者：千葉学建築計画事務所
建設地：長野県諏訪郡｜竣工年：2004年

八ヶ岳の林の中に建つ、回廊を四周にまとう別荘である。
それぞれ独立性の高い、リビング・寝室・階段室・浴室などの空間が、回廊によって束ねられた平面構成をもつ。回廊の外側の境界には、床から天井まで開放された透明な窓、半透明な窓、壁、扉といった透過度の異なるスクリーンが代わる代わる連なり、室内側の境界は、まるで外壁のような杉板で仕上げられている。そのため回廊内には、林の中を散策するような、屋外的な雰囲気の空間が形成されている。
この2重の外皮で挟まれた回廊は、動線や温熱環境制御等の機能的な役割はもちろん、室内から回廊ごしに外を眺めたときの、視覚的な奥行きや、心理的に包み込まれた感覚を生み出すバッファー空間となっている。

東側から見た外観
1階部分に対して、2階は、
外側にまとう回廊の幅だけ張り出している

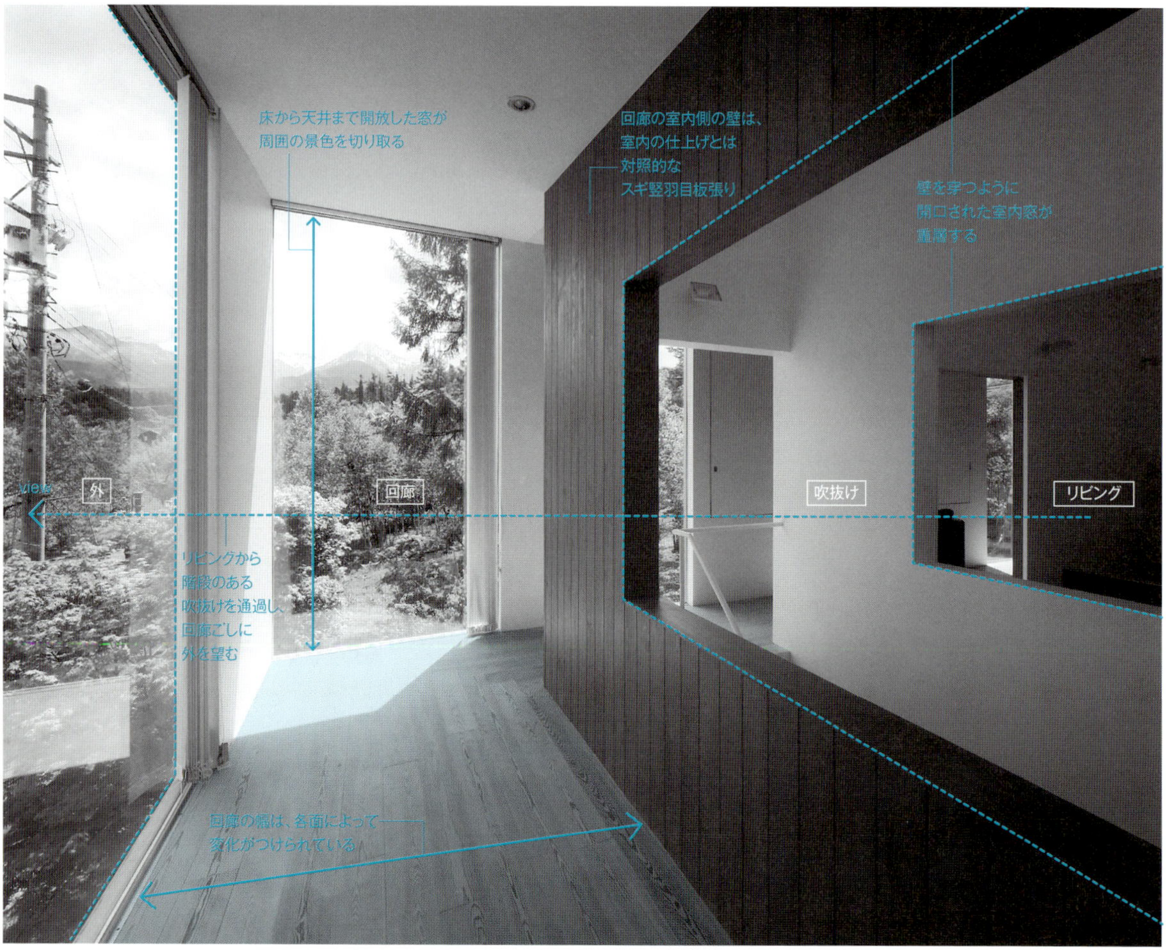

回廊から見た外と室内
2重の外皮で挟まれた半屋外のような回廊を、室の外側にまとうことで、外との距離感が調整されている

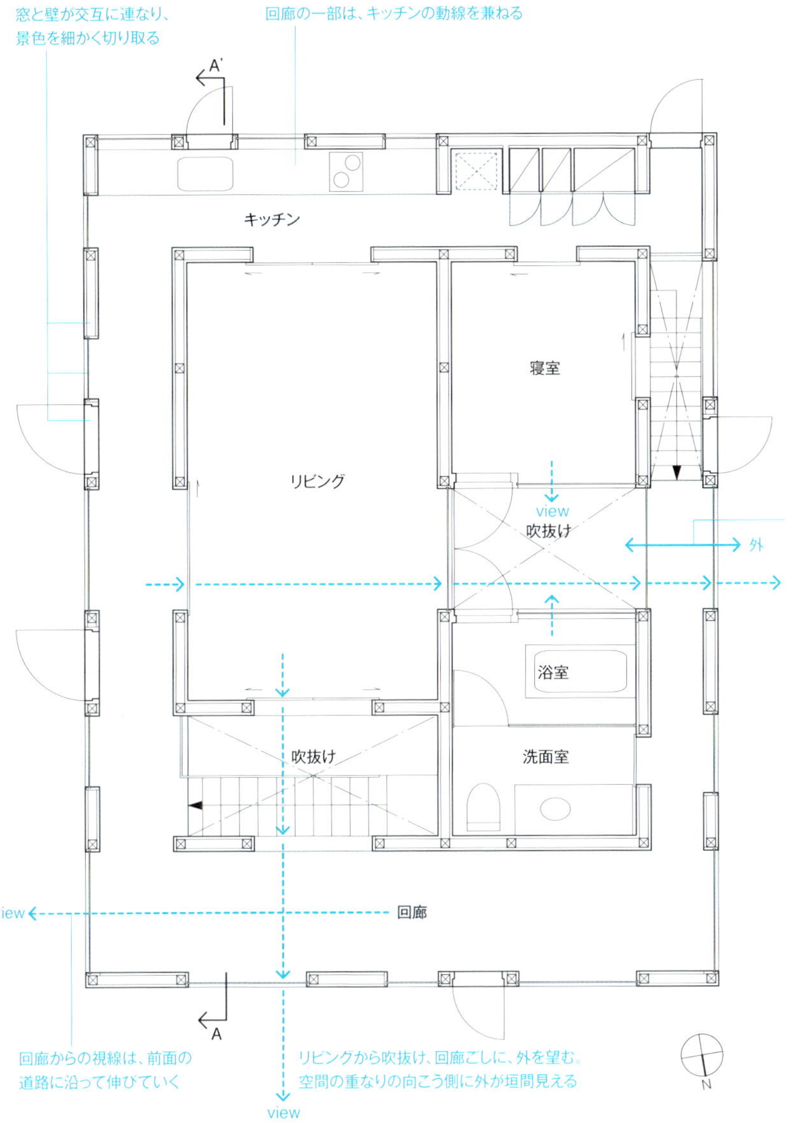
回廊は、この部分では屋外の
吹抜けと外に挟まれる
視点と向きによって、さまざまな空間の
重なり合いが生じ、外との距離感が変化する

2階平面図 1:100

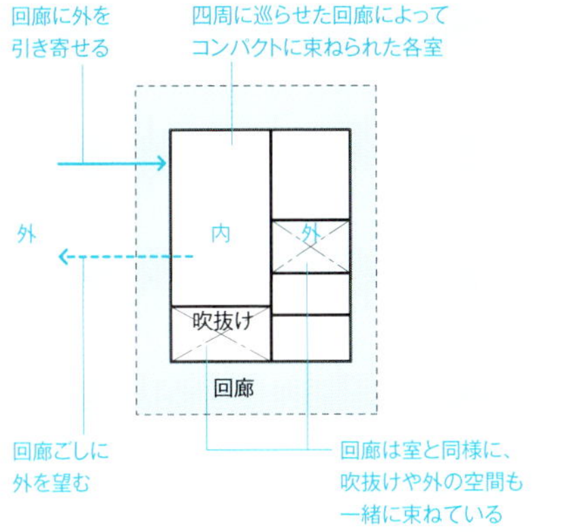

回廊に外を

回廊は室と同様に、
吹抜けや外の空間も
一緒に束ねている

2階の平面構成

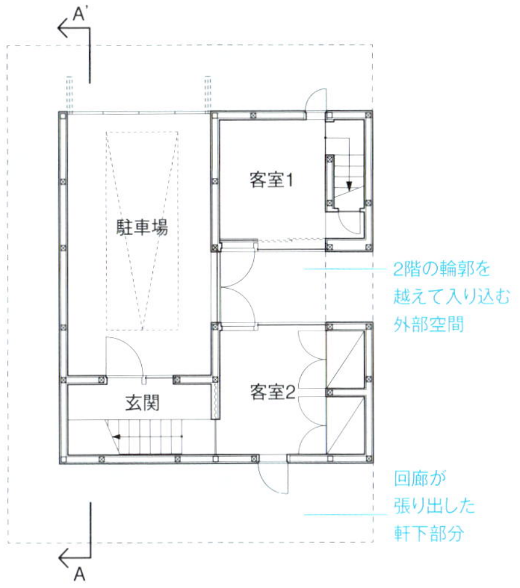

2階の輪郭を
越えて入り込む

張り出した

1階平面図 1:200

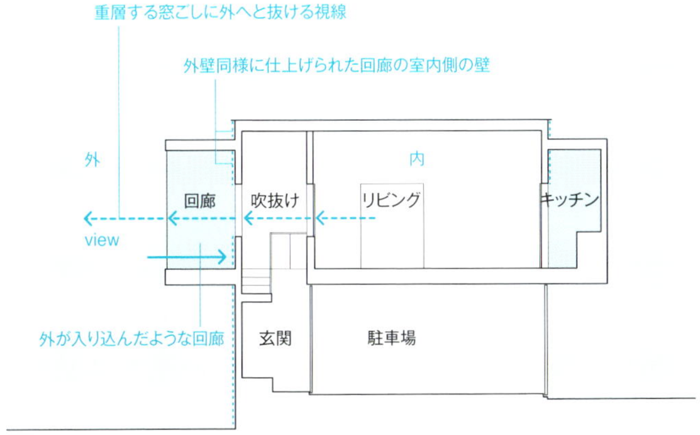

重層する窓ごしに外へと抜ける視線
外壁同様に仕上げられた回廊の室内側の壁

A-A'断面図 1:200

室内窓を通して見ることで、

外に近い位置づけの場所に感じられる

リビングの室内窓から外を見る

2階の室内からは、開口のずれによっていろいろな景色が切り取られて見える

窓と壁が交互に連なり、
景色を細かく切り取る
回廊の一部は、キッチンの動線を兼ねる

回廊からの視線は、前面の
道路に沿って伸びていく

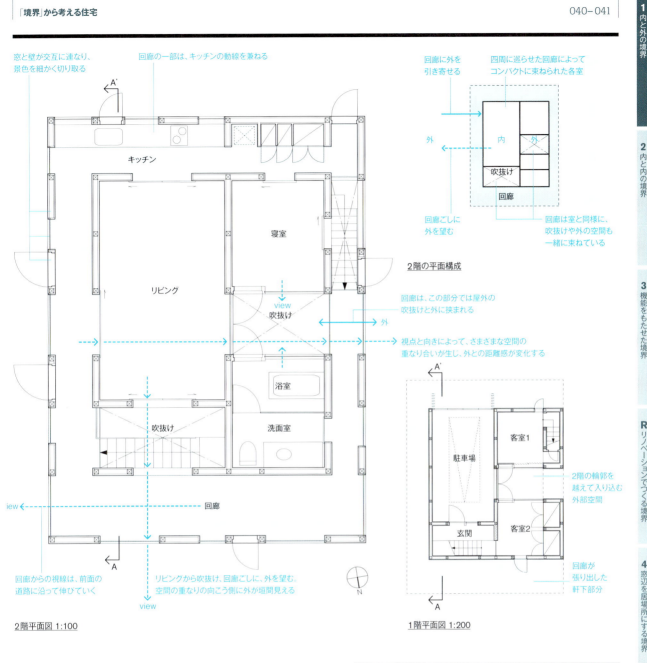

1-2-2 **周囲にバッファーをまとう境界**
→室のかたわらに外を配する

08 室を適宜、拡張できる縁側的な廊下

能代の住宅

設計者：納谷学+納谷新／納谷建築設計事務所
建設地：秋田県能代市｜竣工年：2005年

2重の皮膜に挟まれた縁側的な廊下を、内外の境界としてまとい、秋田の夏と冬の気候に対応する生活環境が目指された住宅である。生活の中心となる2階では、外壁全周に連続窓を配した廊下が諸室を取り囲み、外とのバッファー空間を形成している。廊下の室内側は、半透明の建具で仕切り、夏場は開放して領域を拡張し、冬場は閉ざすことで、やわらかい光に包まれたコンパクトな室内空間での暮らしを可能としている。

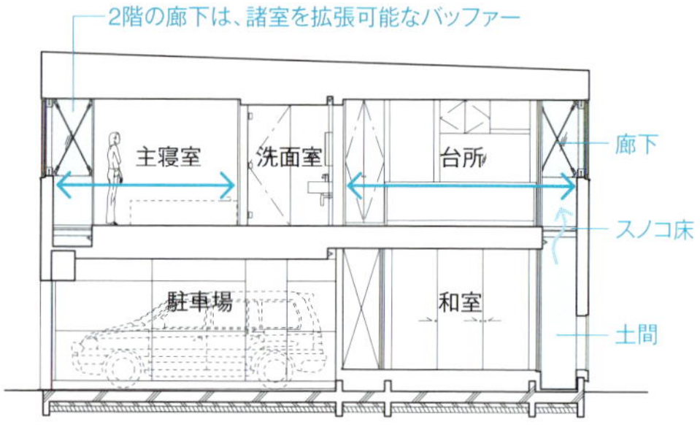

断面図 1:200

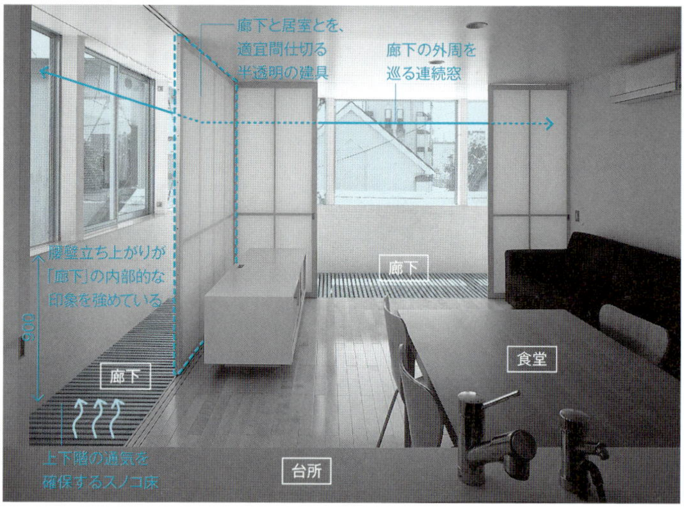

2階台所から見た廊下
各居室と周囲の廊下とは、透過性のある建具によって適宜開閉を選択できる

1-2-2 **周囲にバッファーをまとう境界**
→室のかたわらに外を配する

09 地窓と塀で外を引き寄せた回り庭

南の家

設計者：八島正年+八島夕子／八島建築設計事務所
建設地：茨城県牛久市｜竣工年：2004年

隣家が建ち並ぶ住宅地の中で、敷地境界と建物との隙間に、「回り庭」と呼ぶ細長い庭を設けた住宅である。「回り庭」に対して、高さ1,200mmの地窓を建物の外周に巡らせ、敷地外周に設けた、高さ1,700mmのブロック塀との関係によって、隣家への視線が制御されている。この操作によって、「回り庭」は、あたかも坪庭のように室内側に引き寄せられ、室内と敷地外との間にやわらかな境界をつくっている。

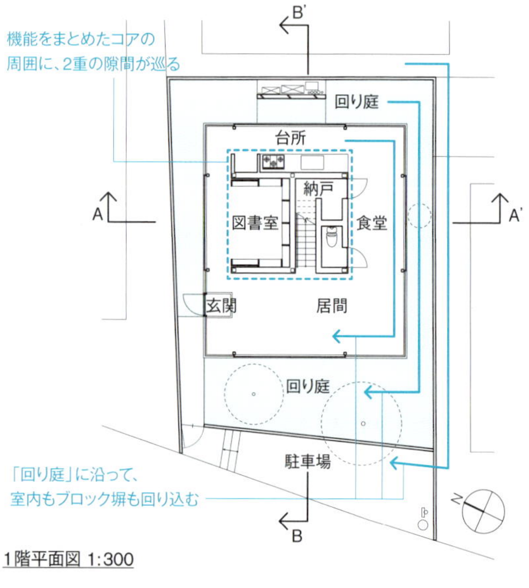

1階平面図 1:300

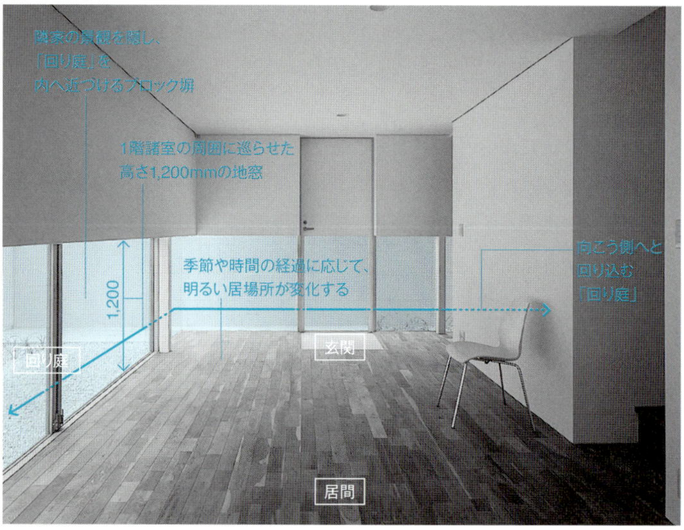

周囲を巡る地窓と「回り庭」
地窓とブロック塀の高さによって、着座した視点からの見え方が調整されている

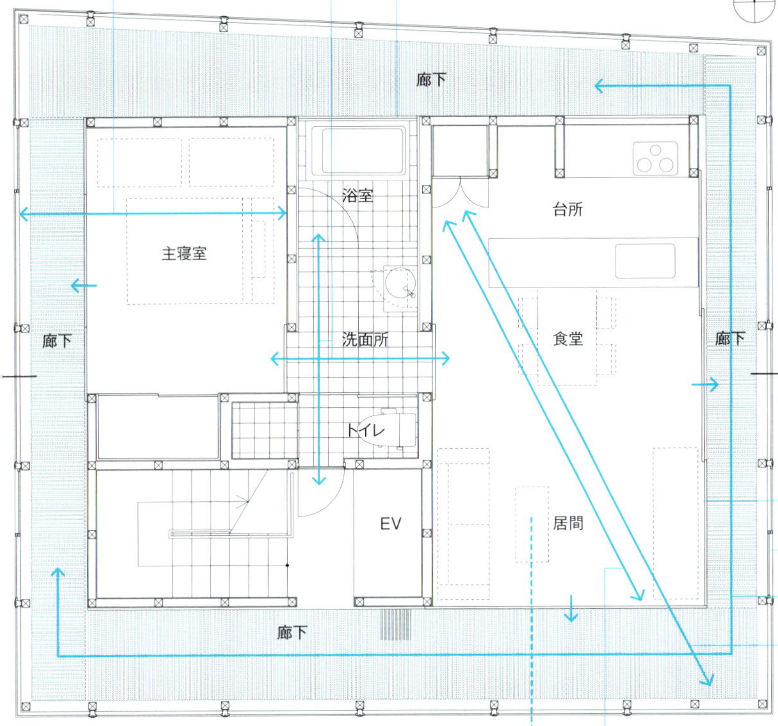

2階平面図 1:100

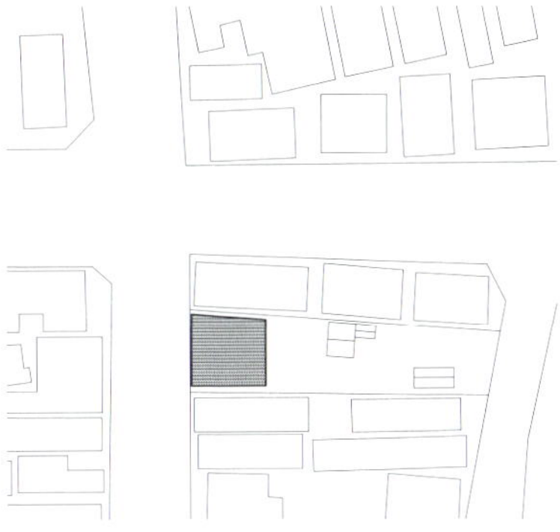

配置図 1:1500

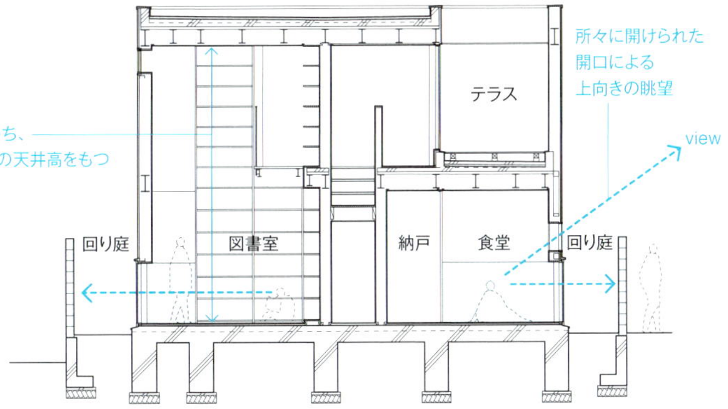

A-A'断面図

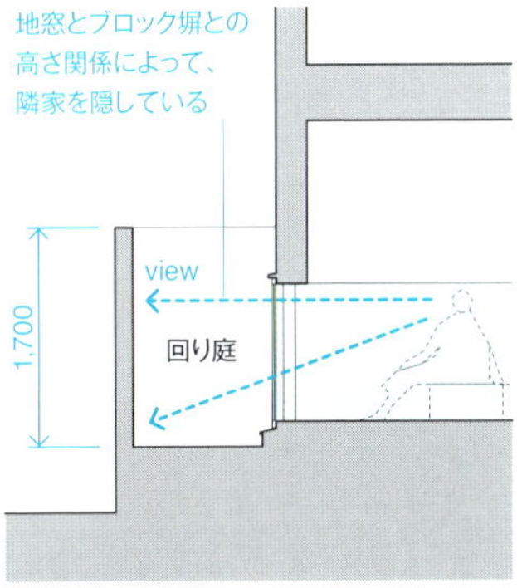

地窓と「回り庭」、
ブロック塀の断面構成

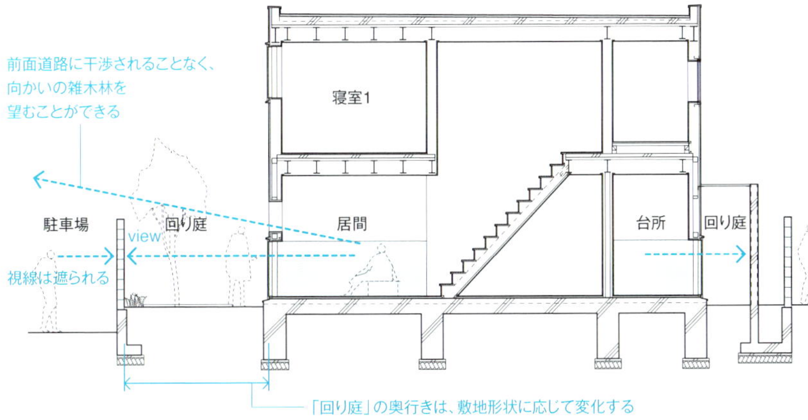

B-B'断面図 1:150

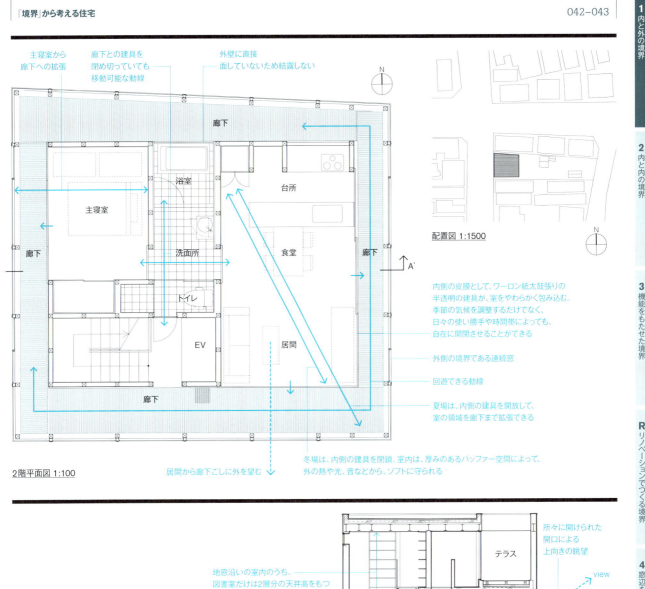

1-3-1 **外を内包する境界**
→室のかたわらに外を配する

10 室同士の隙間に浸透した中庭

綴の家

設計者：植木幹也+植木茶織/スタジオシナプス
建設地：群馬県前橋市｜竣工年：2011年

4つの室と、それらの隙間である中庭で構成された平屋建ての住宅である。
正方形の平面は、L字型の4枚の壁によって、四隅の室に分節され、中央部に残った隙間は、中庭として位置づけられている。この中庭は、室の独立性を高めるとともに、室同士の隙間に入り込んだ一部は、室の裏側のような居場所に見立てられている。
また、従来の中庭を中心として位置づける平面形式とは異なり、外周に背を向けてはいない。各室は、中庭と周辺環境という2種類の外に対して、等価な開口で向き合っている。さらに、外周の壁に沿った回遊動線が各室を縫い合わせるように連ね、ひとつの住宅としてのまとまりをつくり出している。
このように、内側の隙間に外が浸透したような境界、各室それぞれが外に包まれたような境界、ひとまとまりの住宅としての境界など、多様な境界のあり方が内包された住宅といえる。

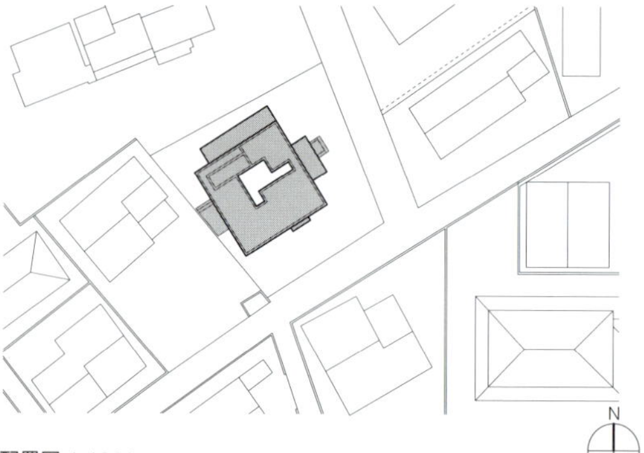
N
配置図 1:1000

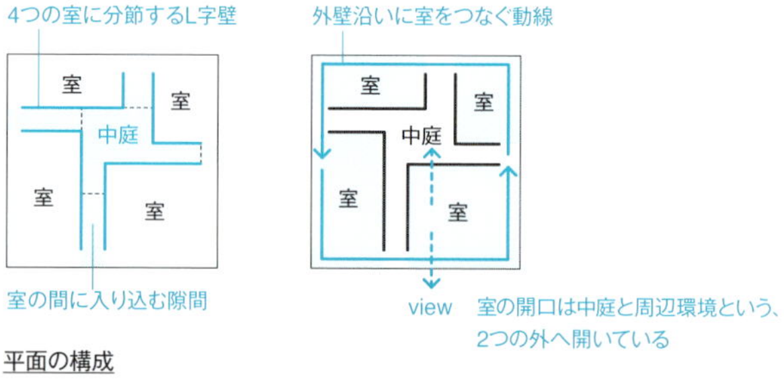
4つの室に分節するL字壁
室
室
中庭
室
室
室の間に入り込む隙間
外壁沿いに室をつなぐ動線
室
室
中庭
室
室
view
室の開口は中庭と周辺環境という、2つの外へ開いている
平面の構成

各室の開口の先に隙間が位置づけられ、中庭ごしの眺めに奥行きをつくり出している
view
玄関
中庭
部屋3
「部屋3」から中庭ごしに玄関を見る
視点に応じて、中庭ごしに外まで見通すことができる

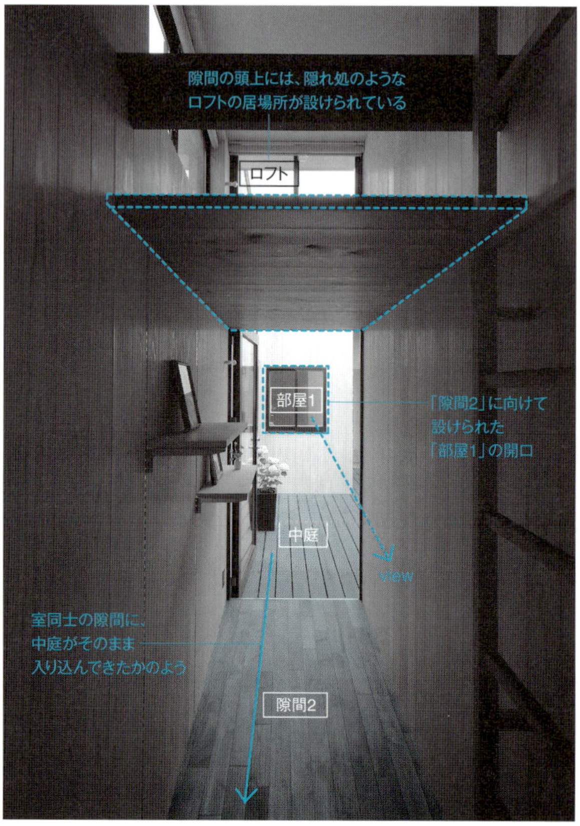
隙間の頭上には、隠れ処のようなロフトの居場所が設けられている
ロフト
部屋1
「隙間2」に向けて設けられた「部屋1」の開口
中庭
view
室同士の隙間に、中庭がそのまま入り込んできたかのよう
隙間2
「隙間2」へ引き寄せられた中庭
室同士の隙間には、中庭が延長されたような室内の居場所が設けられている

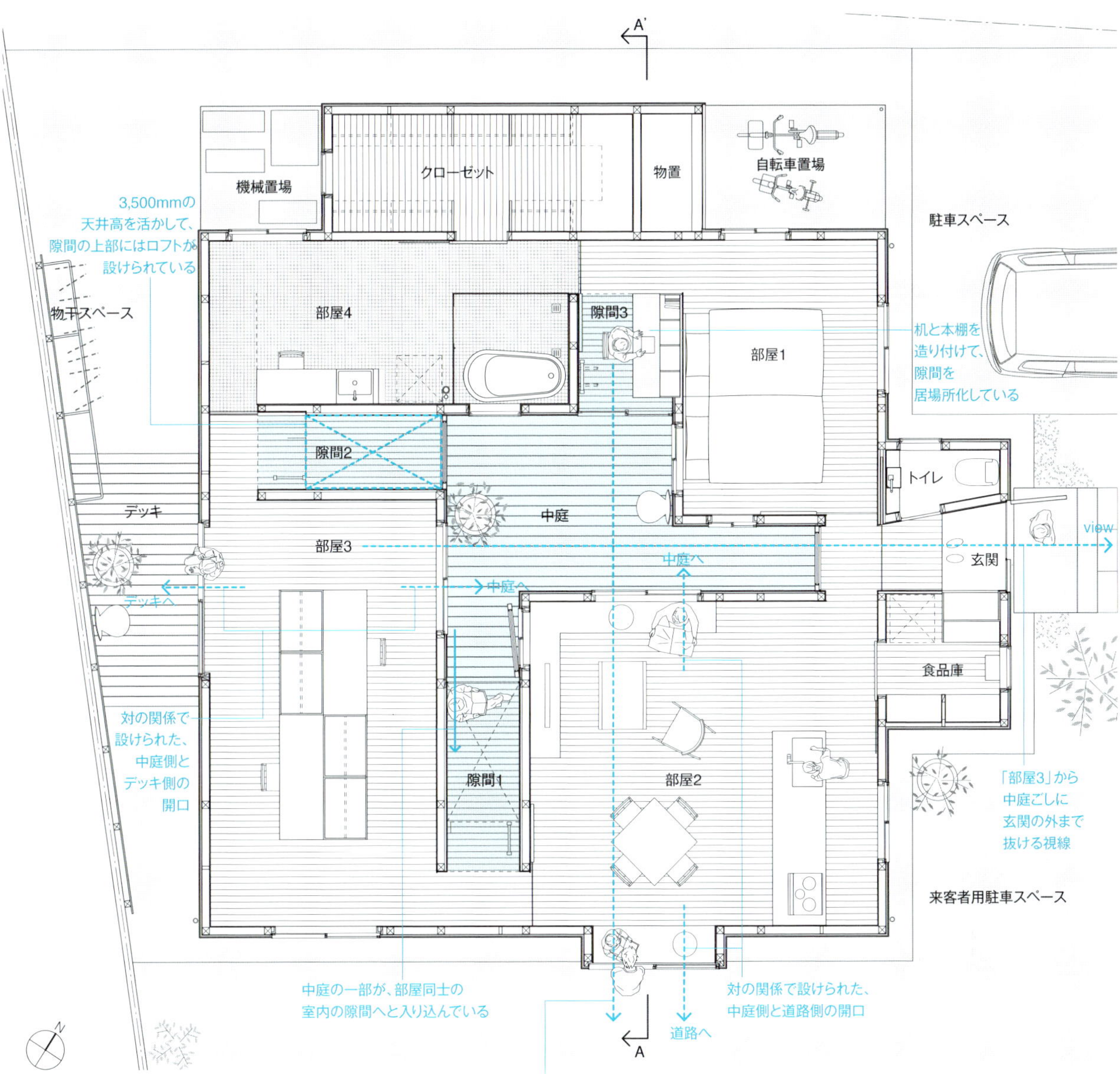

1階平面図 1:100

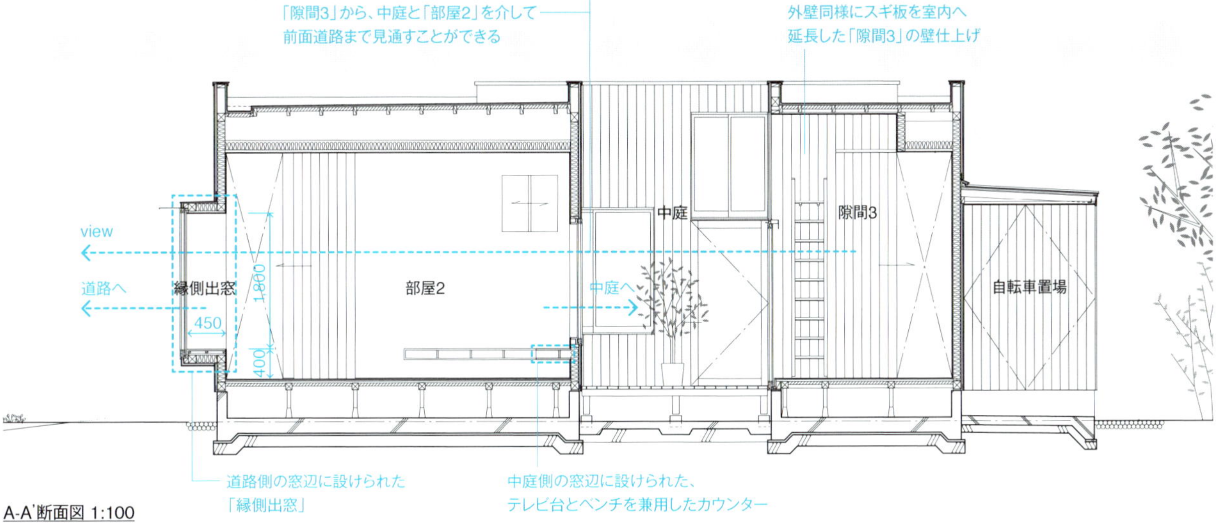

A-A'断面図 1:100

1-3-1 **外を内包する境界**
→ 室のかたわらに外を配する

11 室のひとつのような「庭」

にわのある家

設計者：近藤哲雄建築設計事務所
建設地：横浜市港北区 | 竣工年：2007年

変形させた切妻型の中に、部屋と「庭」が等価な関係で、立体的に配置された住宅である。

多様な天井高の部屋と「庭」とが組み合わされ、相互に生じるレベル差が、空間同士に意外なつながりを生み出している。特に、部屋のひとつのように配された「庭」は、室内のすぐそばに外を引き寄せ、「庭」ごしに望む外との距離感、「庭」を介した多様な動線などをつくり出している。

比較的シンプルな外形の印象に対して、その内側では、内外の輪郭が複雑に入り組み、周辺環境と個々の室内をやわらかくつなぐ境界が形成されている。

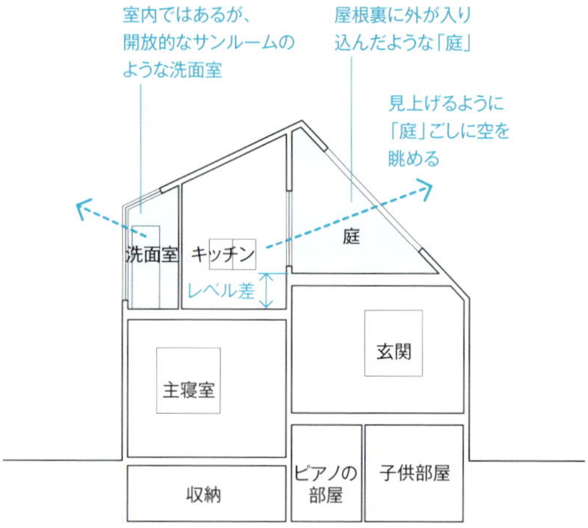

A-A'断面図 1:200

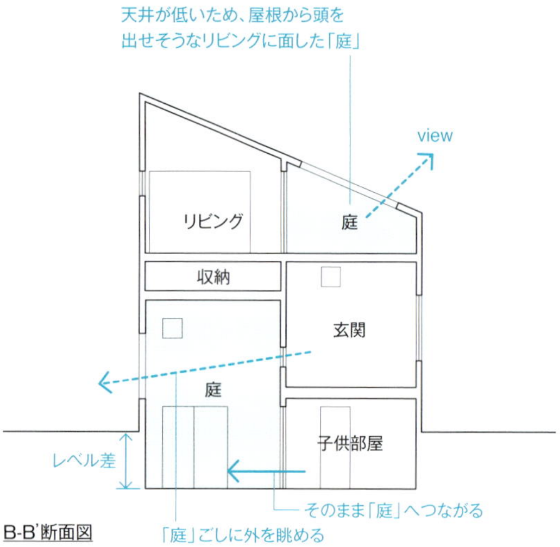

B-B'断面図

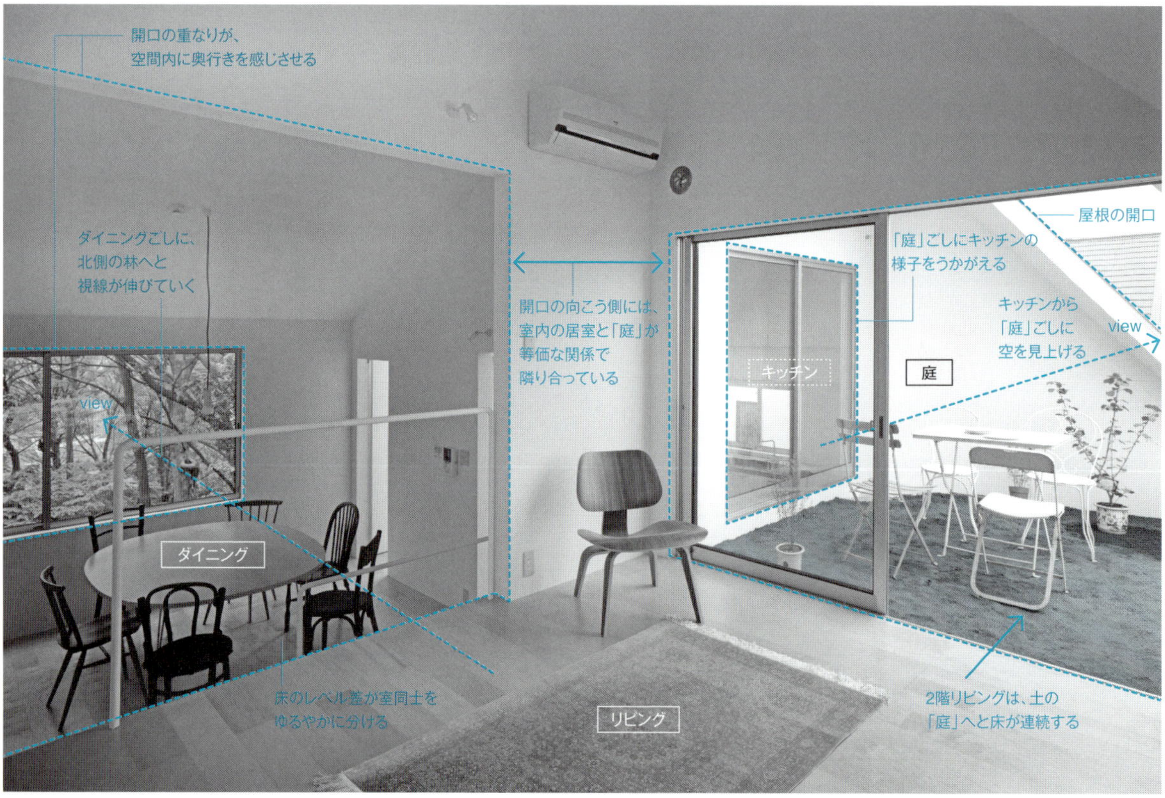

リビングから見たダイニングと庭 それぞれの部屋は独立しつつも、壁に穿たれた開口を通して、隣りの部屋や庭、そしてその先の外へと連続していく

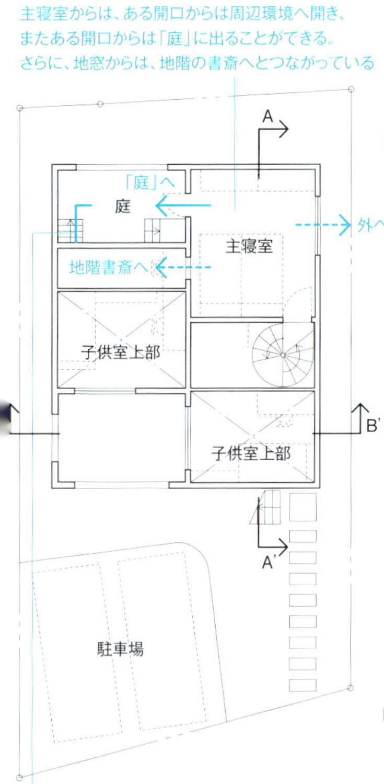

1階平面図 GL±0

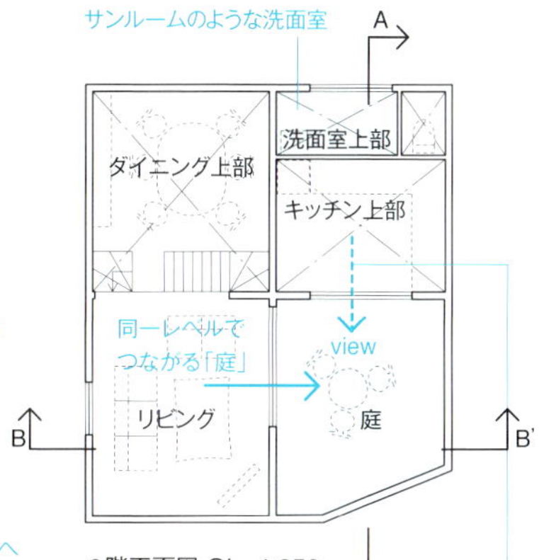

2階平面図 GL+4,350

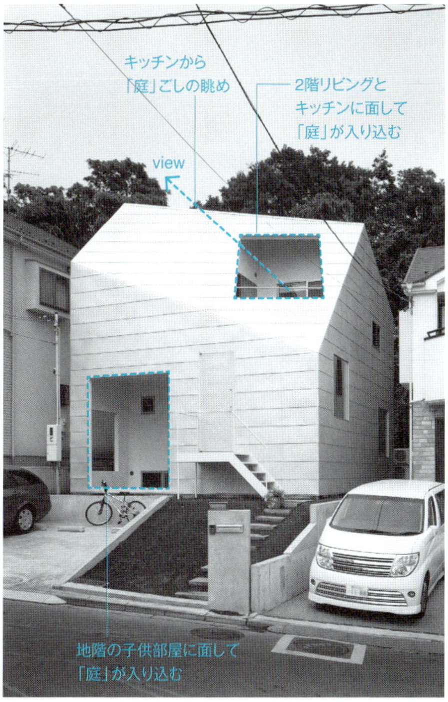

前面道路からアプローチごしに見た住宅全景

ひと塊の完結した外形をもつ住宅であるが、
大きな開口それぞれの内側には、
外部空間としての「庭」が引き寄せられ、
室内の部屋と等価な存在として位置づけられている

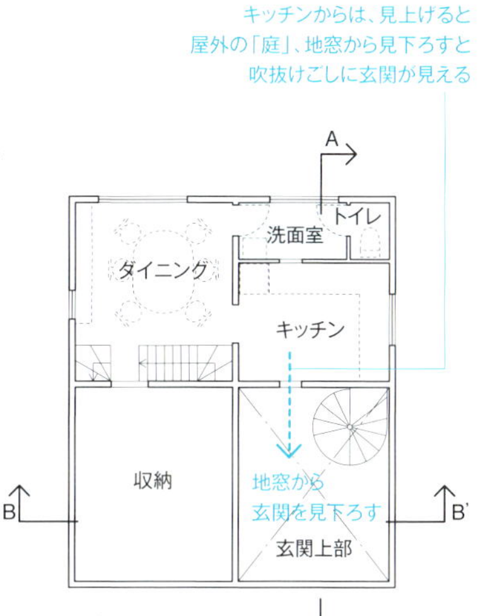

2階平面図 GL+3,450

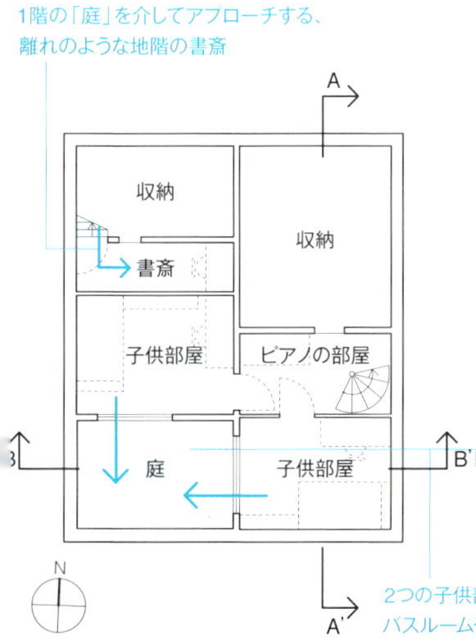

地階平面図 GL-1,380 1:200

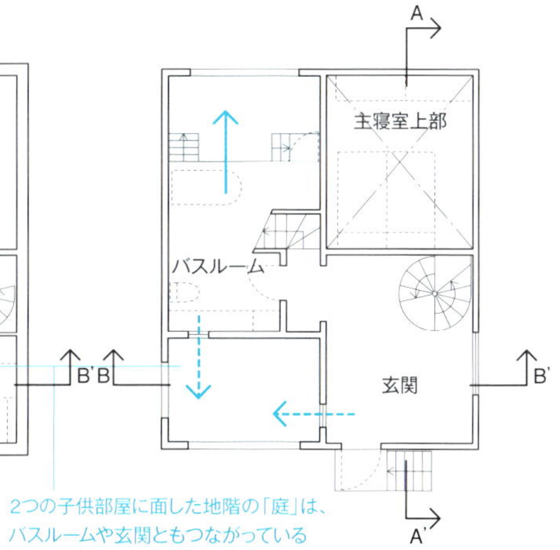

1階平面図 GL+1,100

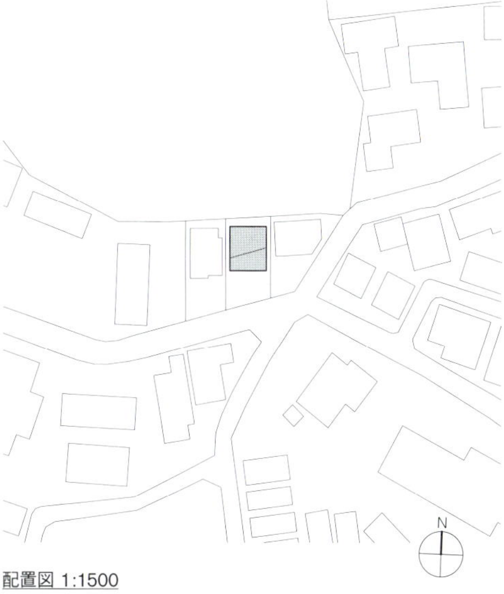

配置図 1:1500

2-1-1　**床で空間を分ける境界**
→床を階段の連なりに見立てる

12　居場所を連ねた折り返し階段

だんだんまちや

設計者：アトリエ・ワン
建設地：東京都目黒区｜竣工年：2008年

住宅全体が折返し階段で出来ているような、レベル差を設けた床の連なりで構成された住宅である。踊り場を、諸室の床に見立てるだけでなく、それらをつなぐ一段一段も小さな居場所の集まりとして位置づけられている。階段の一連の流れのなかに、床の幅や奥行き、高さ

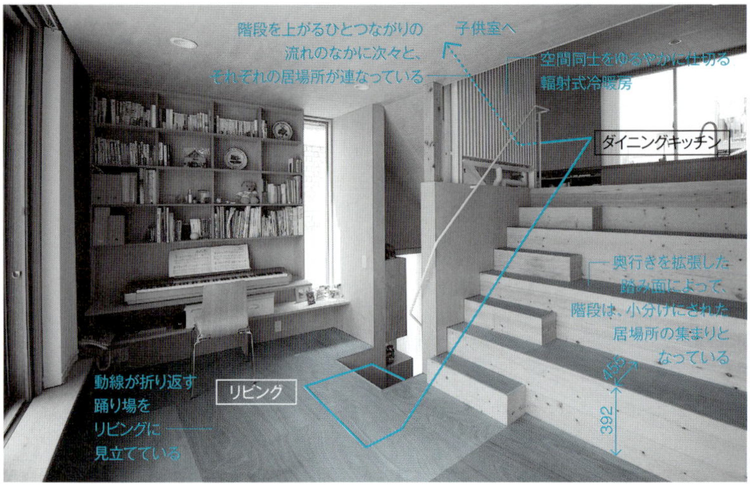

リビングと右手にダイニングキッチンを見上げる
本来、空間のつなぎ目である動線を居場所に設え、連続的な活動の場が形成されている

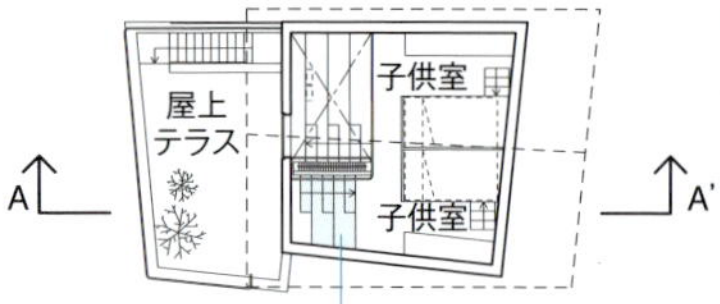

2階上部平面図

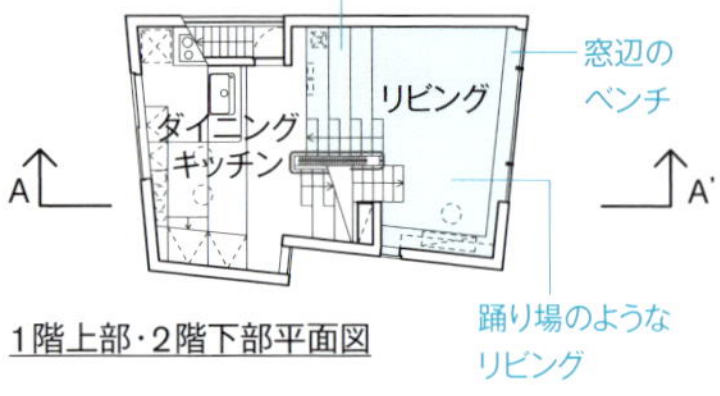

1階上部・2階下部平面図

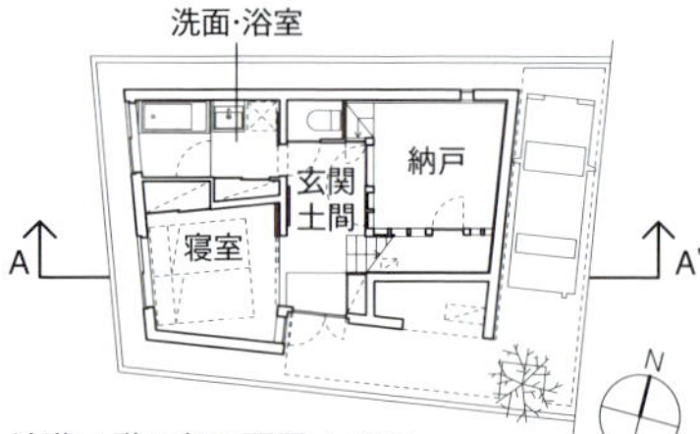

地階・1階下部平面図 1:300

2-1-2　**床で空間を分ける境界**
→凹凸のある床と室をまとめる天井

13　居場所を連ねたひな壇状の床

ノラ・ハウス

設計者：東京工業大学塚本研究室＋アトリエ・ワン
建設地：宮城県仙台市｜竣工年：2006年

仙台郊外の畑の入り交じる住宅地に建つ住宅である。大屋根によるまとまりの下で、床が徐々に高さや幅、向きを変化させながら、菜園・縁側・玄関・リビング・書斎……と諸室が連なっている。それぞれの床の輪郭がゆるやかな領域を形成し、それらのエッジ部分には、小分け

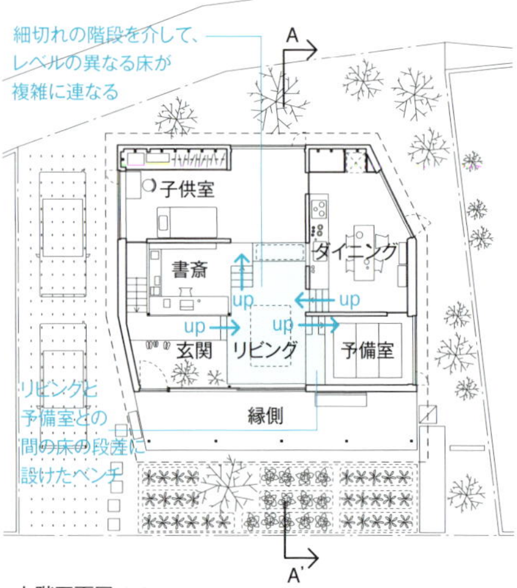

上階平面図 1:300

下階平面図

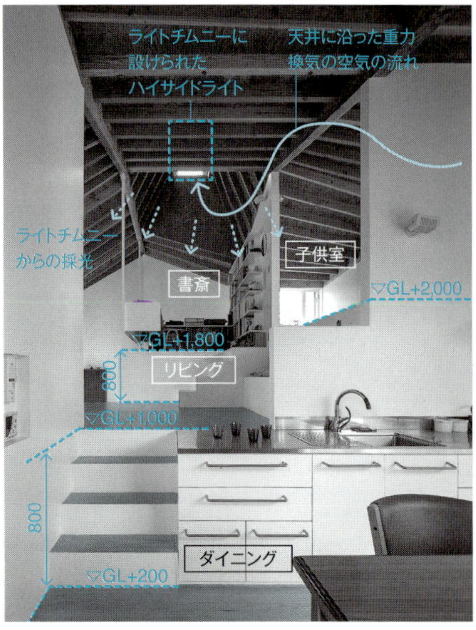

ダイニングから書斎方向を見る 天井の形を追いかけるように、少しずつ床レベルを変化させながら諸室が連なっている

などの操作によって、諸室や居場所同士のゆるやかな関係が形成されている。

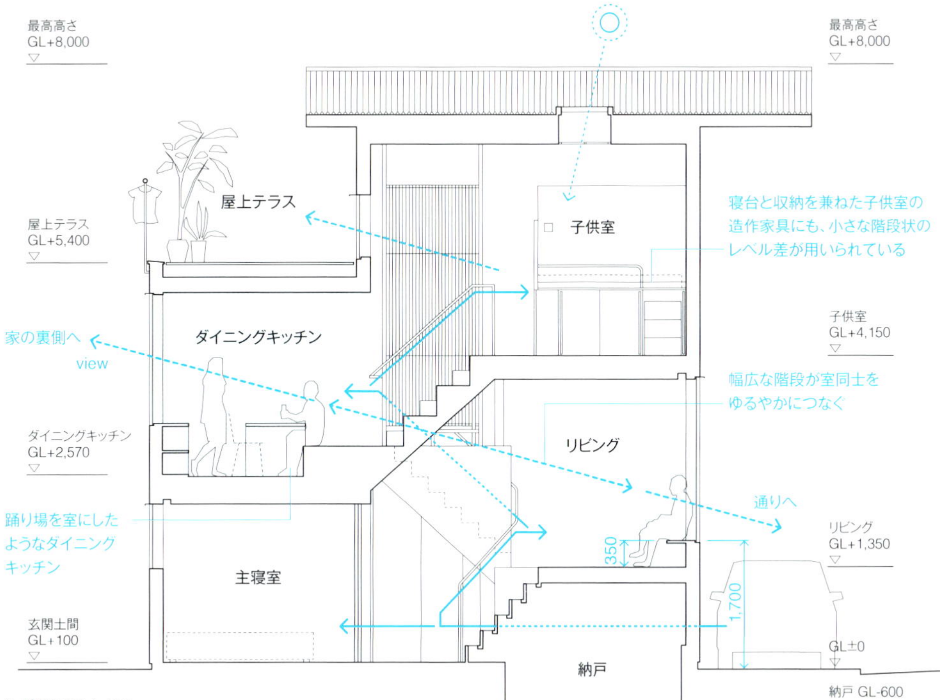

A-A'断面図 1:100

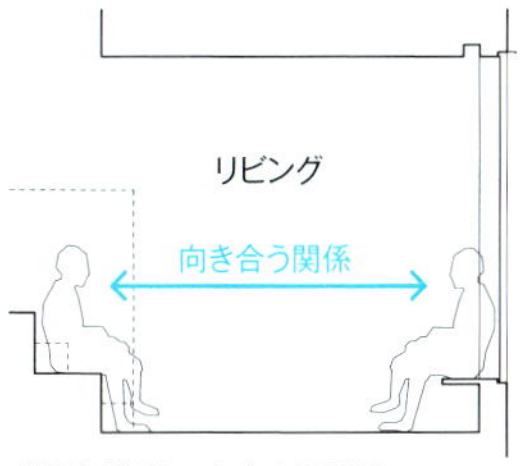

窓辺と階段の向き合う関係

にされた階段や造り付けの腰掛け、収納などの機能が集約されている。

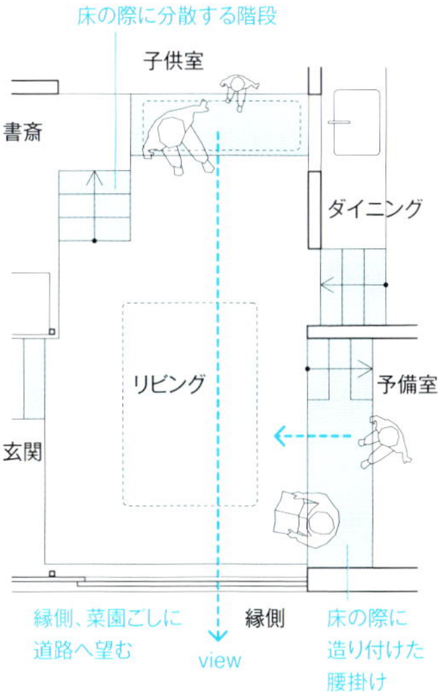

床の際に集まる階段と居場所

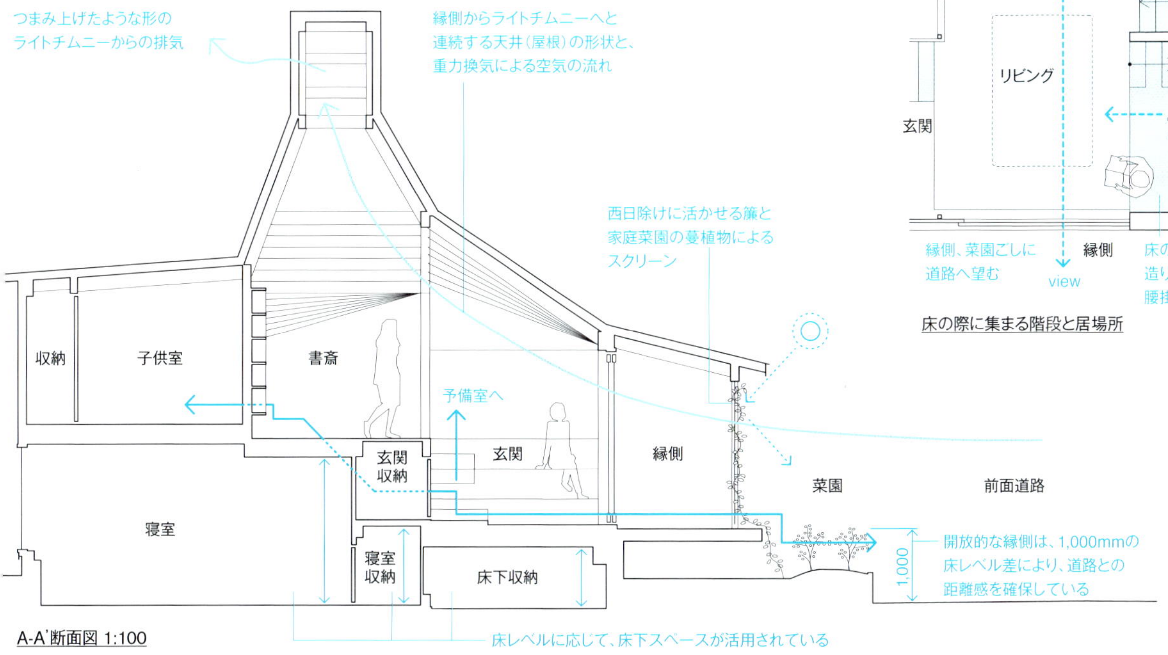

A-A'断面図 1:100

2-1-2 **床で空間を分ける境界**
→凹凸のある床と室をまとめる天井

14　ゆるやかに空間を分ける床の凹凸

トラス下の矩形

設計者：五十嵐淳建築設計
建設地：北海道常呂郡佐呂間町｜竣工年：2003年

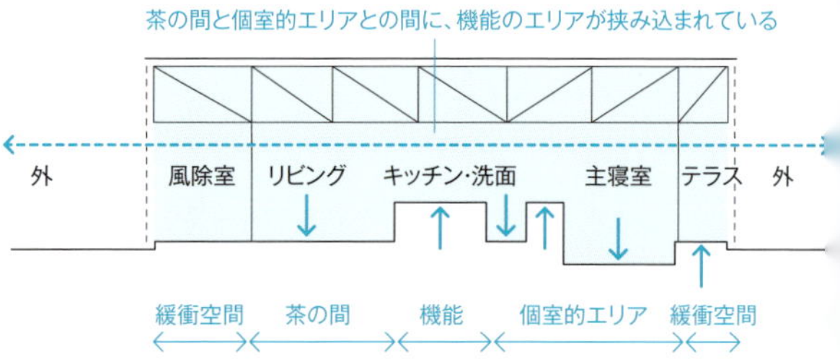
茶の間と個室的エリアとの間に、機能のエリアが挟み込まれている
外
風除室
リビング
キッチン・洗面
主寝室
テラス
外
緩衝空間
茶の間
機能
個室的エリア
緩衝空間

5つの帯状ゾーンと床面の凹凸による空間分節

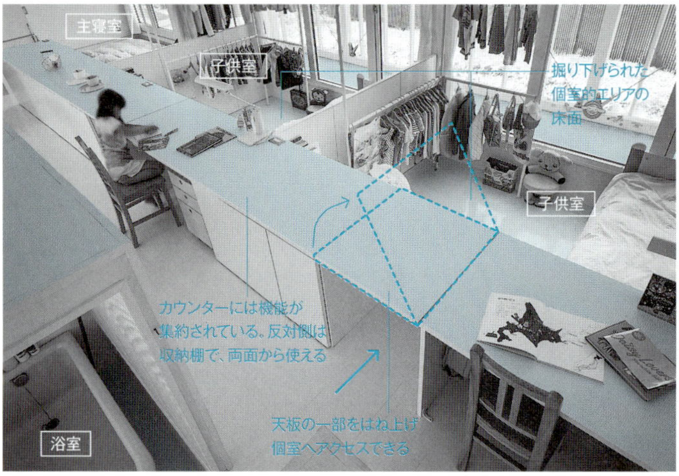
主寝室
子供室
掘り下げられた個室的エリアの床面
子供室
カウンターには機能が集約されている。反対側は収納棚で、両面から使える
天板の一部をはね上げ個室へアクセスできる
浴室

個室的エリアを見下ろす 床レベルが切り替わるエリアの境界部分は、収納とデスクを兼ねたカウンターが一列に配置され、無柱のワンルーム内で、公私をゆるやかに仕切る

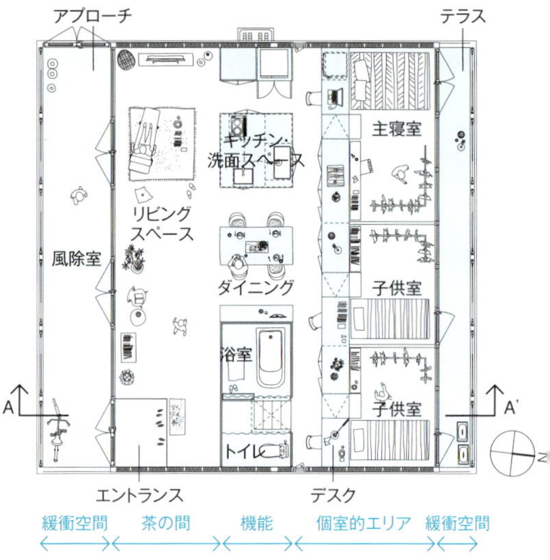
アプローチ
テラス
キッチン・洗面スペース
主寝室
リビングスペース
風除室
ダイニング
子供室
浴室
子供室
A
A'
トイレ
エントランス
デスク
緩衝空間
茶の間
機能
個室的エリア
緩衝空間

平面図 1:200

2-2-1 **天井で空間を分ける境界**
→凹凸のある天井とフラットな床

15　空間を切り分ける頭上の垂れ壁と天窓

ハウス・アサマ

設計者：アトリエ・ワン＋東京工業大学塚本研究室
建設地：長野県軽井沢町｜竣工年：2001年

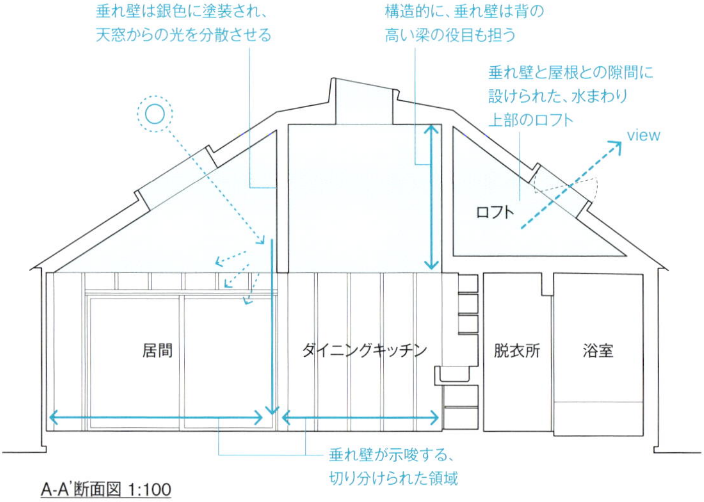
垂れ壁は銀色に塗装され、天窓からの光を分散させる
構造的に、垂れ壁は背の高い梁の役目も担う
垂れ壁と屋根との隙間に設けられた、水まわり上部のロフト
view
ロフト
居間
ダイニングキッチン
脱衣所
浴室
垂れ壁が示唆する、切り分けられた領域

A-A'断面図 1:100

垂れ壁によって小分けにされた天井の、それぞれの面に設けられた天窓
ワンルームをゆるやかに分節する垂れ壁
書斎
ダイニングキッチン
向こう側の書斎の窓辺
居間
垂れ壁が示唆する領域

居間とその上部を見る
天窓から差し込む光は、銀色に塗装された垂れ壁で反射し、その下の室をやわらかく照らす

木造トラスの大屋根に覆われたワンルーム空間の住宅である。頭上の構造が規則的に連続する室内は、南北方向に5つの帯状のゾーンで構成されている。なかでも「茶の間」と「個室的エリア」の間では、浴室やキッチン、収納、デスクなど、機能的な要素を納めたボリュームが隆起している。これら、土手のような床の凹凸は、公私の空間同士に、視覚的な距離感をつくり出す境界であるだけでなく、公私のさまざまな行為が集まる居場所にもなっている。

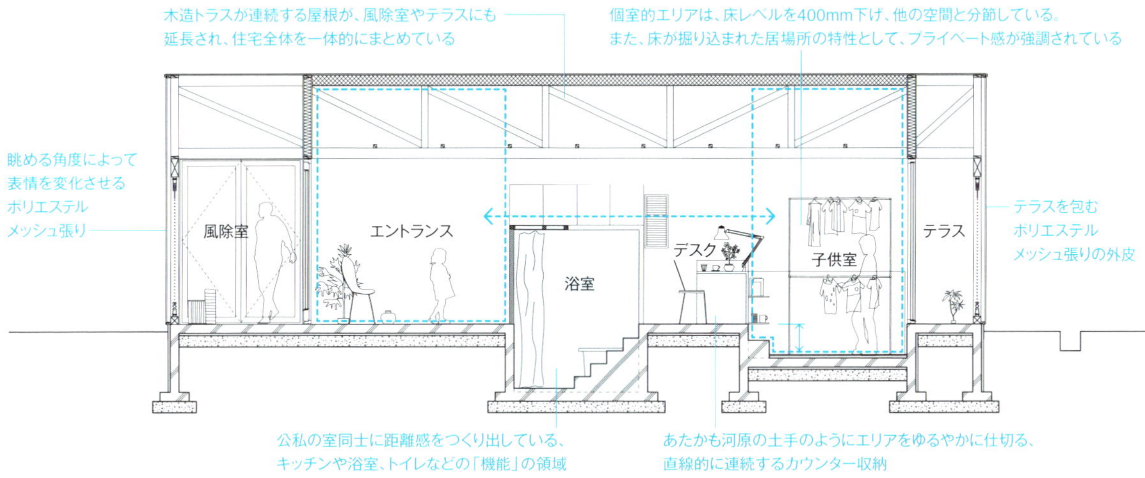
木造トラスが連続する屋根が、風除室やテラスにも
延長され、住宅全体を一体的にまとめている
個室的エリアは、床レベルを400mm下げ、他の空間と分節している。
また、床が掘り込まれた居場所の特性として、プライベート感が強調されている
眺める角度によって
表情を変化させる
ポリエステル
メッシュ張り
テラスを包む
ポリエステル
メッシュ張りの外皮
風除室
エントランス
浴室
デスク
子供室
テラス
公私の室同士に距離感をつくり出している、
キッチンや浴室、トイレなどの「機能」の領域
あたかも河原の土手のようにエリアをゆるやかに仕切る、
直線的に連続するカウンター収納

A-A'断面図 1:100

正方形平面を中折れ方形屋根で覆った、軽井沢の林の中に建つ別荘である。室内の頭上には井桁状の垂れ壁が設けられ、構造的に8,100mmスパンを実現するとともに、その下のワンルームをゆるやかに分節する境界を形成する。また屋根・壁合わせて9面の外皮に、各々1つの窓を穿つことで、垂れ壁によって分節した各々の室に共通して、「天井+天窓+窓」のセットを揃えている。それらは、空間の幅や奥行き、開口サイズや向きなどの差によって、室固有の眺めや差し込む光の変化などをつくり出している。

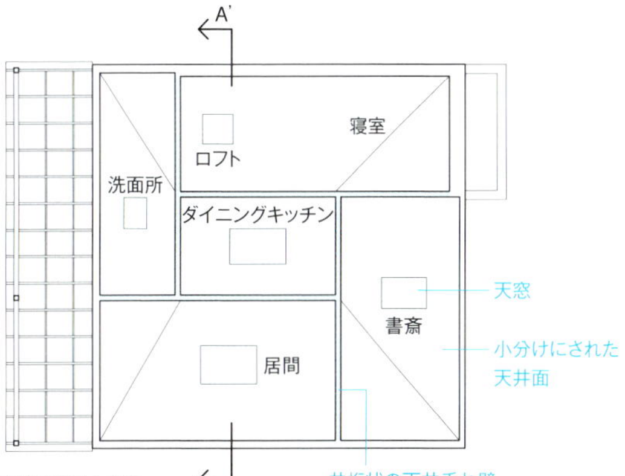
A'
ロフト
寝室
洗面所
ダイニングキッチン
天窓
書斎
小分けにされた
天井面
居間
A
井桁状の天井垂れ壁

天井伏図 1:200

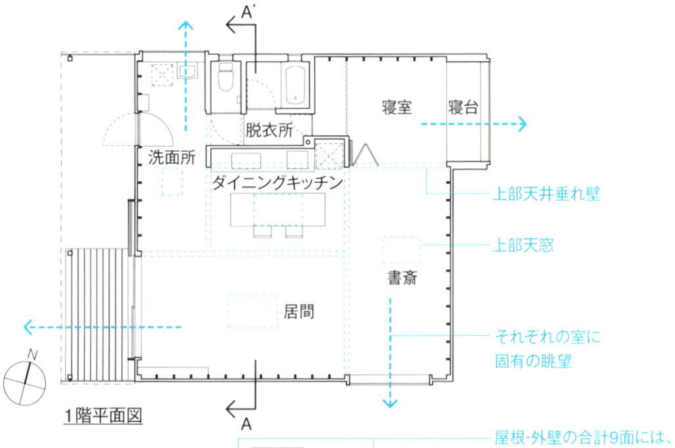
A'
脱衣所
寝室
寝台
洗面所
ダイニングキッチン
上部天井垂れ壁
上部天窓
書斎
居間
それぞれの室に
固有の眺望
N
A

1階平面図

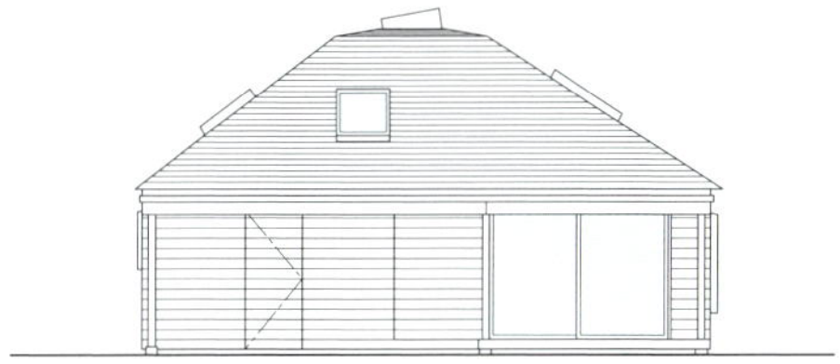

西立面図 1:200

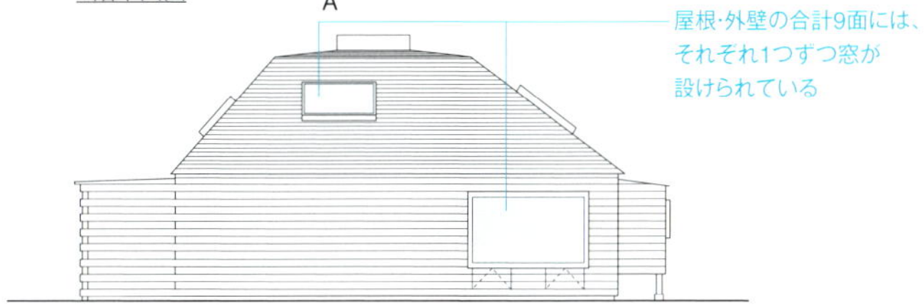
屋根・外壁の合計9面には、
それぞれ1つずつ窓が
設けられている

南立面図

2-2-1 **天井で空間を分ける境界**
→ 凹凸のある天井とフラットな床

16 空間を切り分ける 頭上のV型梁と天窓

川口邸

設計者：保坂猛建築都市設計事務所
建設地：山梨県富士吉田市｜竣工年：2011年

山梨県富士吉田市の、豊かな自然環境があちらこちらに残る住宅街に建つ、平屋の住宅である。
ワンルーム的な室内の頭上に、RC造のV型梁と透明アクリル板のトップライトが繰り返された断面構成となっている。室内は5つのゾーンで構成され、それぞれの舟底天井と、中央部に設けられたトップライト、開閉自在な建具、床仕上げの切り替えなどによって、ひとつながりの平屋空間の中に、ゾーンごとのまとまりを生み出している。
最も屋外よりに配置されたダイニングは室内であるが、土の床に草木が植えられ、屋外の軒下で過ごすような設えが施されている。さらに、そこから奥に向けて、室内的な雰囲気へと、グラデーション状に変化していく空間が形成されている。

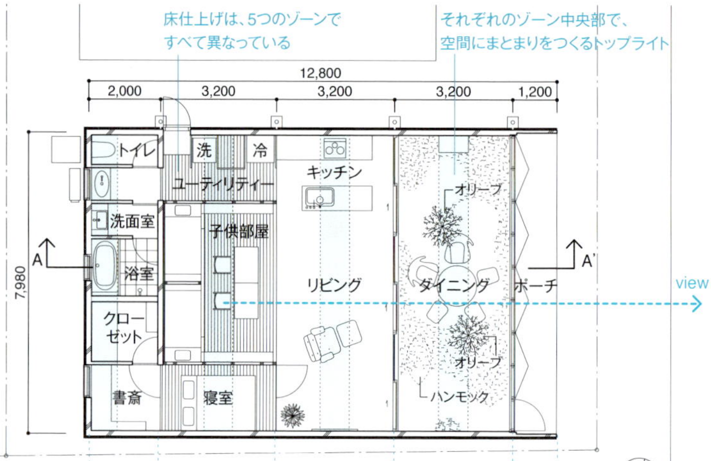

1階平面図 1:200

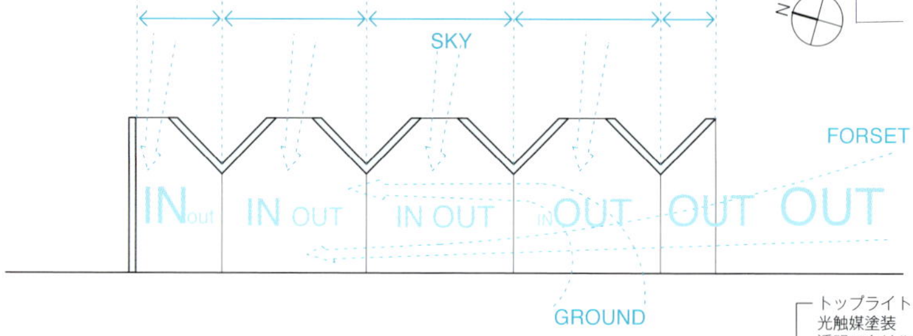

コンセプトスケッチ

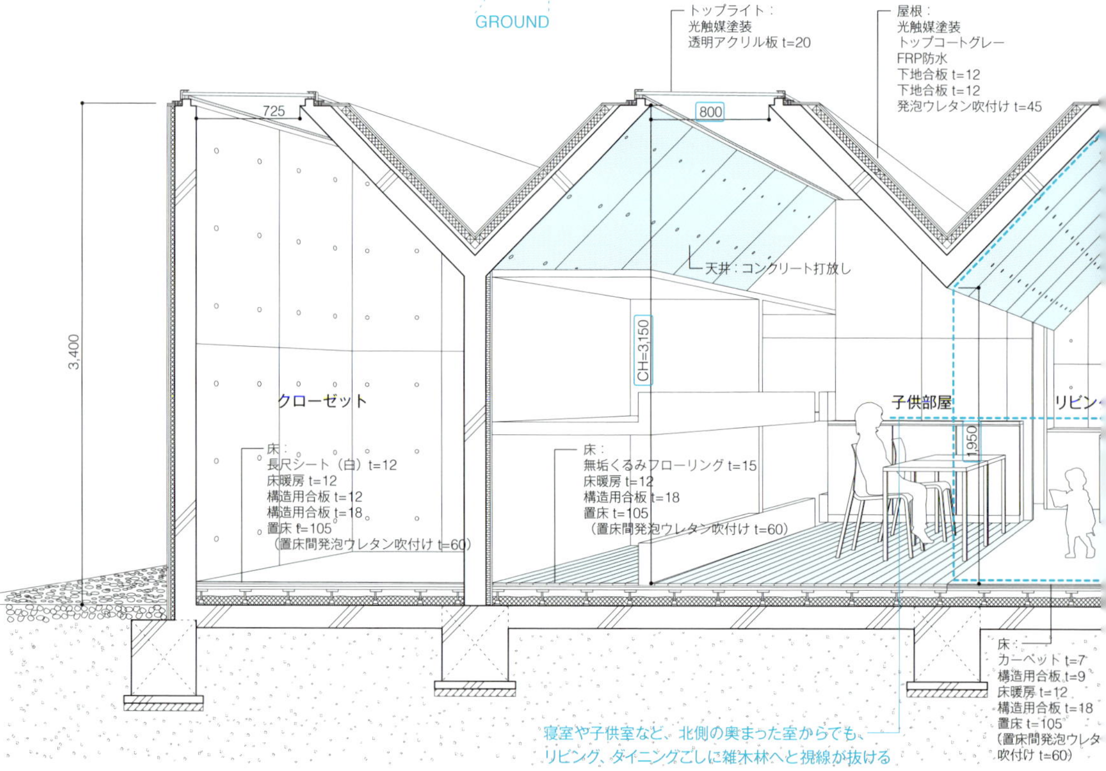

A-A'断面パース
1:50

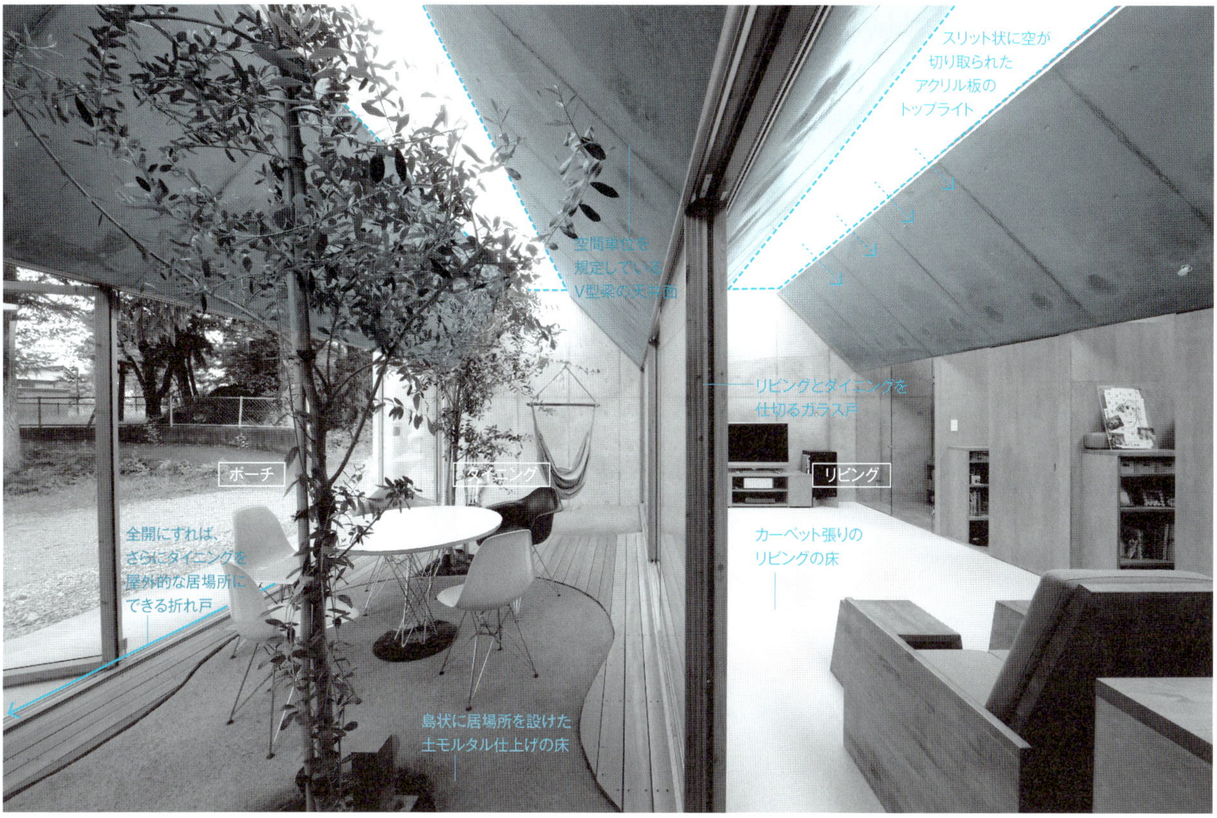

ダイニングとリビングをまたぐように望む

ゆるやかに連続するワンルーム空間の中で、存在感のあるRC造V型梁の天井が、
その下で個々に分節されたゾーンを形成している

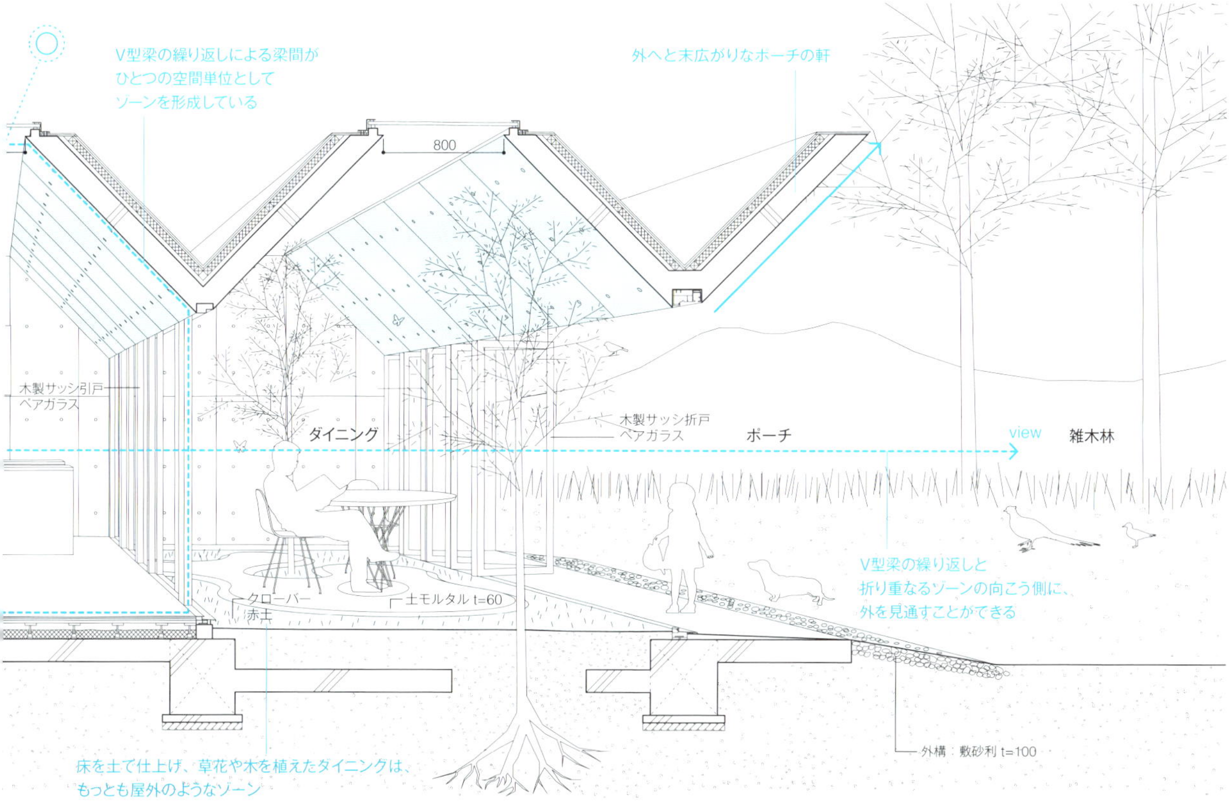

2-3-1 **上下階を分ける境界**
→ 領域の認識をずらす

17 ずらした家型の外形と室内の輪郭

比叡平の住居

設計者：タトアーキテクツ／島田陽建築設計事務所
建設地：滋賀県大津市｜竣工年：2010年

「複製」をテーマに作品制作を行うクライアント家族のための住宅とアトリエとを、相似形の3つの家型で構成している。なかでも住居棟は、2つの家型を足し合わせた外形をもつが、さらに家型を複製した入れ子状の断面構成を有する。1階に居ると、頭上の舟底天井は、屋根そのものの存在を想起させる境界である。その認識とは裏腹に、天井の向こう側は空でなく、天井面は2階との境界になっている。

一方、2階に居ると、1階の舟底天井の形をトレースした床が、土手のように隆起して、ワンルーム空間をゆるやかに分節する。

このように、家型を重ね合わせた輪郭のずれによって、1、2階それぞれに異なる意味をもつ境界が形成されている。

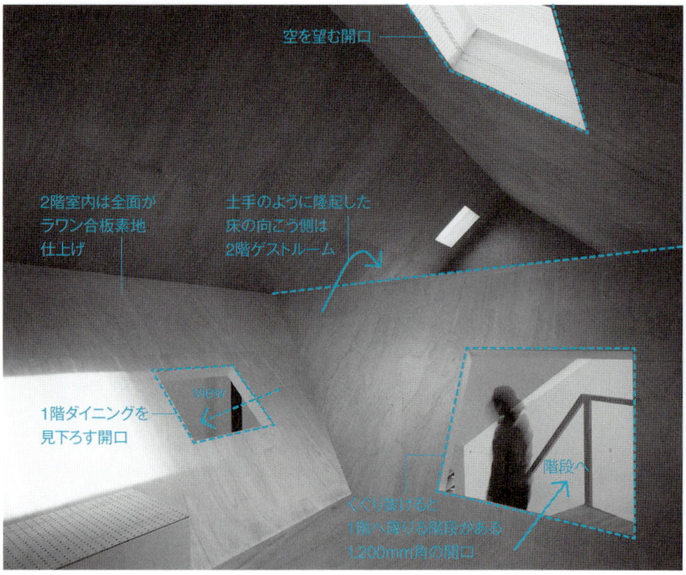
空を望む開口
2階室内は全面がラワン合板素地仕上げ
土手のように隆起した床の向こう側は2階ゲストルーム
view
1階ダイニングを見下ろす開口
階段へ
くぐり抜けると1階へ降りる階段がある1,200mm角の開口

2階寝室に開けられた開口と床の隆起
2階はラワン合板素地仕上げに統一され、隆起した床が、寝室とゲストルームとをゆるやかに隔てる。それぞれの開口は、異なる階下の様子や空の景色を切り取っている

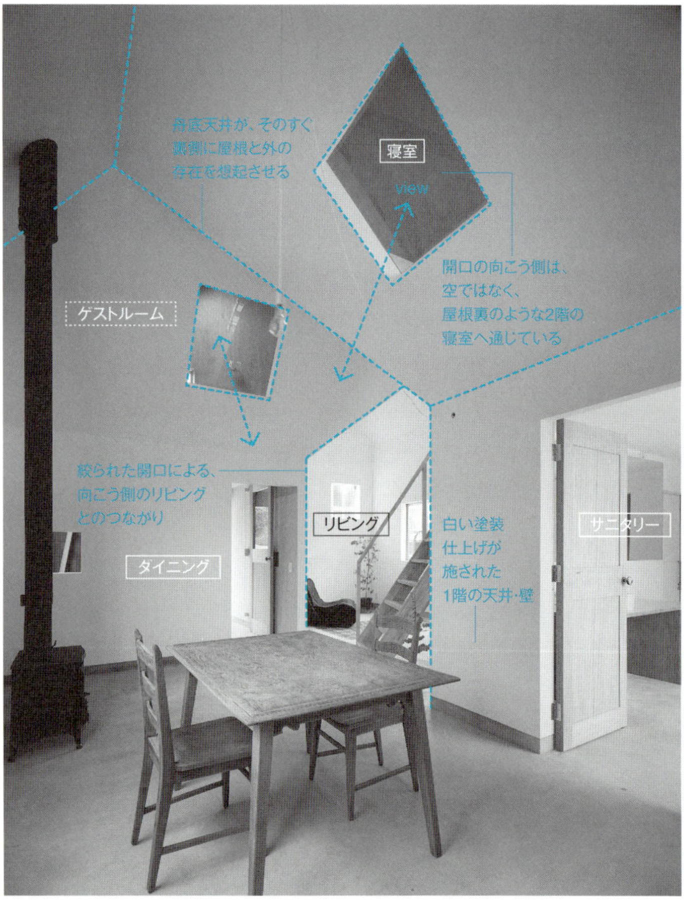
舟底天井が、そのすぐ裏側に屋根と外の存在を想起させる
寝室
view
開口の向こう側は、空ではなく、屋根裏のような2階の寝室へ通じている
ゲストルーム
絞られた開口による、向こう側のリビングとのつながり
リビング
ダイニング
白い塗装仕上げが施された1階の天井・壁
サニタリー

1階ダイニングから見た2階寝室・ゲストルームへの開口
天井面の開口から、屋根裏のような2階の寝室とゲストルームへとつながっていく。また、クランクした形の舟底天井が、樹木の下に居るような居心地を生み、ダイニングとリビングとの間で、互いに木々の向こう側に居るような関係がつくり出されている

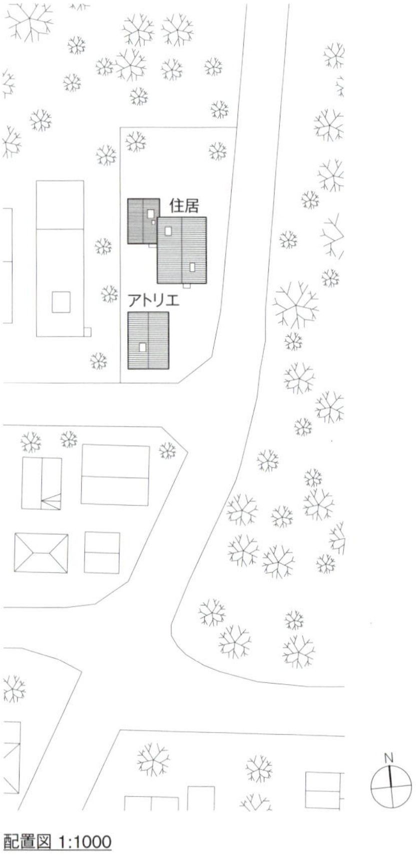
住居
アトリエ
N

配置図 1:1000

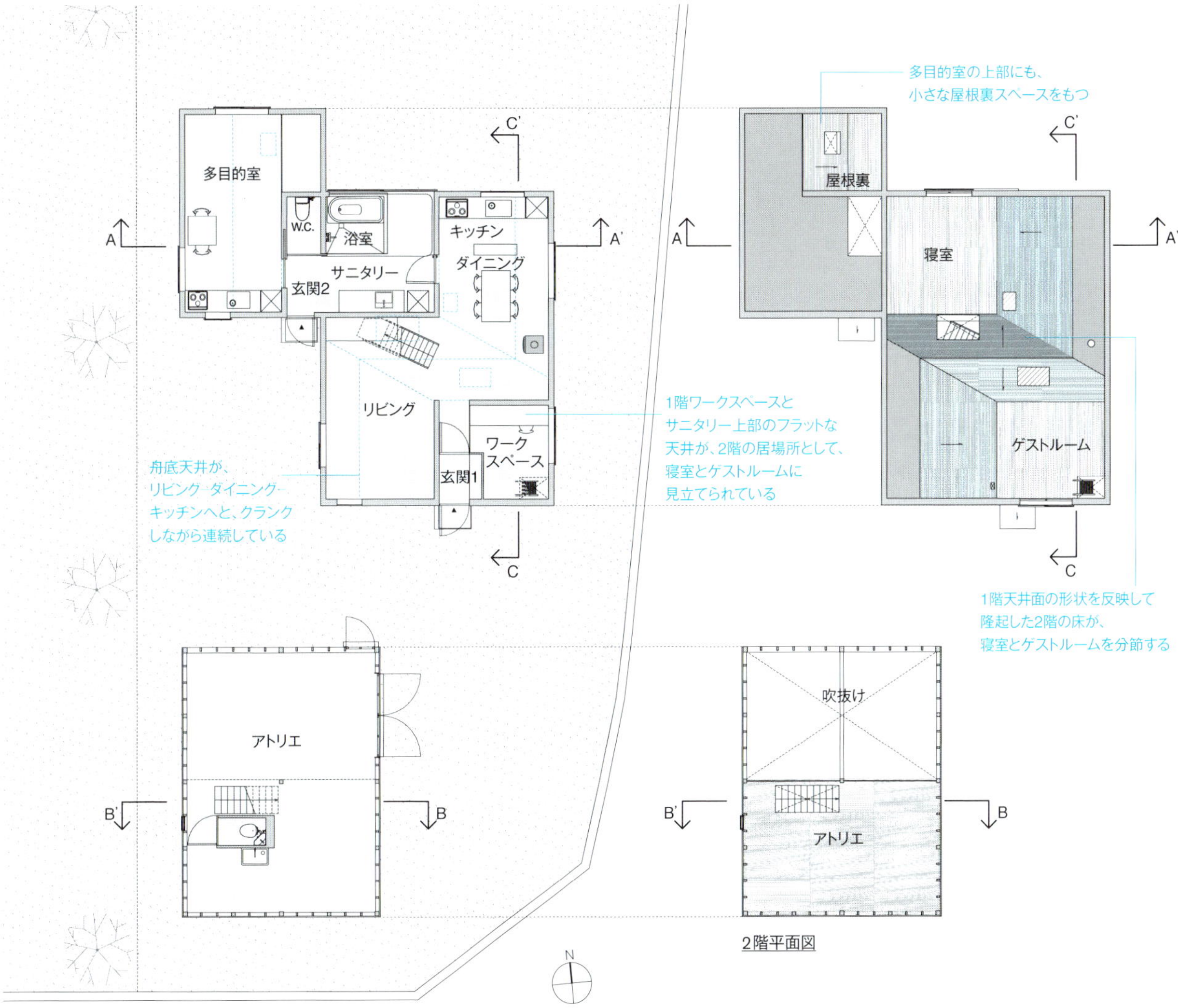

2階平面図

1階平面図 1:200

2階のゲストルームと寝室とは、
1枚の折り曲げた床面を共有しながら、
土手の向こう側のような関係でつながっている

似たような形状の開口が繰り返し
用いられているため、
さらに奥へと展開していくよう

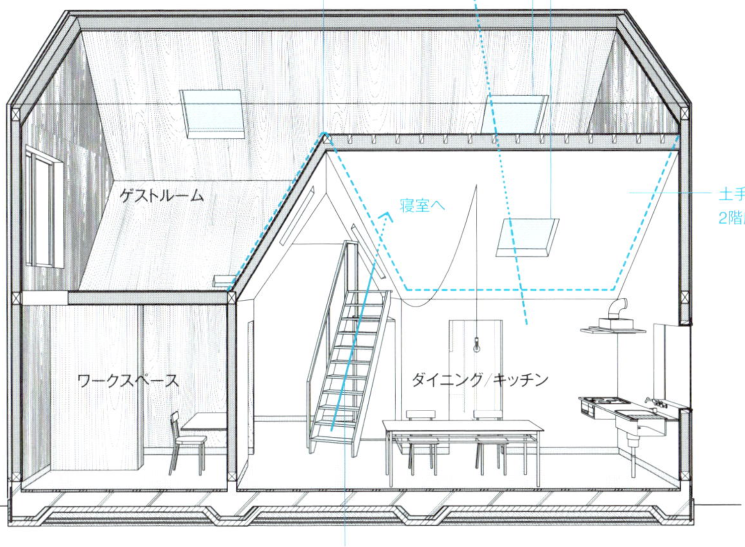

土手のように傾斜した
2階床面 1階天井面の奥は寝室

家具に立て掛けた梯子のような階段を上がり、1階天井面に
開けられた踊り口のような開口から2階寝室へともぐり込む

住居棟A-A'断面パース 1:80

外形の小屋型と、室内の
小屋型とのずれによって
生じた隙間の空間

小屋型をした外形

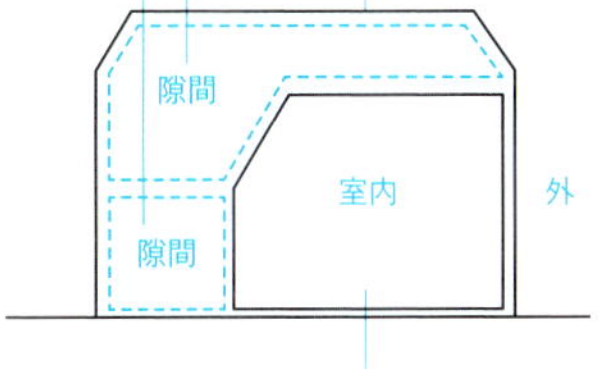

外形よりも小さな
小屋型の室内空間

断面構成

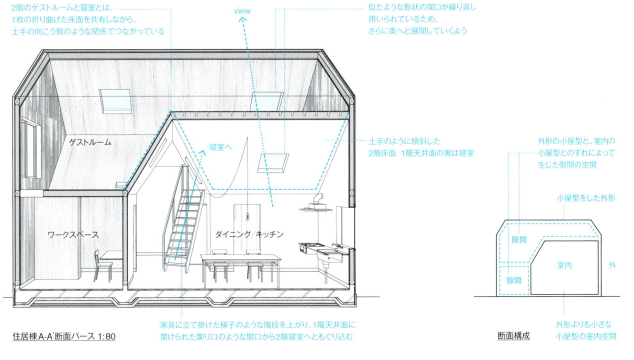

2-3-1 **上下階を分ける境界**

→ 領域の認識をずらす

18 空間を連鎖させる床レベルのずれ

2004

設計者：中山英之＋名和研二

建設地：長野県松本市｜竣工年：2006年

地面から1,000mmほど持ち上げた位置に、この住宅の生活階となる床がある。この床に穿たれた2カ所の「下向きの吹抜け」の下には、半層分ずれた高さに、居間と書斎の床がある。ほぼ地面の高さにある居間の床は、持ち上げた建物の「縁の下」と地続きで、まるで地面に降り立ったかのような場所になっている。

一方、より低く掘り込まれた書斎では、半層分のずれによって、水面の上下を同時に望むような眺望が得られている。また、頭上に覆いかぶさるダイニングテーブルは、見上げると書斎の天井のようにも感じられる。

このテーブルは、半層分持ち上げた床にも見立てることができ、1、2階の距離感を近づけている。

このような半層分の床レベルのずれが、階層と領域を重複させ、室同士をゆるやかに連ねる境界が形成されている。

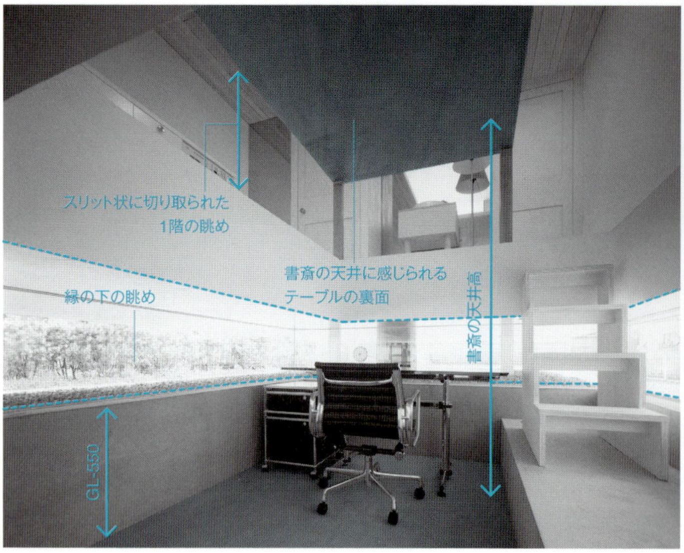
スリット状に切り取られた
1階の眺め
縁の下の眺め
書斎の天井に感じられる
テーブルの裏面
書斎の天井高
GL-550

書斎から見た地面と半層分ずれた1階ダイニング

床が地面よりも低く掘り込まれた書斎では、視点の高さに応じて、1階床の上下に、水面上・水面下を同時に見るような眺望が得られる

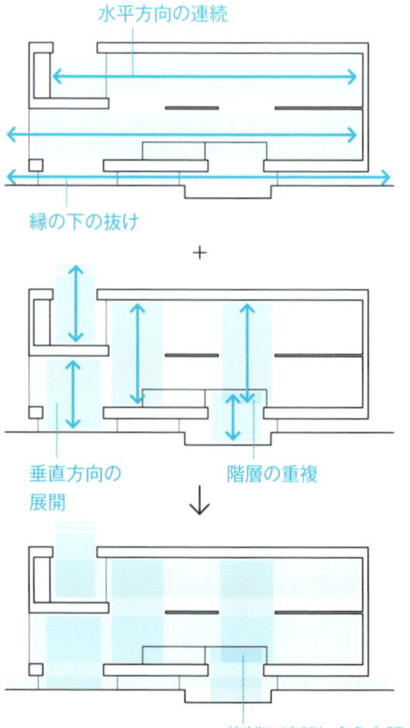
水平方向の連続
縁の下の抜け
+
垂直方向の
展開
階層の重複
↓
複雑に連鎖し合う空間

断面構成

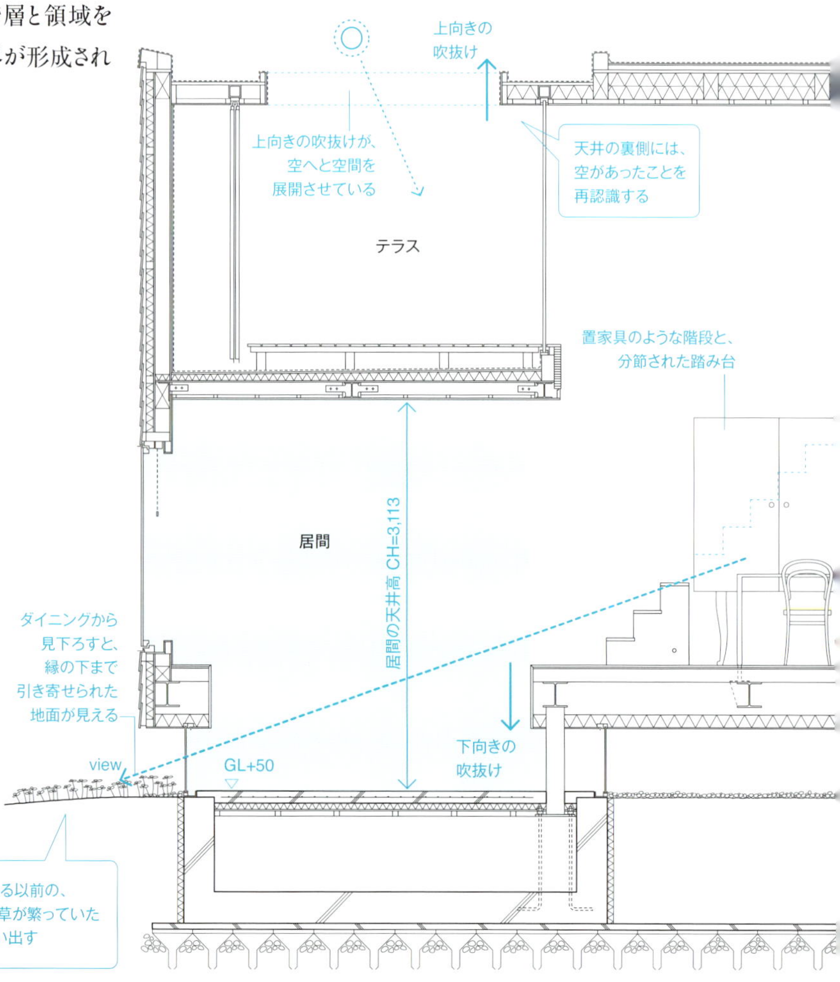
上向きの
吹抜け
上向きの吹抜けが、
空へと空間を
展開させている
天井の裏側には、
空があったことを
再認識する
テラス
置家具のような階段と、
分節された踏み台
居間
居間の天井高 CH=3,113
ダイニングから
見下ろすと、
縁の下まで
引き寄せられた
地面が見える
view
GL+50
下向きの
吹抜け
建物の敷地になる以前の、
クローバーと雑草が繁っていた
地面を、ふと思い出す

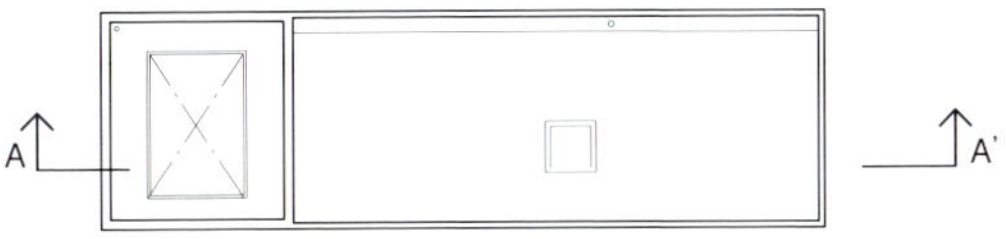
A
A'

屋根伏図

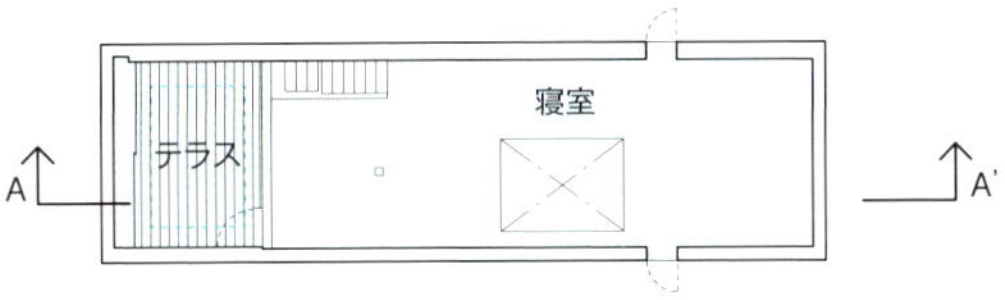
テラス
寝室
A
A'

2階平面図 GL+3,252

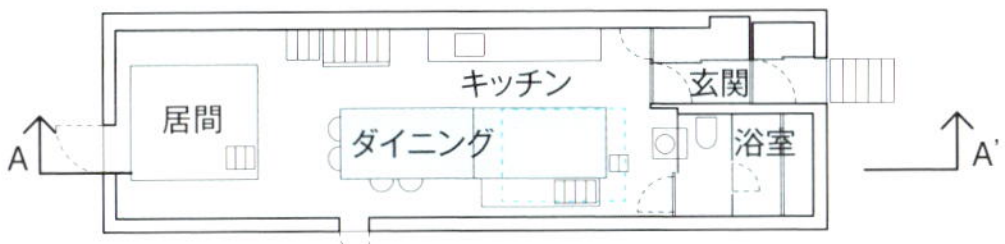
居間
キッチン
ダイニング
玄関
浴室
A
A'

1階平面図 GL+1,051

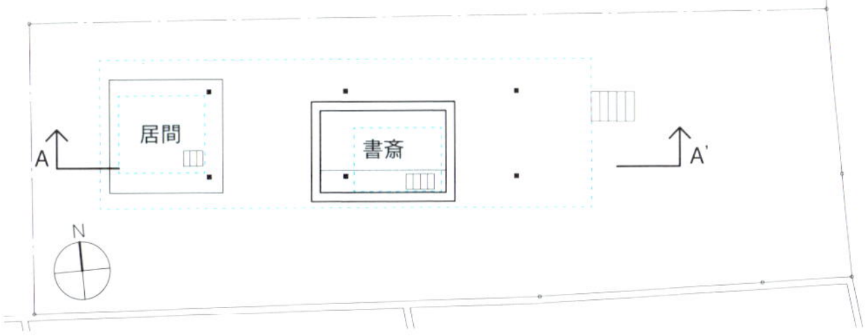
居間
書斎
N
A
A'

1階下部平面図 GL 1:300

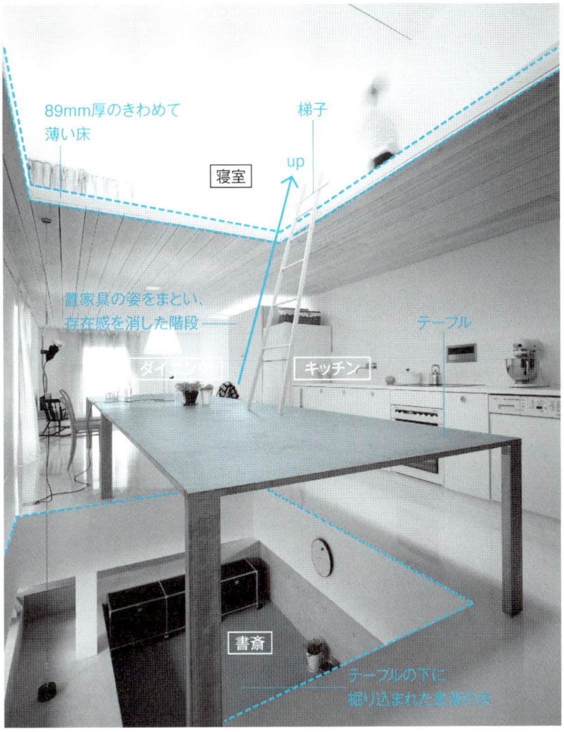
89mm厚のきわめて
薄い床
梯子
寝室
up
置家具の姿をまとい、
存在感を消した階段
テーブル
キッチン
書斎
テーブルの下に
掘り込まれた書斎の床

1階ダイニングから上下階を望む

テーブルは、ダイニングから見ると半層分ずらした床にも感じられるため、掘り込んだ書斎・1階・2階からなる3つの階層がゆるやかに重複し合う

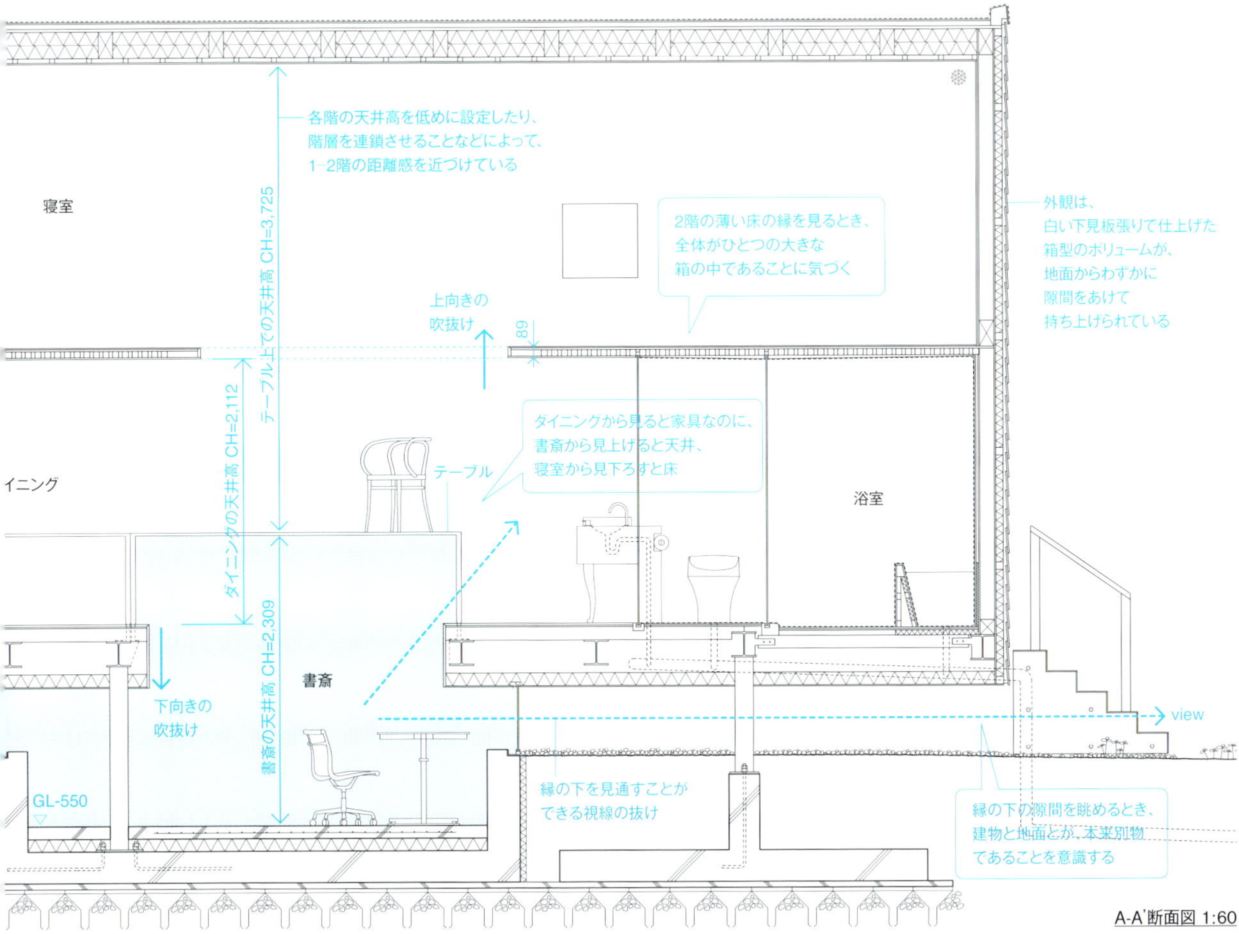
各階の天井高を低めに設定したり、
階層を連鎖させることなどによって、
1–2階の距離感を近づけている
寝室
2階の薄い床の縁を見るとき、
全体がひとつの大きな
箱の中であることに気づく
外観は、
白い下見板張りで仕上げた
箱型のボリュームが、
地面からわずかに
隙間をあけて
持ち上げられている
上向きの
吹抜け
89
テーブル上での天井高 CH=3,725
ダイニングの天井高 CH=2,112
イニング
テーブル
ダイニングから見ると家具なのに、
書斎から見上げると天井、
寝室から見下ろすと床
浴室
書斎
下向きの
吹抜け
書斎の天井高 CH=2,309
view
GL-550
縁の下を見通すことが
できる視線の抜け
縁の下の隙間を眺めるとき、
建物と地面とが、本来別物
であることを意識する

A-A'断面図 1:60

2-4-1 **柱で分ける境界**

→ 規定された領域と滲み出す空間

19 居場所同士の距離感をつくる柱

方の家

設計者：武井誠＋鍋島千恵／TNA

建設地：長野県北佐久郡軽井沢町｜竣工年：2009年

軽井沢の斜面に建つ別荘である。比較的幹の細い木々に囲まれた中で、柱の疎密と配列によって、内と外との境界や、居場所の輪郭、居場所同士のゆらぐような距離感がつくり出されている。75×75×3.2mmの柱は、家具や什器をゆるやかに包み込む「間」を形成しながら、地面へと荷重を伝える構造でもある。柱列は、ピッチの変化や、眺める角度、距離などによって、一本一本が独立した柱の集まりに感じられたり、スクリーン状の間仕切りとしても認識され、向こう側との変化に富む関係をつくる境界がつくられている。

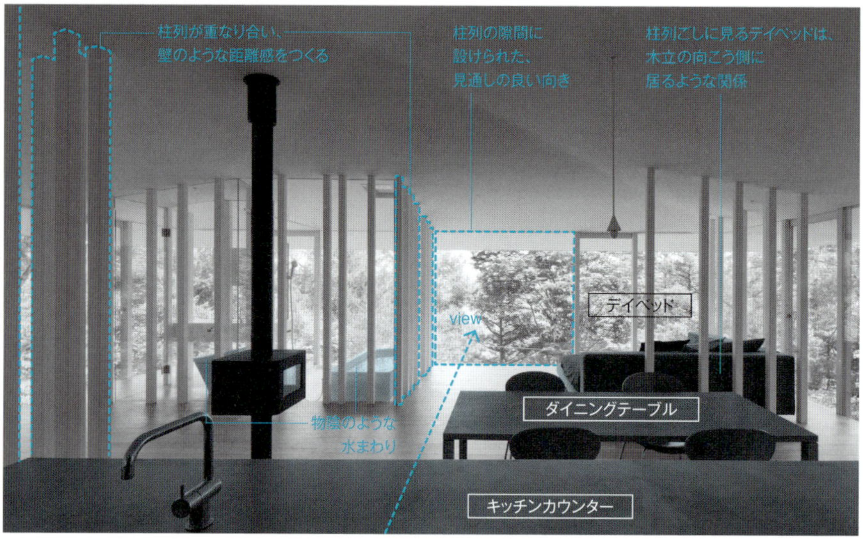

キッチンからの眺め

柱列ごしに、隣り合う居場所同士がつながり、その先にある周囲の森へも同様に連続していく

2-4-1 **柱で分ける境界**

→ 規定された領域と滲み出す空間

20 居場所の軸、輪郭、間仕切りなどに見立てた柱

矩形の森

設計者：五十嵐淳建築設計

建設地：北海道常呂郡佐呂間町｜竣工年：2000年

1間角の規則的なグリッドを用いて、3間×11間という南北に細長いワンルームの平面形の住宅である。

1間の柱間に住宅の諸室を納めようと試みると、室の種類によっては、窮屈に感じられることもあるだろう。しかし、この住宅では、柱を用いたさまざまな居場所の見立てが実践されている。四方の柱にすっぽり包んだり、隣接する柱間の連結はもちろん、木の幹に身を寄せるように、1本の柱を居場所の軸としてとらえたり、柱列をスクリーン状の境界面に見立てている。均質な柱の繰り返しのなかに、家具や什器などがレイアウトされることによって、多様な居場所の形成が実践されている。

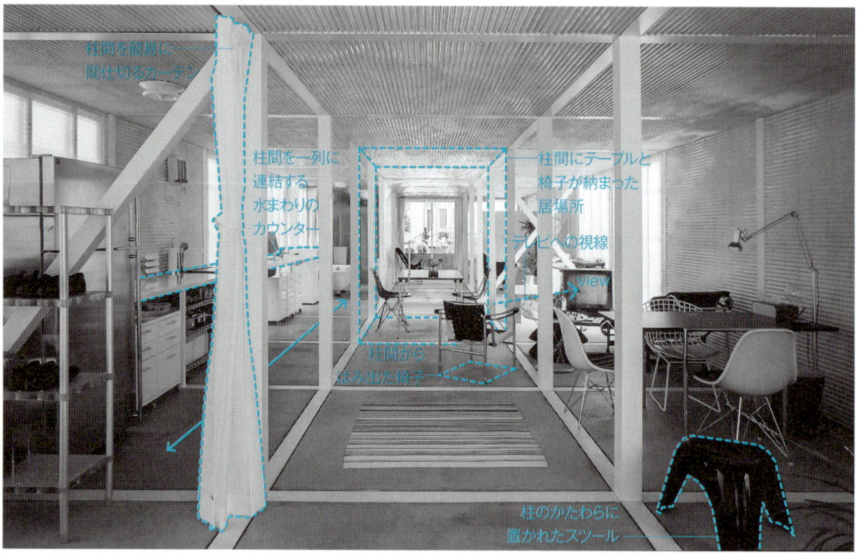

玄関から長手方向を見通す

柱間の中に納まっていたり、はみ出したり、スパンを貫通して連続したり、いくつもの居場所が重なり合って見える

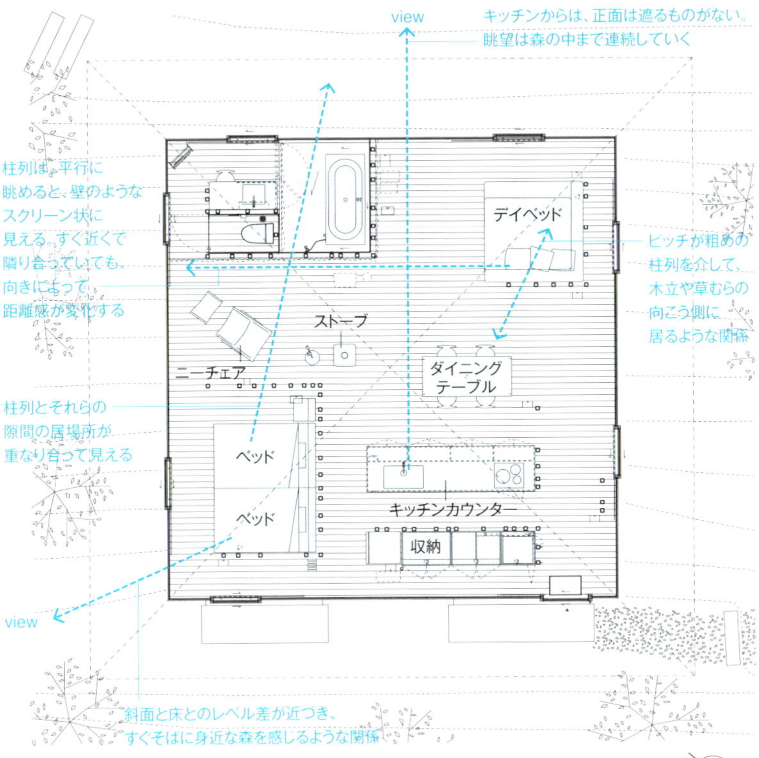
view
キッチンからは、正面は遮るものがない。
眺望は森の中まで連続していく
柱列は、平行に
眺めると、壁のような
スクリーン状に
見える。すぐ近くで
隣り合っていても、
向きによって
距離感が変化する
デイベッド
ピッチが粗めの
柱列を介して、
木立や草むらの
向こう側に
居るような関係
ストーブ
ニーチェア
ダイニング
テーブル
柱列とそれらの
隙間の居場所が
重なり合って見える
ベッド
ベッド
キッチンカウンター
収納
view
斜面と床とのレベル差が近づき、
すぐそばに身近な森を感じるような関係

平面図 1:150

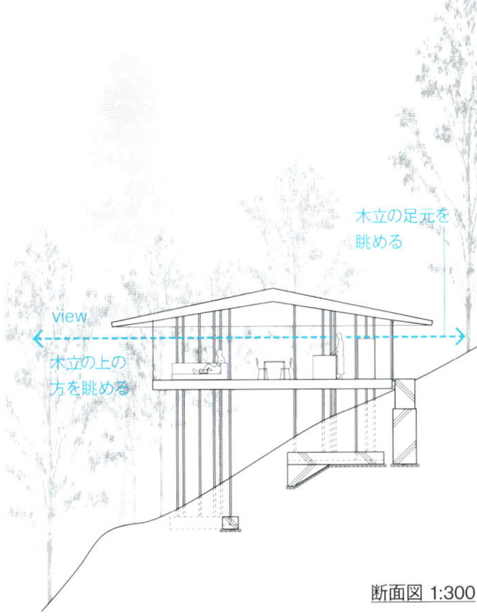
木立の足元を
眺める
view
木立の上の
方を眺める

断面図 1:300

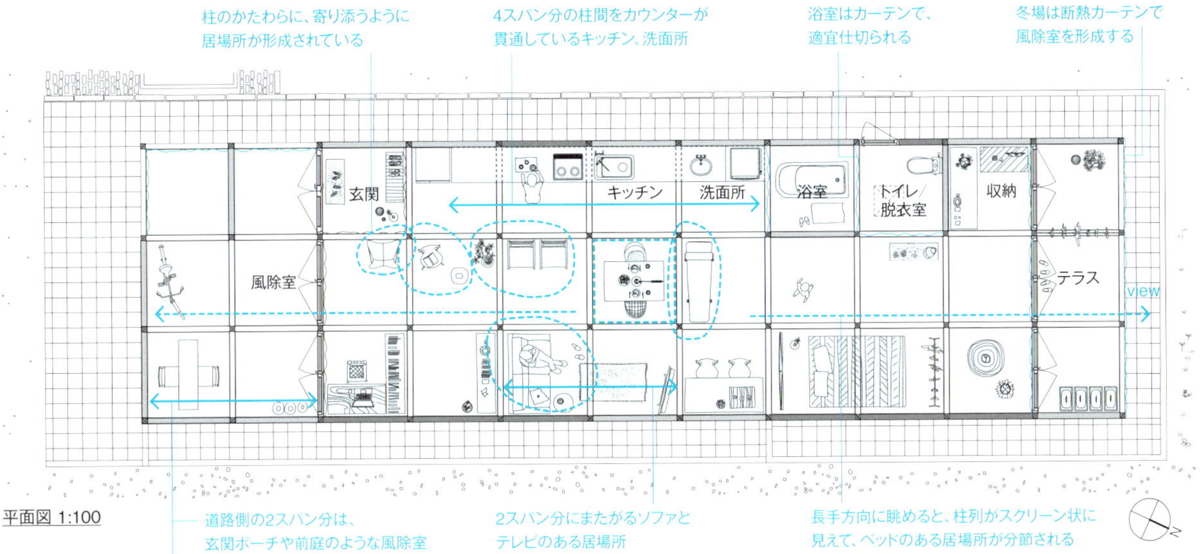
柱のかたわらに、寄り添うように
居場所が形成されている
4スパン分の柱間をカウンターが
貫通しているキッチン、洗面所
浴室はカーテンで、
適宜仕切られる
冬場は断熱カーテンで
風除室を形成する
玄関
キッチン
洗面所
浴室
トイレ/
脱衣室
収納
風除室
テラス
view
道路側の2スパン分は、
玄関ポーチや前庭のような風除室
2スパン分にまたがるソファと
テレビのある居場所
長手方向に眺めると、柱列がスクリーン状に
見えて、ベッドのある居場所が分節される

平面図 1:100

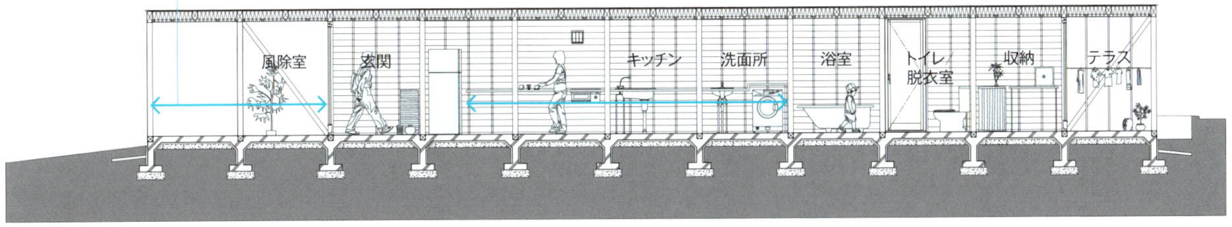
風除室
玄関
キッチン
洗面所
浴室
トイレ/
脱衣室
収納
テラス

断面図 1:150

2-5-1 **室内窓でつなぐ境界**

→ 規定された領域と滲み出す空間

21 室同士を立体的に関係づける室内窓

House H

設計者：藤本壮介建築設計事務所

建設地：東京都｜竣工年：2009年

3層に積み上げた10個の室同士が、それぞれの床・壁・天井の開口によって、相互に立体的なつながりをもつ住宅。上下左右で等価な意匠をもつ開口の向こう側には、隣接する室があったり、レベル差の加減で吹き抜けていたり、あるいは室ごしに外の景色を垣間見る。これら室内窓は、限定された空間内で、多様に室同士を関係づける境界といえる。

また、開口をくぐり抜けるように、室同士に渡し掛けられた木造階段は、立体的に配置された室内を自由に渡り歩き、自分の場所を探すようなイメージを喚起させる。

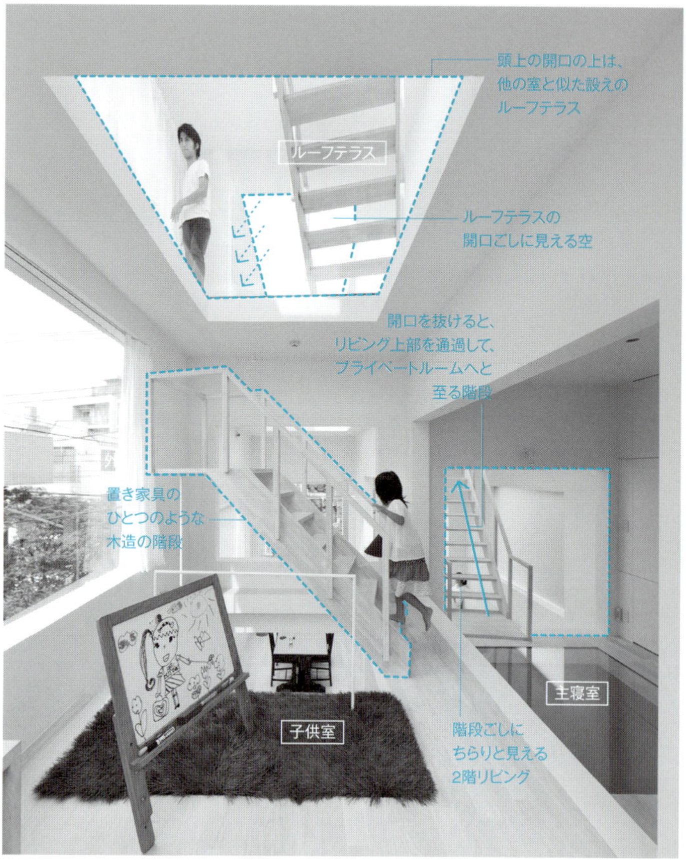
頭上の開口の上は、
他の室と似た設えの
ルーフテラス
ルーフテラス
ルーフテラスの
開口ごしに見える空
開口を抜けると、
リビング上部を通過して、
プライベートルームへと
至る階段
置き家具の
ひとつのような
木造の階段
子供室
主寝室
階段ごしに
ちらりと見える
2階リビング

子供室から上下左右の開口を望む

開口の先には、室であったり、外のような場所であったり、わずかにずれていたり、それらに同時に隣り合った関係がつくり出されている

2-5-2 **室内窓でつなぐ境界**

→ 入れ子の室と相互のつながり

22 「テーブル」に向き合う室内窓

桜台の住宅

設計者：長谷川豪建築設計事務所

建設地：三重県｜竣工年：2006年

「テーブル」と名づけられた吹抜け空間の周囲を、1階は個室や水まわり、2階はLDKなどが取り囲んだ構成の住宅である。

1階では、「テーブル」の床レベルを719mm上げているため、各室との間の開口は、あたかも、個人個人が食卓を囲むような状況をつくり出す境界となっている。また、ロの字型平面の2階においては、中庭のような「テーブル」上部の吹抜けごしに、対面する室を眺めると、一旦、外を挟んで向かい合うような距離感がつくり出されている。

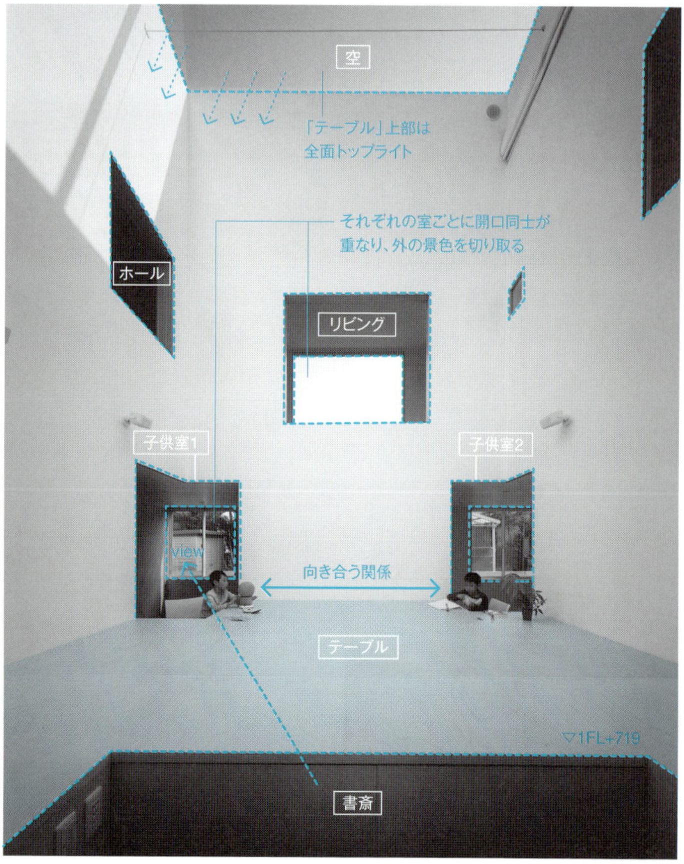
空
「テーブル」上部は
全面トップライト
それぞれの室ごとに開口同士が
重なり、外の景色を切り取る
ホール
リビング
子供室1
子供室2
view
向き合う関係
テーブル
▽1FL+719
書斎

書斎から見た「テーブル」

それぞれの室から、4,000mm角の「テーブル」に向き合う

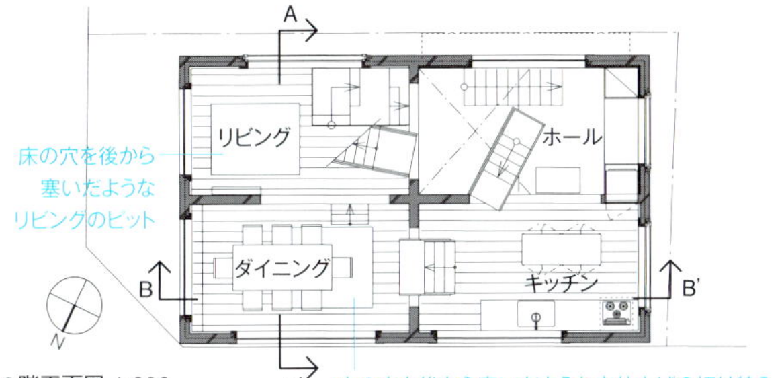
A
リビング
ホール
ダイニング
キッチン
B
B'
A'
床の穴を後から
塞いだような
リビングのピット
床の穴を後から塞いだような床仕上げの切り替え
2階平面図 1:200

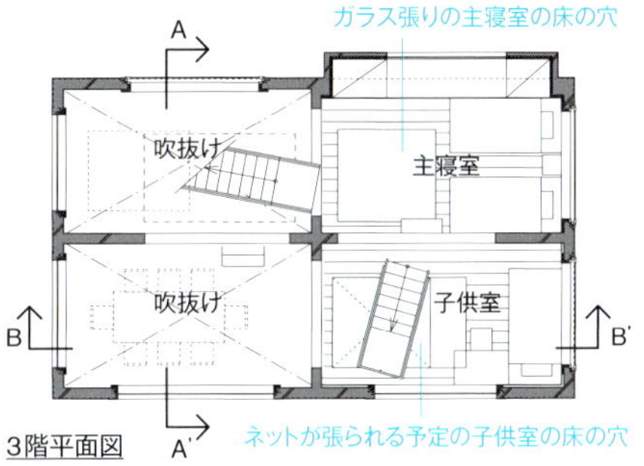
ガラス張りの主寝室の床の穴
A
吹抜け
主寝室
吹抜け
子供室
B
B'
A'
ネットが張られる予定の子供室の床の穴
3階平面図

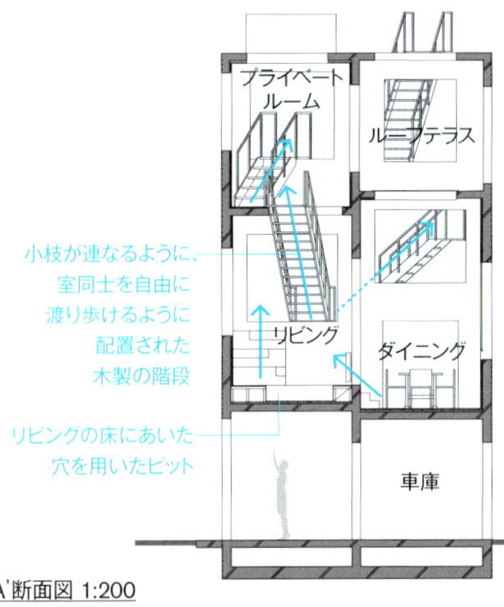
プライベート
ルーム
ルーフテラス
小枝が連なるように、
室同士を自由に
渡り歩けるように
配置された
木製の階段
リビング
ダイニング
リビングの床にあいた
穴を用いたピット
車庫
A-A'断面図 1:200

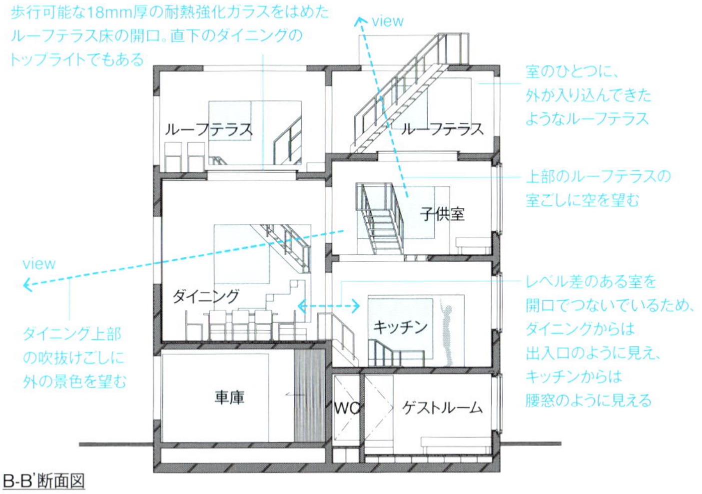
歩行可能な18mm厚の耐熱強化ガラスをはめた
ルーフテラス床の開口。直下のダイニングの
トップライトでもある
view
ルーフテラス
ルーフテラス
室のひとつに、
外が入り込んできた
ようなルーフテラス
上部のルーフテラスの
室ごしに空を望む
子供室
view
ダイニング
キッチン
ダイニング上部
の吹抜けごしに
外の景色を望む
レベル差のある室を
開口でつないでいるため、
ダイニングからは
出入口のように見え、
キッチンからは
腰窓のように見える
車庫
WC
ゲストルーム
B-B'断面図

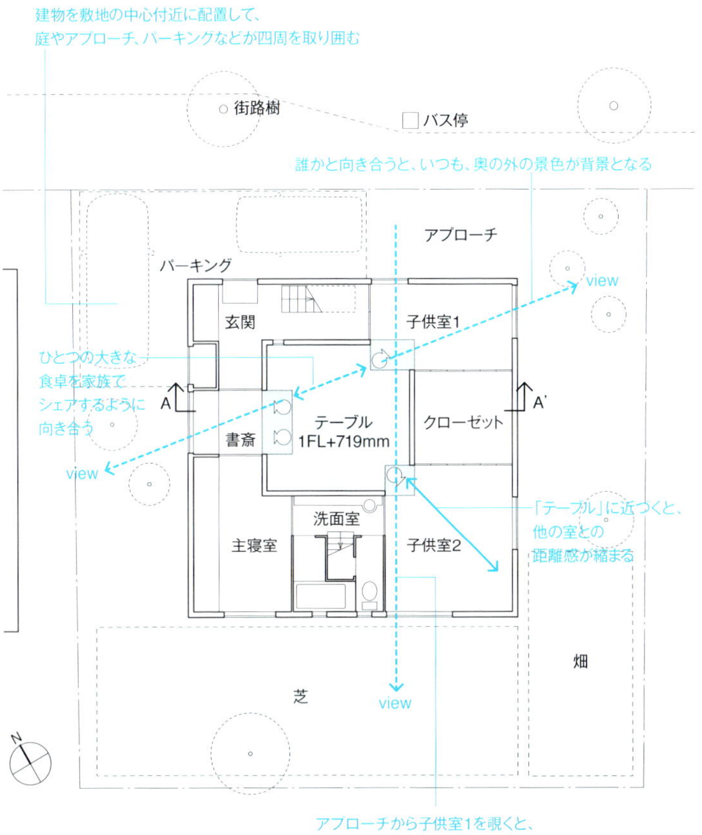
建物を敷地の中心付近に配置して、
庭やアプローチ、パーキングなどが四周を取り囲む
街路樹
バス停
誰かと向き合うと、いつも、奥の外の景色が背景となる
アプローチ
パーキング
view
玄関
子供室1
ひとつの大きな
食卓を家族で
シェアするように
向き合う
A
A'
書斎
テーブル
1FL+719mm
クローゼット
view
洗面室
「テーブル」に近づくと、
他の室との
距離感が縮まる
主寝室
子供室2
畑
芝
view
アプローチから子供室1を覗くと、
「テーブル」ごしに子供室2の向こう側の庭が見える
1階平面図 1:200

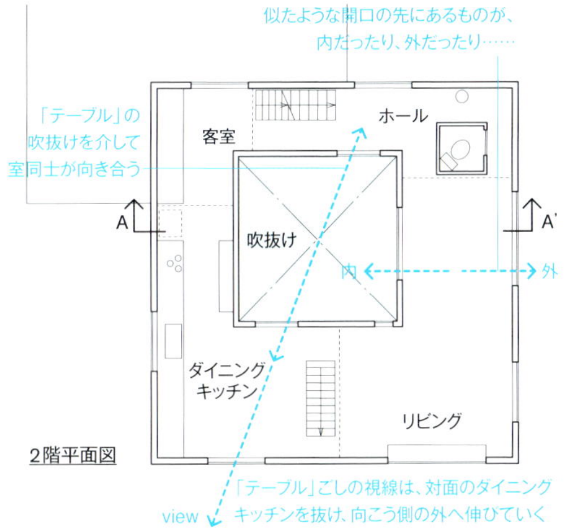
似たような開口の先にあるものが、
内だったり、外だったり……
「テーブル」の
吹抜けを介して
室同士が向き合う
客室
ホール
A
A'
吹抜け
内
外
ダイニング
キッチン
リビング
「テーブル」ごしの視線は、対面のダイニング
キッチンを抜け、向こう側の外へ伸びていく
view
2階平面図

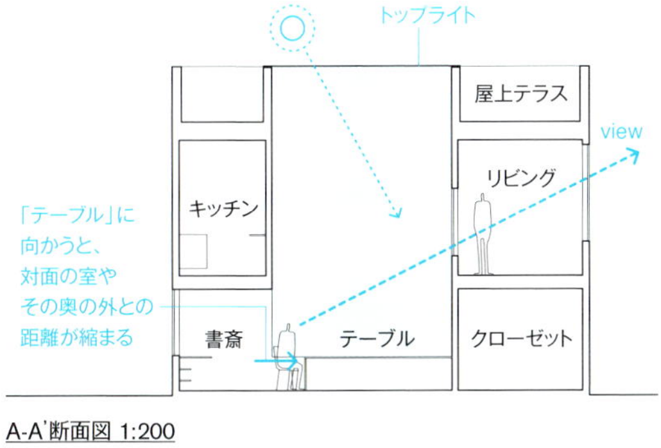
トップライト
屋上テラス
view
キッチン
リビング
「テーブル」に
向かうと、
対面の室や
その奥の外との
距離が縮まる
書斎
テーブル
クローゼット
A-A'断面図 1:200

2-6-1　**隙間でつなぐ境界**
→ 入れ子の室と相互のつながり

23　公私をつなぐ入れ子の隙間

光の郭

設計者：川本敦史+川本まゆみ／エムエースタイル建築計画
建設地：愛知県豊川市｜竣工年：2013年

一枚屋根で覆われた大きな空間と、寝室や水まわりなどを納めた小さな4つの箱からなる、入れ子の構成でできた住宅である。大きな空間と小さな箱との隙間は、2種類の境界として読み解くことができる。

ひとつは、小さな4つの箱同士の隙間であり、路地のような通り道や、居間・食卓などに位置づけられた、家族のパブリックな場所である。プライベートな箱同士に設けた隙間として、家族をつなぎ、距離感をつくる境界といえる。

もうひとつは、外周部分の隙間に設けられた、住宅内外のバッファー空間である。そこには、屋根の四周に設けられた天窓からの採光と、地面を引き寄せたような土間によって、外の気配を取り込んでいる。土間には、キッチン・洗面・書斎・収納などが配置されることで、床上での暮らしを、周縁部分から機能的に支える場でもある。

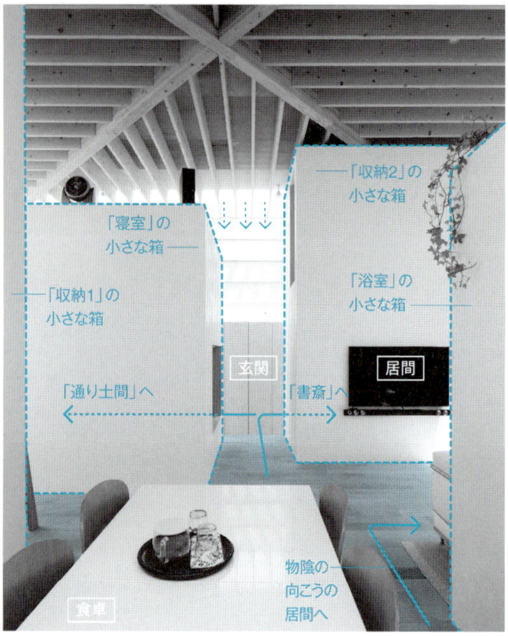

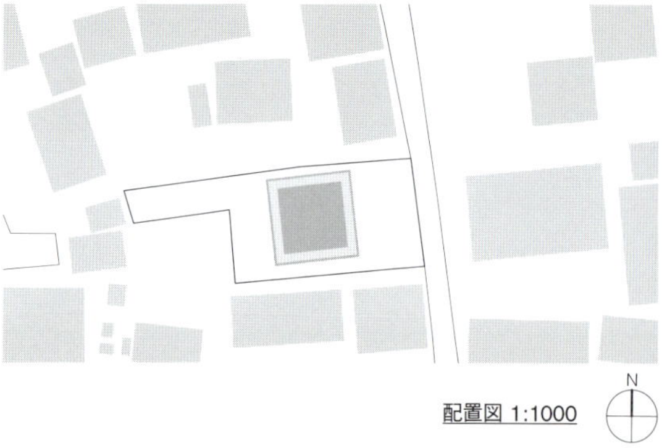

配置図 1:1000

食卓から小さな箱同士の隙間を見る
小さな箱の配置によって、物陰のような場所が形成され、ワンルームの中に、近いけれども向こう側に居るような距離感がつくり出されている

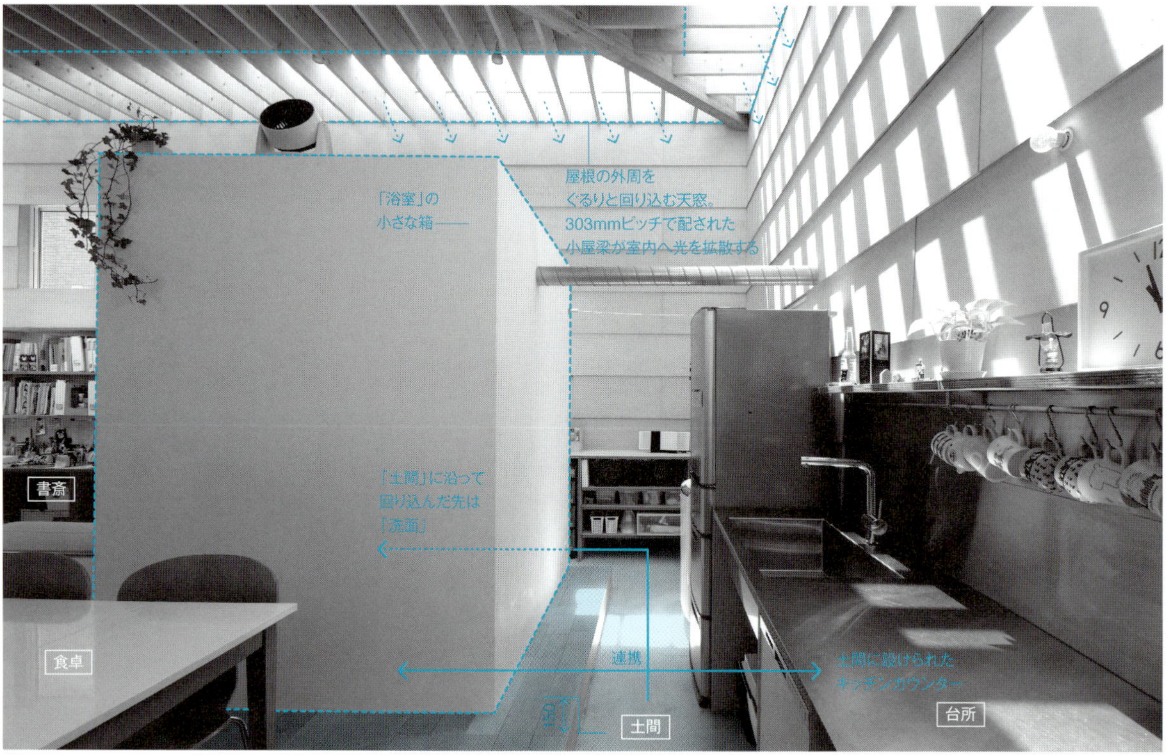

「土間」に配置されたキッチンから見る　周囲の土間には、それぞれの床上での暮らしと連携する機能が配置されている

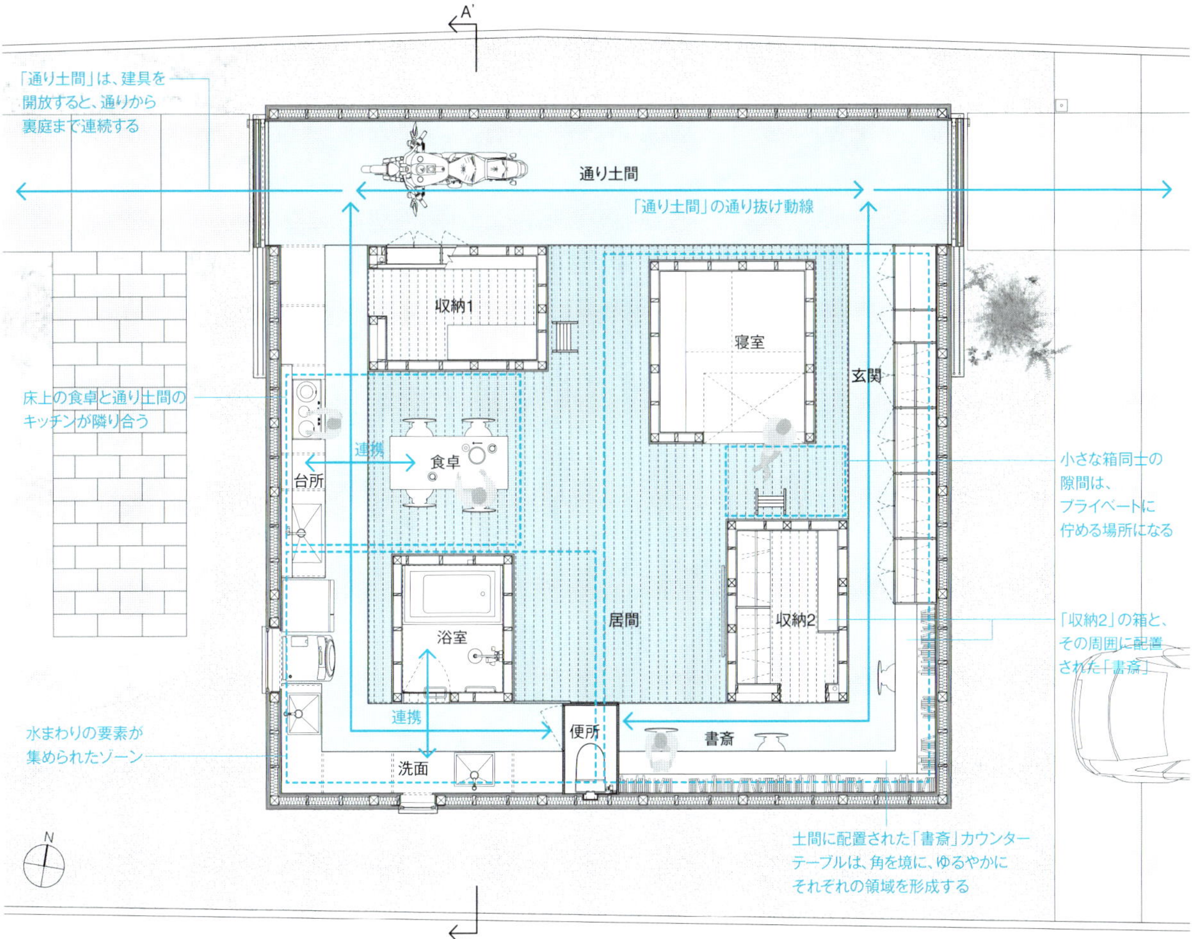
A'
「通り土間」は、建具を開放すると、通りから裏庭まで連続する
通り土間
「通り土間」の通り抜け動線
収納1
寝室
玄関
床上の食卓と通り土間のキッチンが隣り合う
連携
食卓
台所
小さな箱同士の隙間は、プライベートに佇める場所になる
居間
収納2
「収納2」の箱と、その周囲に配置された「書斎」
浴室
水まわりの要素が集められたゾーン
連携
便所
書斎
洗面
土間に配置された「書斎」カウンターテーブルは、角を境に、ゆるやかにそれぞれの領域を形成する
N
A

1階平面図 1:100

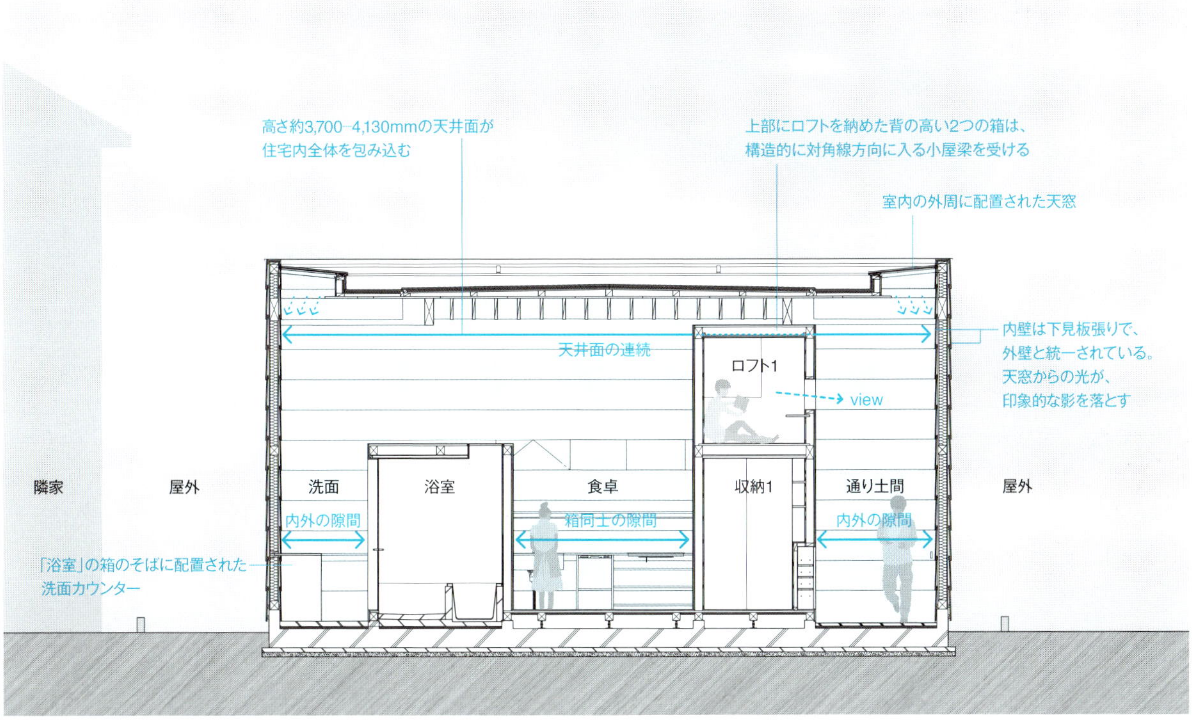
高さ約3,700–4,130mmの天井面が住宅内全体を包み込む
上部にロフトを納めた背の高い2つの箱は、構造的に対角線方向に入る小屋梁を受ける
室内の外周に配置された天窓
天井面の連続
ロフト1
view
内壁は下見板張りで、外壁と統一されている。天窓からの光が、印象的な影を落とす
隣家
屋外
洗面
浴室
食卓
収納1
通り土間
屋外
内外の隙間
箱同士の隙間
内外の隙間
「浴室」の箱のそばに配置された洗面カウンター

A-A'断面図 1:100

3-1-1 **内の機能をバッファーにする境界**
→バッファーで室を挟む

24 生活空間を挟み込む機能の空間

IS

設計者：渡辺真理＋木下庸子／設計組織ADH
建設地：北海道札幌市｜竣工年：2002年

北海道の厳しい寒さと、住宅地でのプライバシーに配慮するため、南北面のそれぞれに設けたバッファー空間で生活空間を挟み込んだ住宅である。南面では、サンルームが空間的にも温熱環境的にも、内外をゆるやかにつなぐ。開口に外付けされたアルミルーバーは、季節に応じた日射調整や、近隣との視線を制御する。またサンルームと生活空間との仕切りには、半透明の建具を設けて、プライベートな環境と外との関係を、適宜調整することができる。一方、北面では、玄関、収納、水まわり、駐車場など、滞留時間の短い機能的な空間を集約したバッファー空間を形成している。これら2カ所の厚みのある境界で挟み込まれた内側には、開放的で、ひとつながりの生活空間が実現されている。

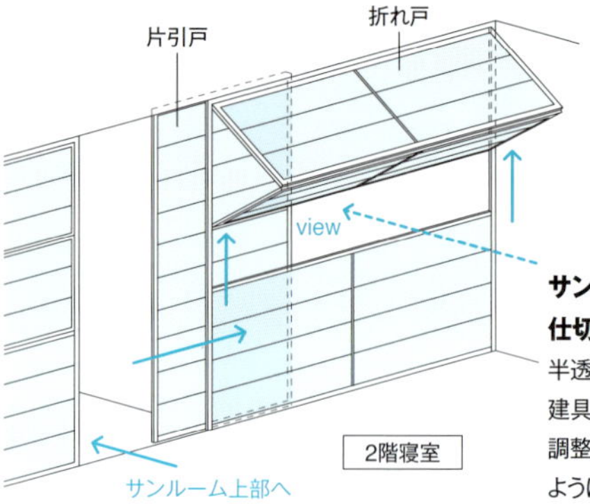
片引戸
折れ戸
view
2階寝室
サンルーム上部へ

サンルームと2階寝室を仕切るスクリーン
半透明のワーロン太鼓張りの建具は、空間のつなぎ具合を調整するだけでなく、雪見障子のように景色を切り取る

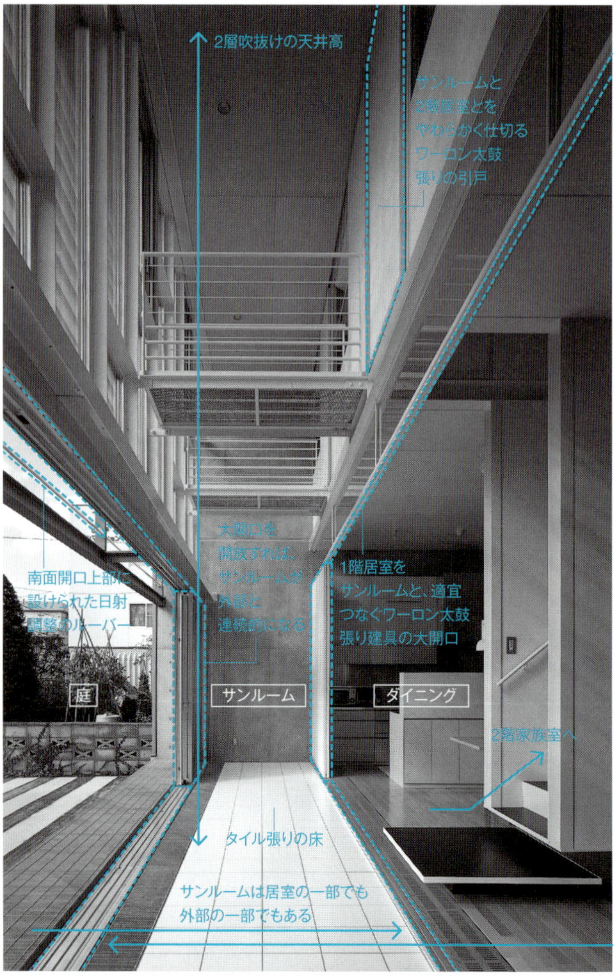
2層吹抜けの天井高
サンルームと2階居室とをやわらかく仕切るワーロン太鼓張りの引戸
南面開口上部に設けられた日射調整のルーバー
大開口を開放すれば、サンルームが外部と連続的になる
1階居室をサンルームと、適宜つなぐワーロン太鼓張り建具の大開口
庭
サンルーム
ダイニング
2階家族室へ
タイル張りの床
サンルームは居室の一部でも外部の一部でもある

外と居室との間に設けられたサンルーム
サンルームは、気候や使い方に応じて、建具の開閉を適宜選択することで、内部を拡張したり、外部を引き寄せるなど、内外の関係を調整するバッファー空間となっている

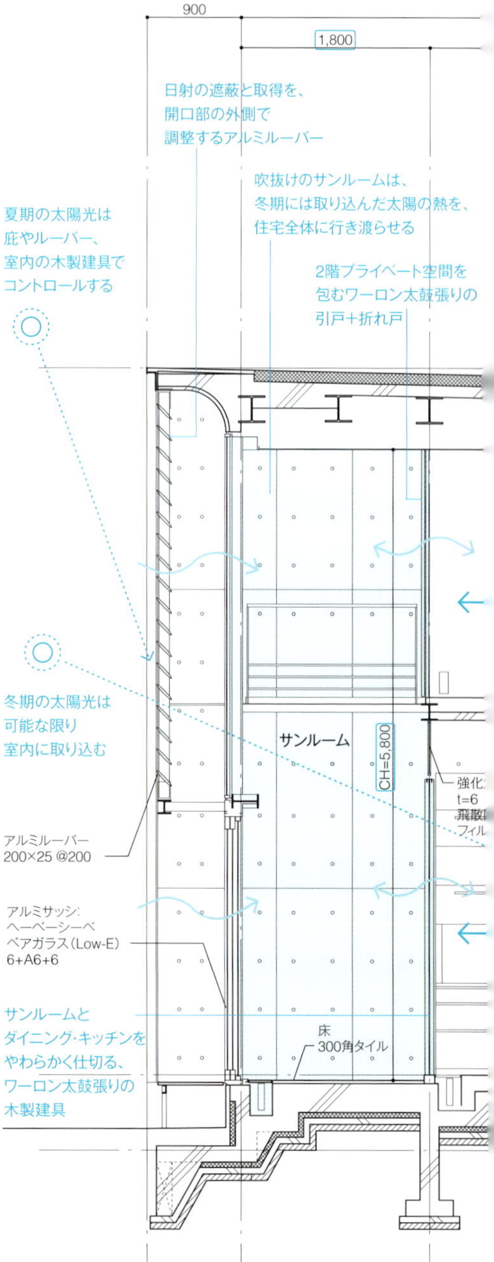
900
1,800
日射の遮蔽と取得を、開口部の外側で調整するアルミルーバー
吹抜けのサンルームは、冬期には取り込んだ太陽の熱を、住宅全体に行き渡らせる
夏期の太陽光は庇やルーバー、室内の木製建具でコントロールする
2階プライベート空間を包むワーロン太鼓張りの引戸＋折れ戸
冬期の太陽光は可能な限り室内に取り込む
サンルーム
CH=5,800
強化
t=6
飛散
フィル
アルミルーバー 200×25 @200
アルミサッシ：ヘーベーシーベ ペアガラス（Low-E）6+A6+6
サンルームとダイニング・キッチンをやわらかく仕切る、ワーロン太鼓張りの木製建具
床 300角タイル

A-A'断面図 1:70

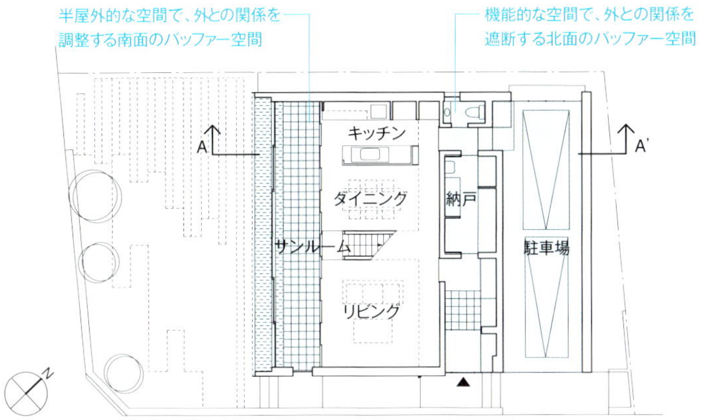

1階平面図 1:300

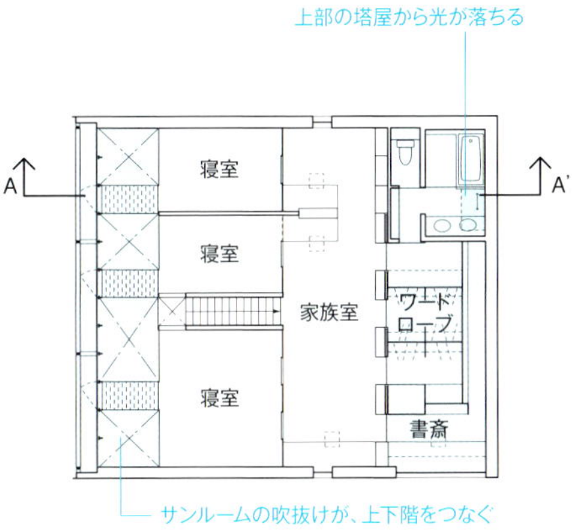

2階平面図

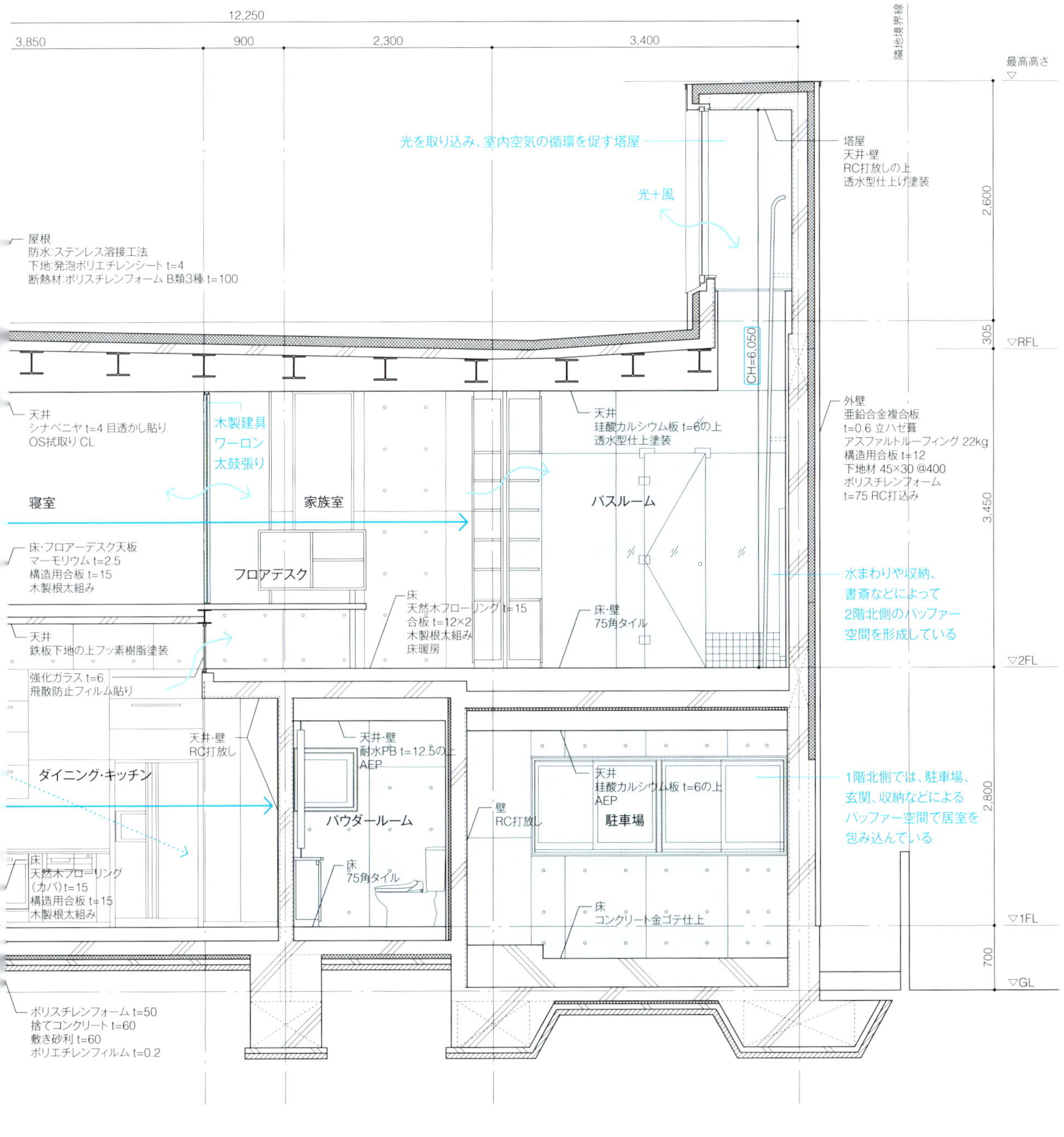

3-1-1　**内の機能をバッファーにする境界**
→バッファーで室を挟む

25　外部を引き込み、寝室を包むテラスと階段

世田谷S

設計者：都留理子建築設計スタジオ
建設地：東京都世田谷区｜竣工年：2008年

許容建築面積に対して最大の切妻型の中に、外とのつながりを感じる2つのバッファー空間が内包された住宅である。バッファー空間のひとつは、2階リビングまわりの一角を成すようなテラスであり、もうひとつは、トップライトの下で3層を縦につなぐ階段吹抜けである。これらのテラス、リビングまわり、階段吹抜けが、一体のバッファー空間として家型の中に回り込み、あたかも、寝室まわりを抱きかかえるような入れ子の構成となっている。

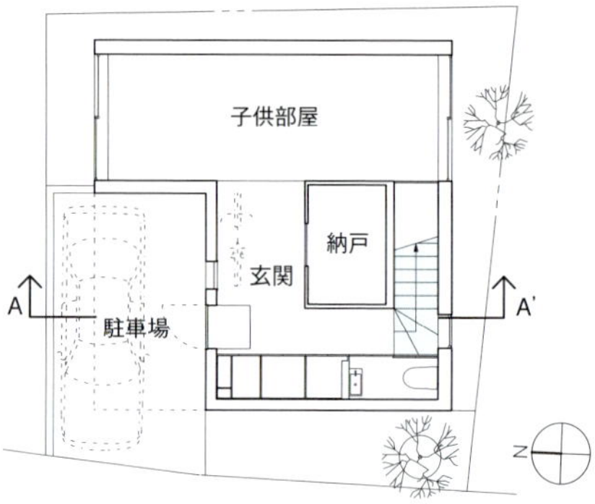

地下1階平面図 1:200

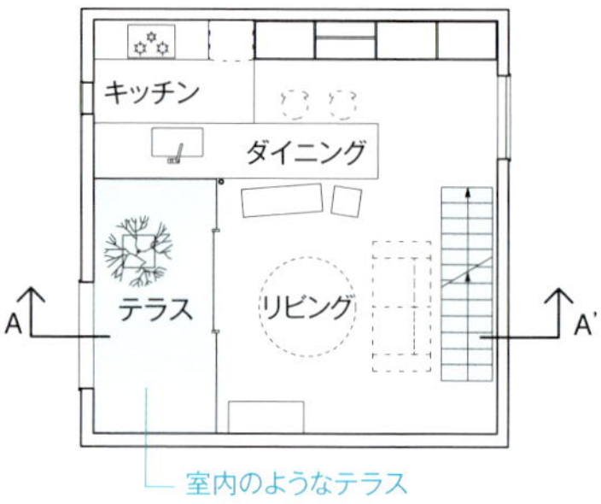

1階平面図

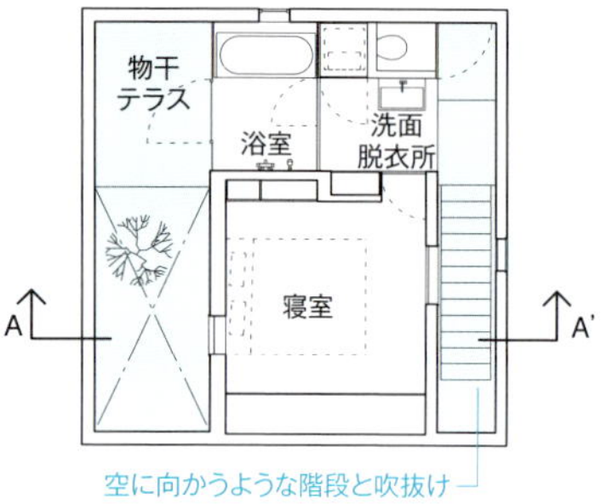

2階平面図

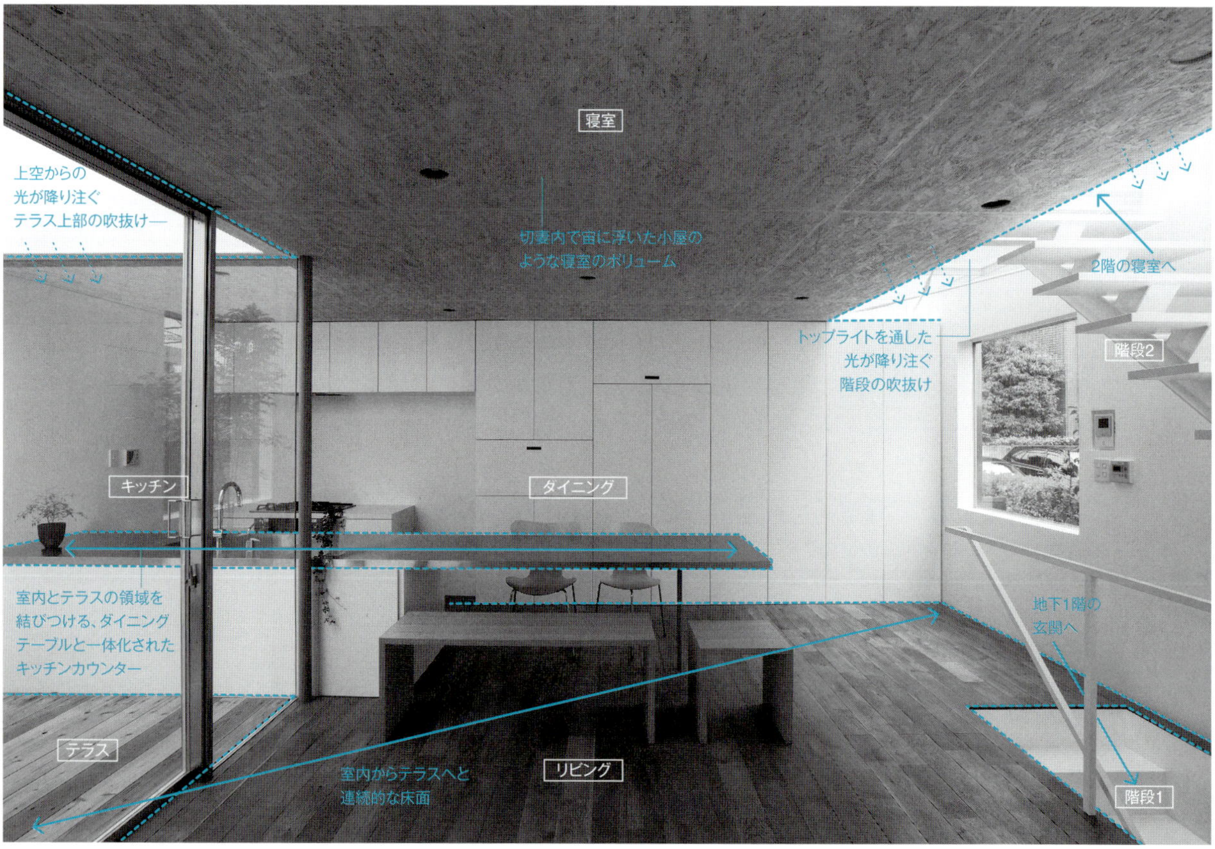

リビングからダイニングを望む

1階のリビングまわりは、室内と連続的に設けられたテラスと、上部にトップライトを備えた階段吹抜けに挟まれることで、ゆるやかに外が入り込んだような空間が形成されている。その結果、2階寝室のボリュームは、切妻内に浮かぶ小屋のように感じられる

A-A'断面図 1:60

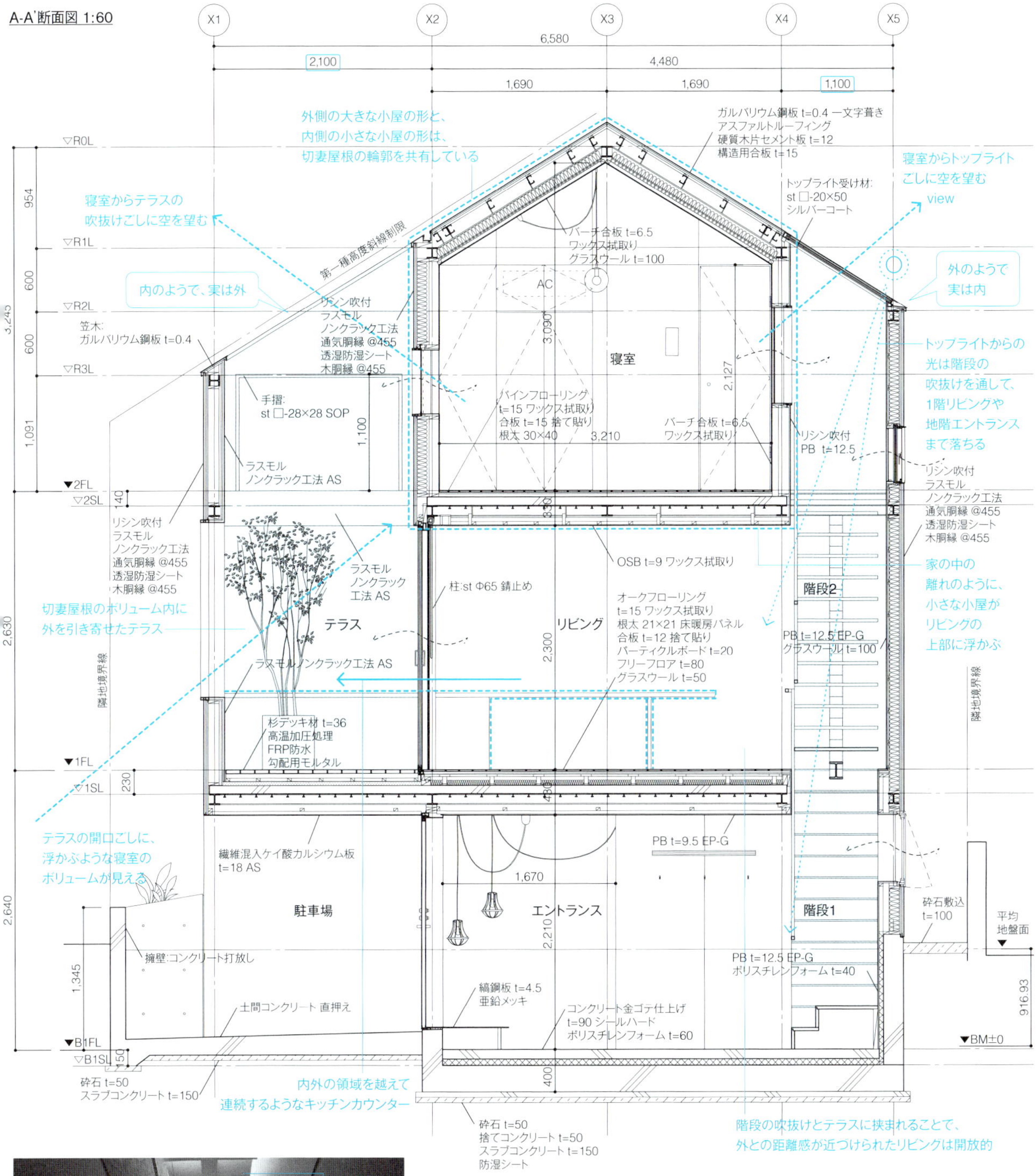

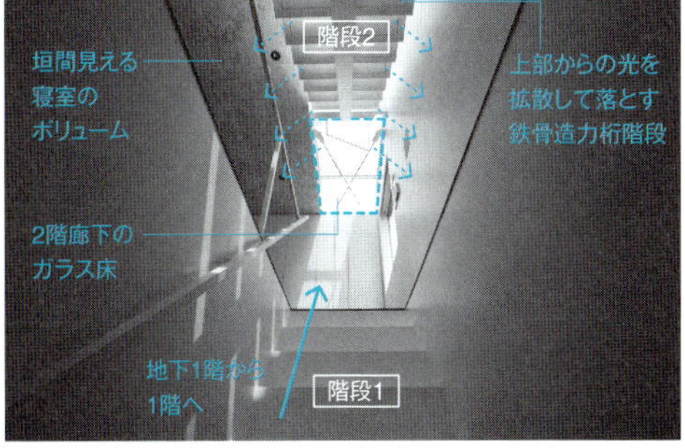

地下1階からの階段見上げ

力桁階段と2階ガラス床が、
トップライトからの光を透過させる

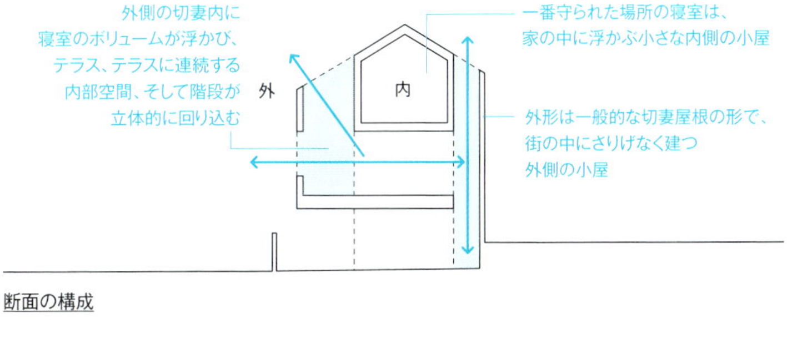

断面の構成

3-1-2 **内の機能をバッファーにする境界**
→ 植栽のバッファーをちりばめる

26 室を挟む吹抜けと植栽でつくるバッファーゾーン

pallets

設計者：駒田剛司＋駒田由香／駒田建築設計事務所
建設地：東京都大田区｜竣工年：2014年

施主の両親の住む家の日本庭園に道路を挟んで隣接する敷地に建つRC造3階建ての住宅である。実家の日本庭園の緑を借景とした視界の広がりを確保しながら、吹抜けに緑を施すことで、街の中に緑のつながりをつくり出すことが意図されている。壁厚250mmのコンクリートの壁を3枚並べ、その間に天井高を変えてスラブを挿入し、道路側は間口いっぱいの開口を確保している。各層の床の両側には床から切り離されたプラントボックスを設け、手の届くところにある緑とその向こうに広がる隣地の緑という、段階的に広がる緑の層をつくり出している。手前の緑により道路からの視線を適度に遮り、都市の中にありながら、ブラインドなどで開口部を閉じることなく生活することを可能にしている。

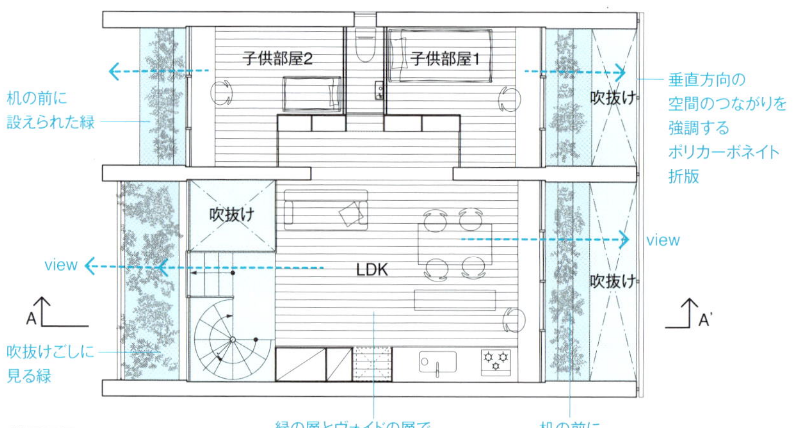

2階平面図

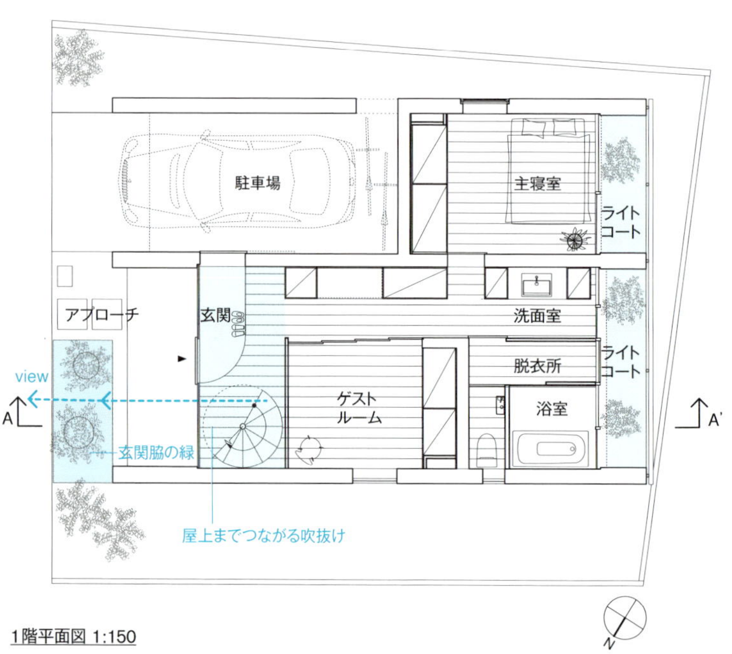

1階平面図 1:150

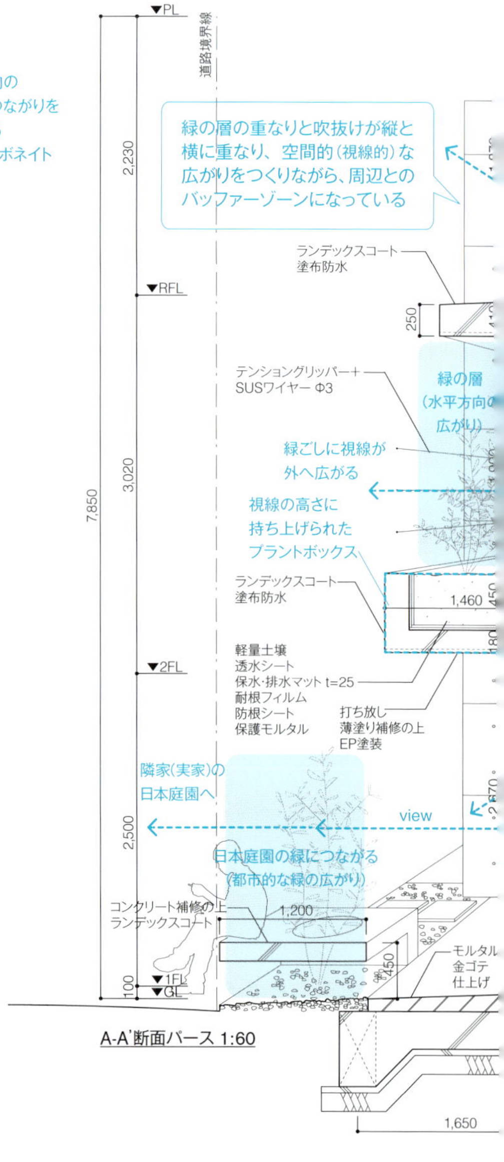

A-A'断面パース 1:60

吹抜けごしに外を見る

窓際でも隣地からの距離感が保たれている

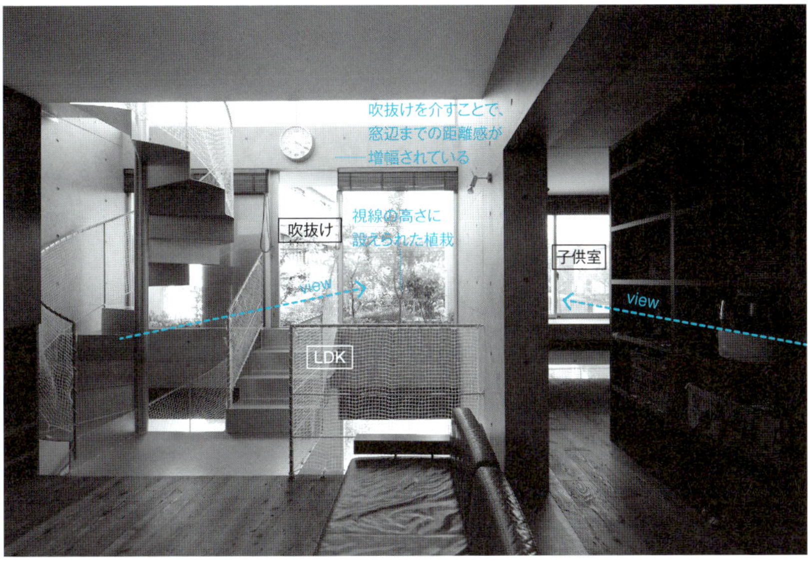

2階LDKより外を見る

空中に浮かぶようなプラントボックスごしに外の風景が広がる

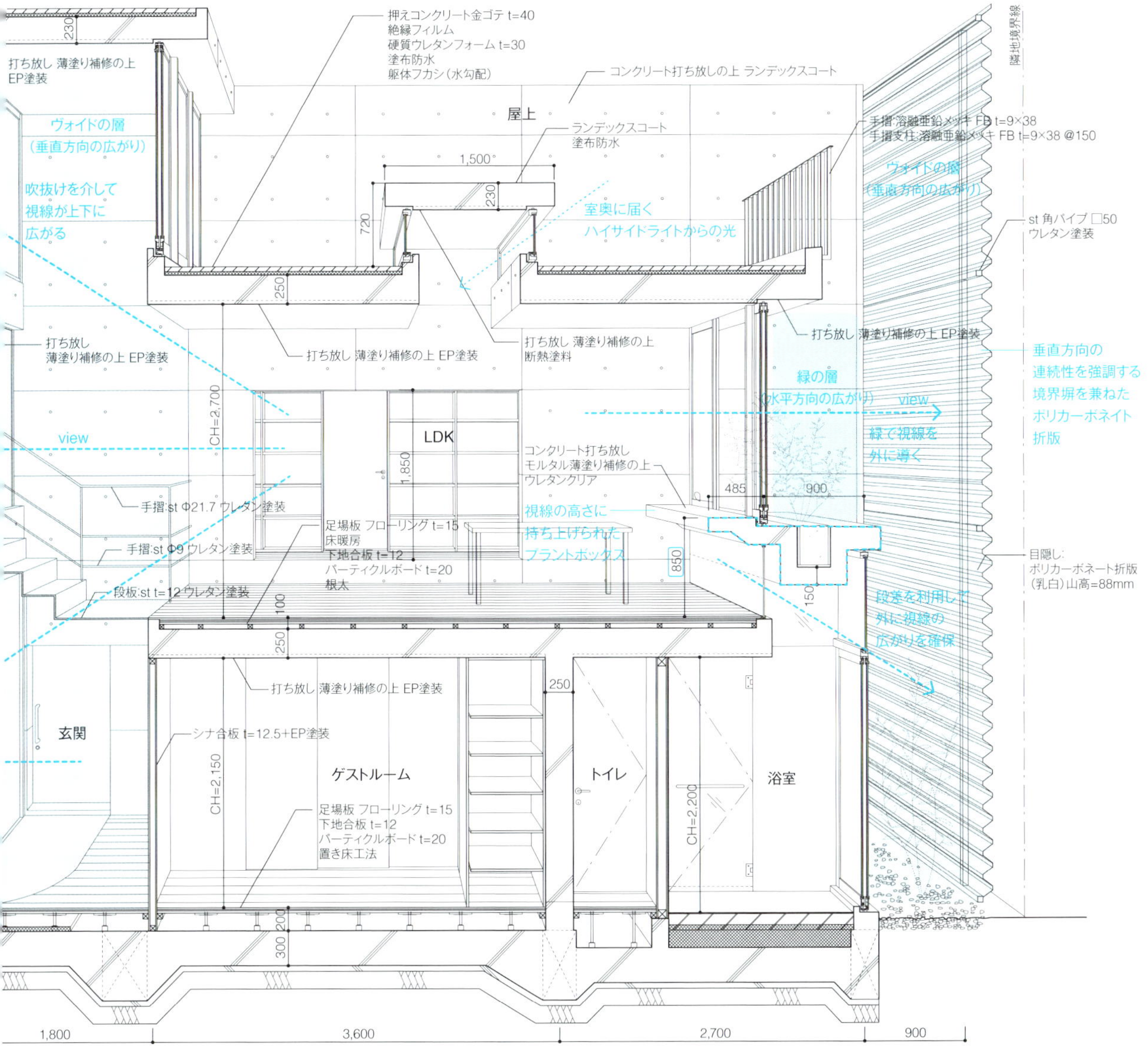

3-2-1 **外の要素をバッファーにする境界**
→ 植栽のバッファーをちりばめる

27 窓辺に設けられた3層の植栽のレイヤー

ギタンジャリ

設計者：椎名英三建築設計事務所
建設地：東京都｜竣工年：2013年

都心にありながら、大通りから奥まった角地に建つ。都市に建つ住宅では、隣地や周辺からの視線を気にして、せっかくの開口部がブラインドやカーテンで閉じられてしまうことがよくあるが、この住宅では南東面開口部にプラントボックスを設け、プライバシーを確保しながら光と緑にあふれた窓辺空間をつくり出している。「ウィンドウジャングル」と呼ばれる窓辺の緑は、都市と住宅内部をやわらかく仕切るフィルター的スクリーンである。
また1階と2階にはプラントボックスが設けられ、周辺の住宅地の緑との連続が意図されている。個々の住宅が外部に少しずつ緑を提供することは、住宅と都市がゆるやかにつながるバッファーゾーンになり、開放的な空間の確保と都市部の緑化の双方が期待できる。

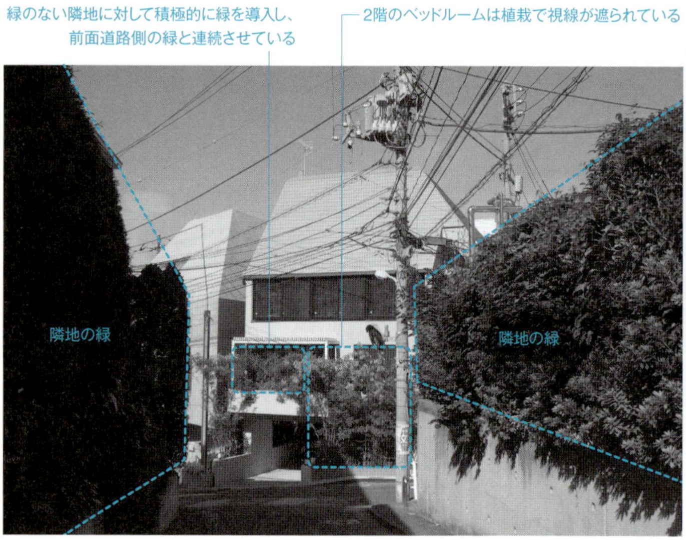
緑のない隣地に対して積極的に緑を導入し、
前面道路側の緑と連続させている
2階のベッドルームは植栽で視線が遮られている
隣地の緑
隣地の緑

南面からファサードを見る
周辺の住宅の緑と連続した街並みを形成している

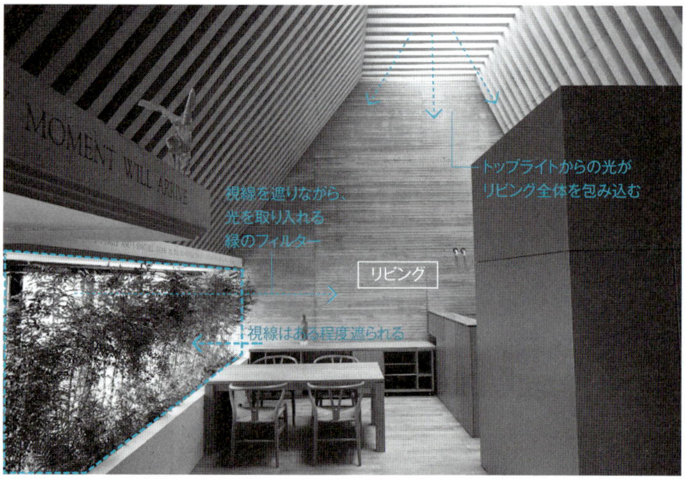
トップライトからの光が
リビング全体を包み込む
視線を遮りながら、
光を取り入れる
緑のフィルター
リビング
視線はある程度遮られる

リビング
「ウィンドウジャングル」を通した光と、トップライトから
ルーバー状の天井を通って拡散した光が室内で融合する

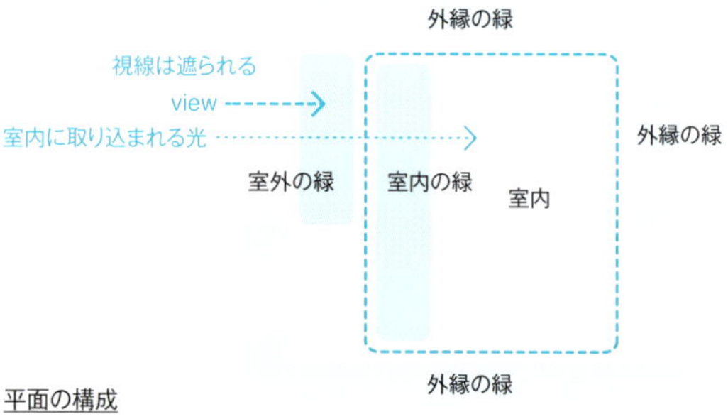
外縁の緑
視線は遮られる
view
室内に取り込まれる光
外縁の緑
室外の緑
室内の緑
室内
外縁の緑

平面の構成

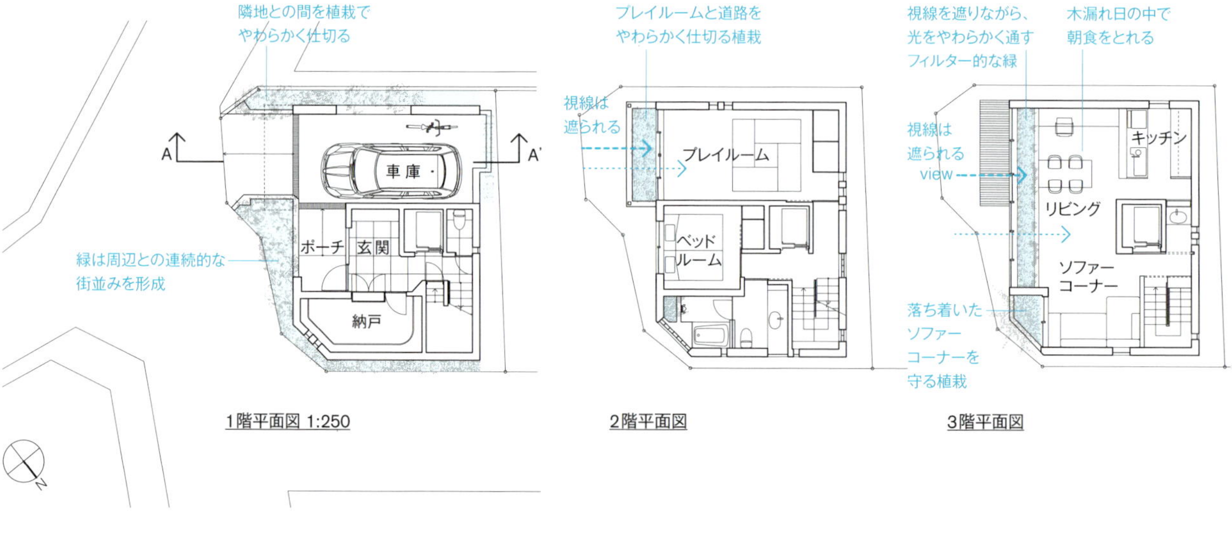
隣地との間を植栽で
やわらかく仕切る
A
A'
車庫
ポーチ
玄関
納戸
緑は周辺との連続的な
街並みを形成
プレイルームと道路を
やわらかく仕切る植栽
視線は
遮られる
プレイルーム
ベッド
ルーム
視線を遮りながら、
光をやわらかく通す
フィルター的な緑
木漏れ日の中で
朝食をとれる
視線は
遮られる
view
キッチン
リビング
ソファー
コーナー
落ち着いた
ソファー
コーナーを
守る植栽
N

1階平面図 1:250　2階平面図　3階平面図

1階の植栽、2階のプラントボックス、3階のプラントボックスと、3層に緑が積層することにより、奥行きの感じられる緑の層が形成されている。内部を外に開放する、内外をやわらかく仕切る、周辺環境とつながるなど、同じ緑でも置く位置と重ね方の工夫で、さまざまな役割を担うことができる。

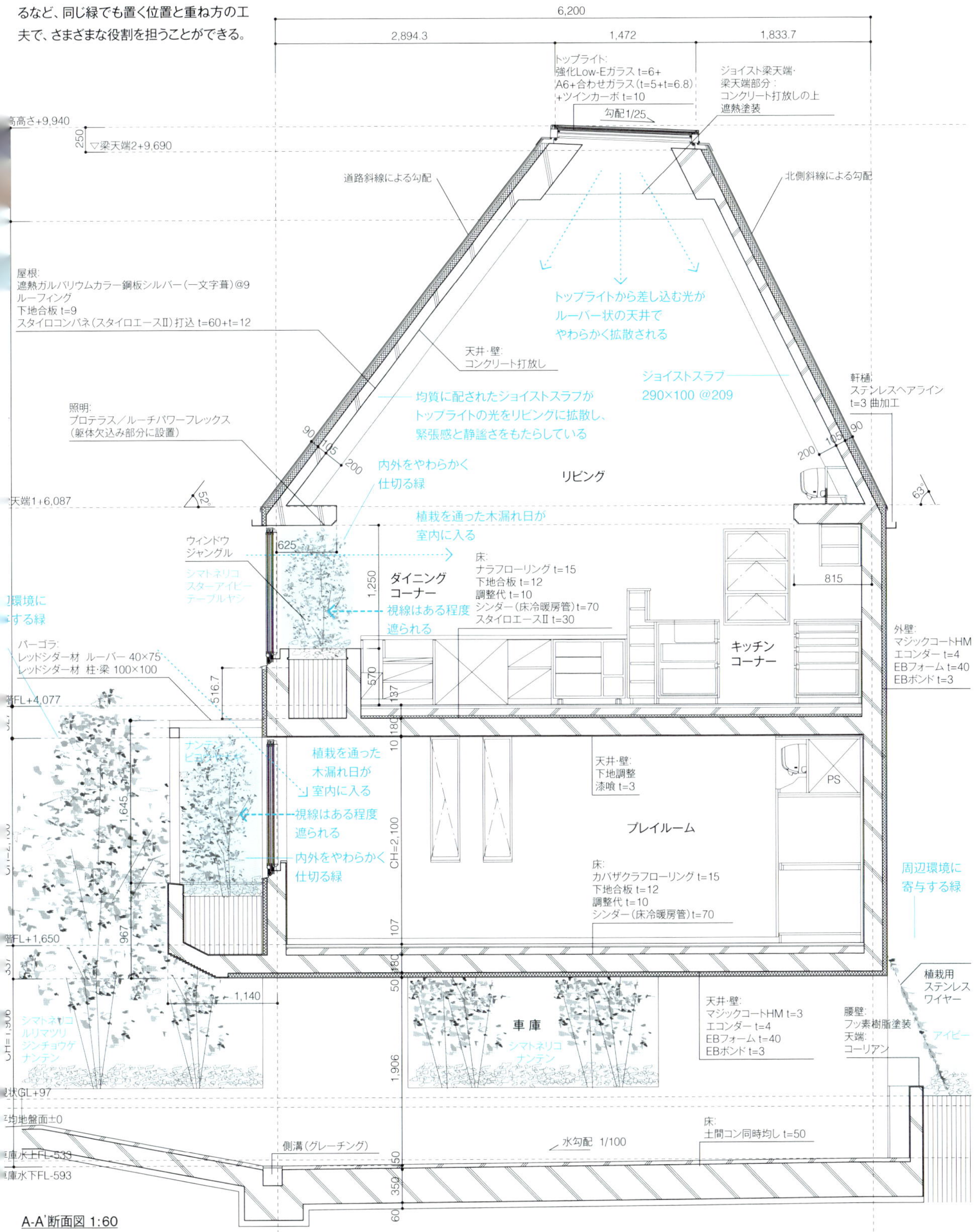

A-A'断面図 1:60

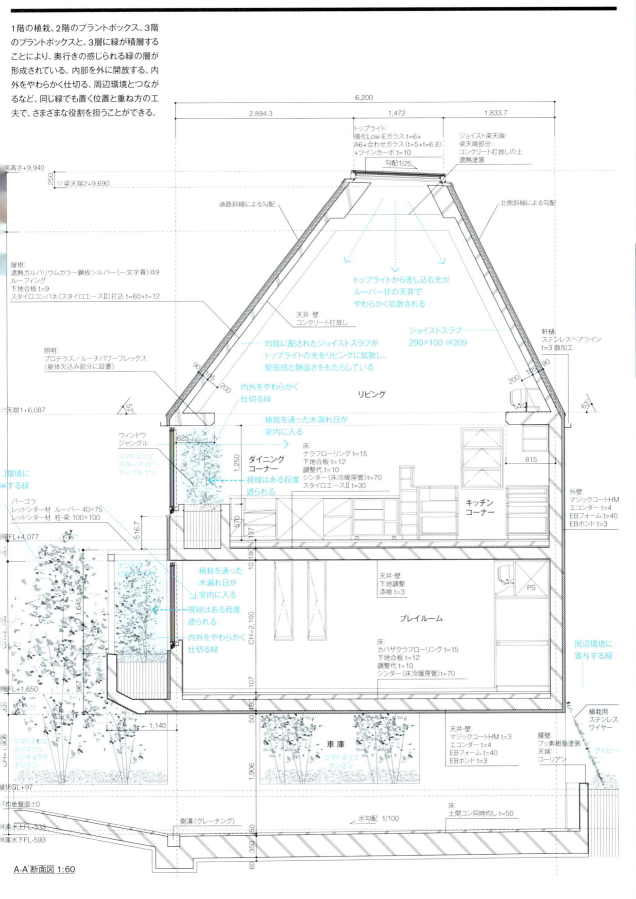

3-2-1 **外の要素をバッファーにする境界**
→ 植栽のバッファーをちりばめる

28 外と機能が入り交じる周縁部分

緑縁の栖

設計者：川本敦史＋川本まゆみ／エムエースタイル建築計画
建設地：静岡県藤枝市｜竣工年：2012年

地面から800mmの隙間をあけて立ち上がる「浮き壁」が、生活の空間全体を囲い込んだ住宅である。
「浮き壁」のすぐ内側、奥行き1,200mmのゾーンは、「緑縁」と呼ばれる、住宅内外の関係を調整するバッファー空間として位置づけられている。足元の植栽や上部からの採光など、屋外的な環境を「浮き壁」によって囲い取り、坪庭のごとく室内側へと引き寄せている。
また、「緑縁」の所々には、居室での暮らしを拡張した機能的な設えも施されている。それらは、寝室の書斎として使えるカウンターテーブルや収納棚、水まわりの洗面台など、日常の何気ないふるまいのなかで、外に近づいたり離れたりといった、外を意識させるきっかけとなっている。
平面的に見ると、「緑縁」の本当の内外が次々と切り替わり、ゆるやかな外との距離感や、曖昧な内外の混じり合いがつくり出された、新しいコートハウスの形式が提案されている。

「緑縁」へ拡張された洗面台
トップライトと「浮き壁」の連続性によって、外に居るような居場所が形成されている

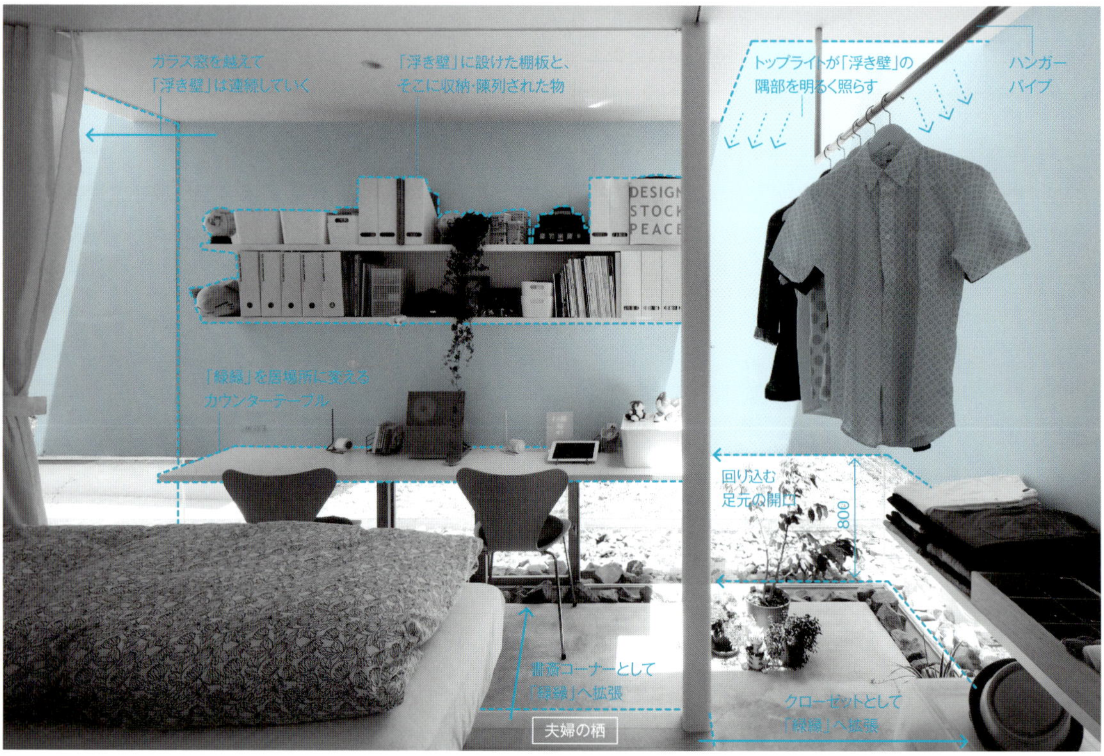

「夫婦の栖」と周囲の「浮き壁」を見る 「緑縁」部分が室内化され、カウンターテーブルのコーナーや収納として拡張されている

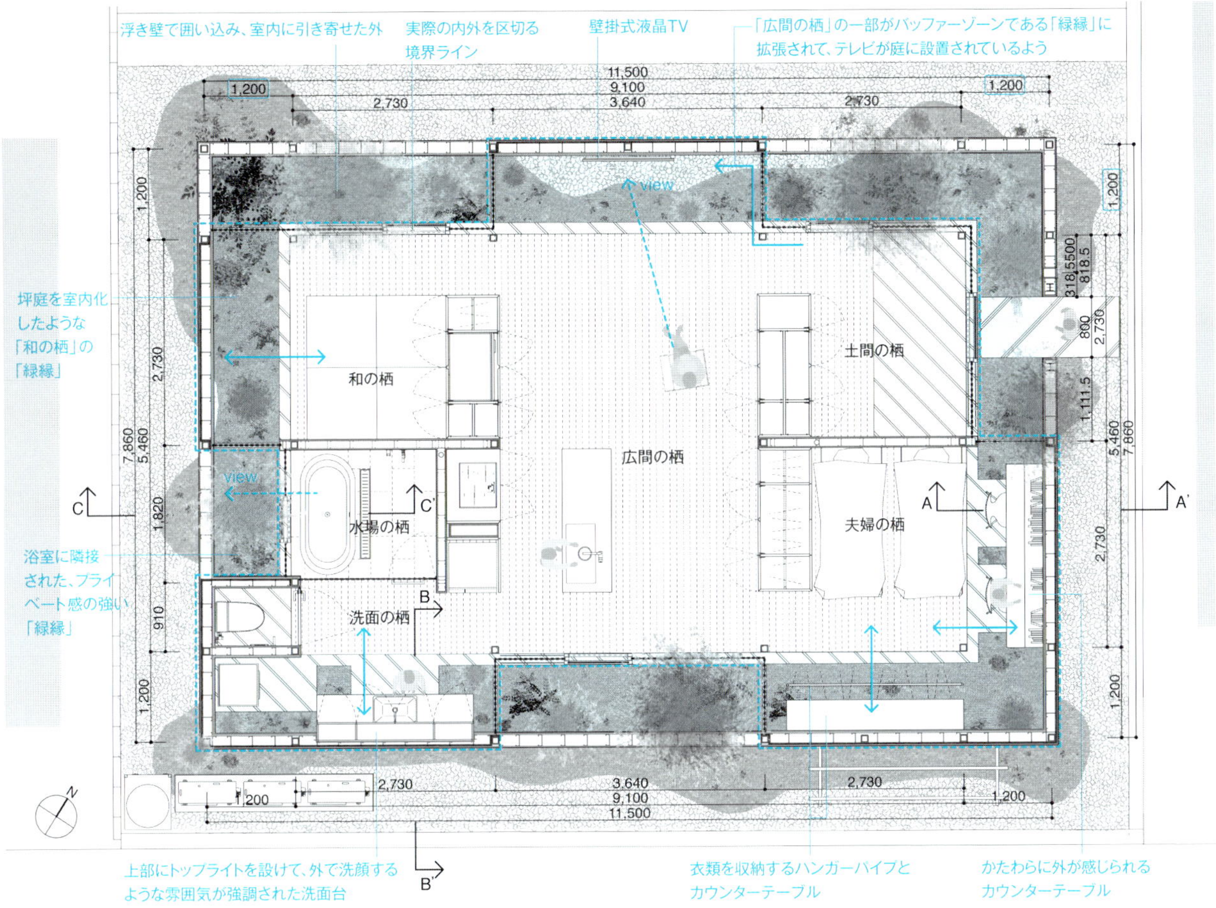

平面図 1:100

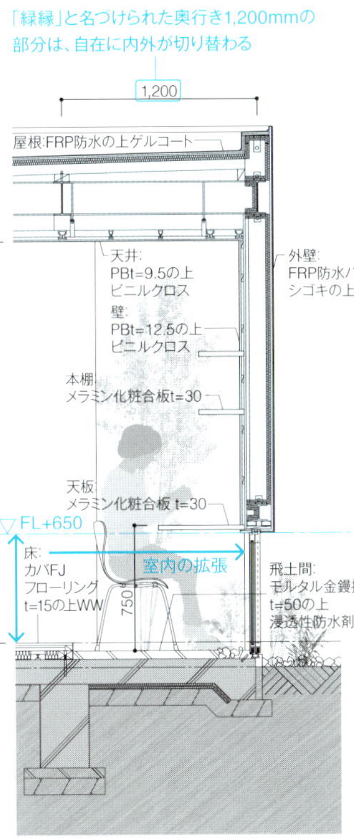

A-A'断面図 1:50

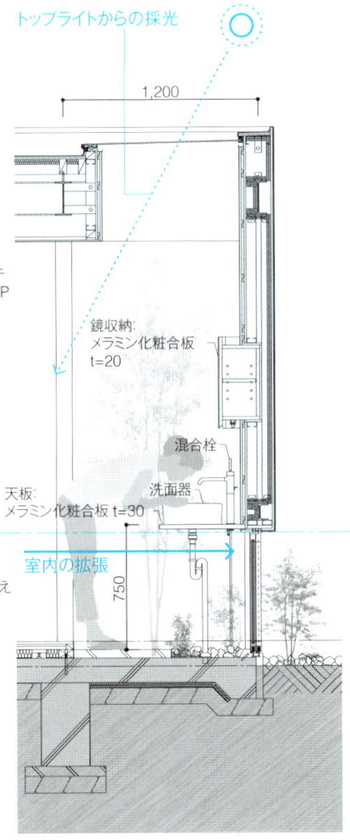

B-B'断面図

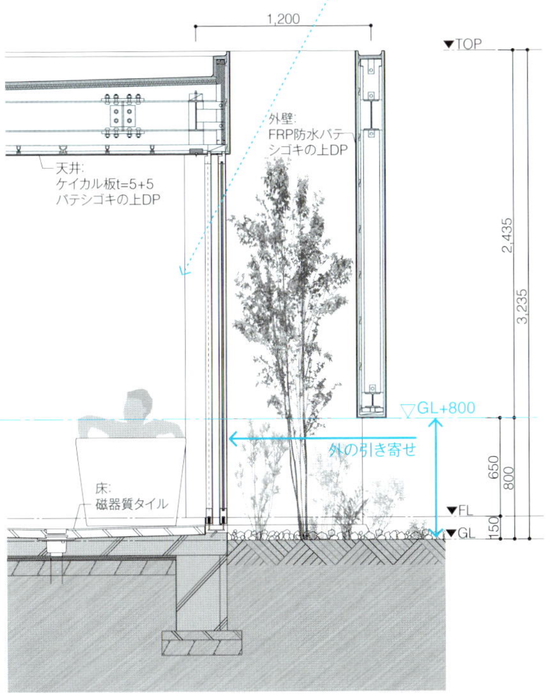

C-C'断面図

3-2-2 **外の要素をバッファーにする境界**
→ 内外の境界を惑わす

29 公私を曖昧にする、軒下へ引き寄せた道

川西の住居

設計者：タトアーキテクツ／島田陽建築設計事務所
建設地：兵庫県川西市｜竣工年：2013年

敷地の東側で接する幅700mmの市道に対して、隣地の道路境界線上にあるコンクリートブロック塀をそのまま延長してくることで、敷地自体をセットバックした状況がつくり出された住宅である。その道を引き込んだような領域に、道端に置かれた家具のように靴箱を配置したガラス張りのエントランスを設け、上部には2階プライベート空間のボリュームが張り出してきている。その結果、敷地の境界線は曖昧になり、敷地と道路のどちらでもあるような、軒下の領域が形成されている。

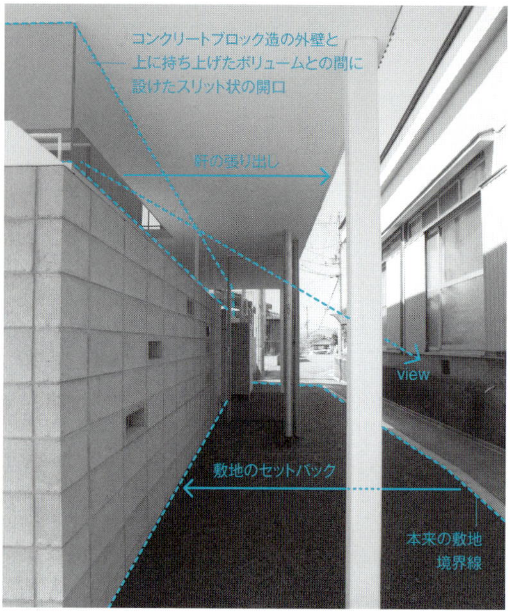

道を拡張するような敷地のセットバック

頭上では2階のボリュームが張り出し、軒下には独立柱と置き家具のような靴箱、ガラス張りのエントランスだけが突出している

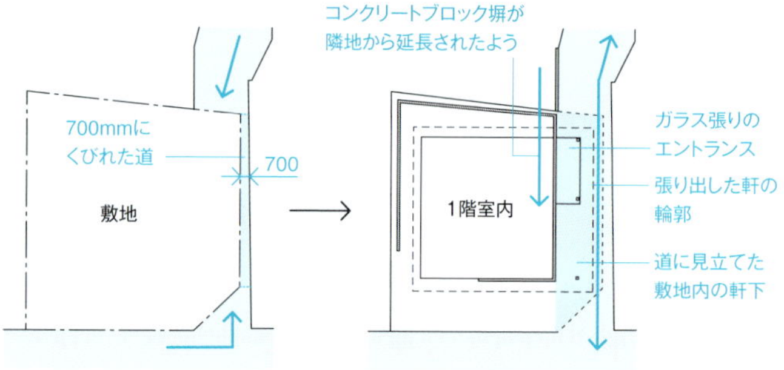

敷地内に既存の道を拡張した、公私どちらともとれる領域

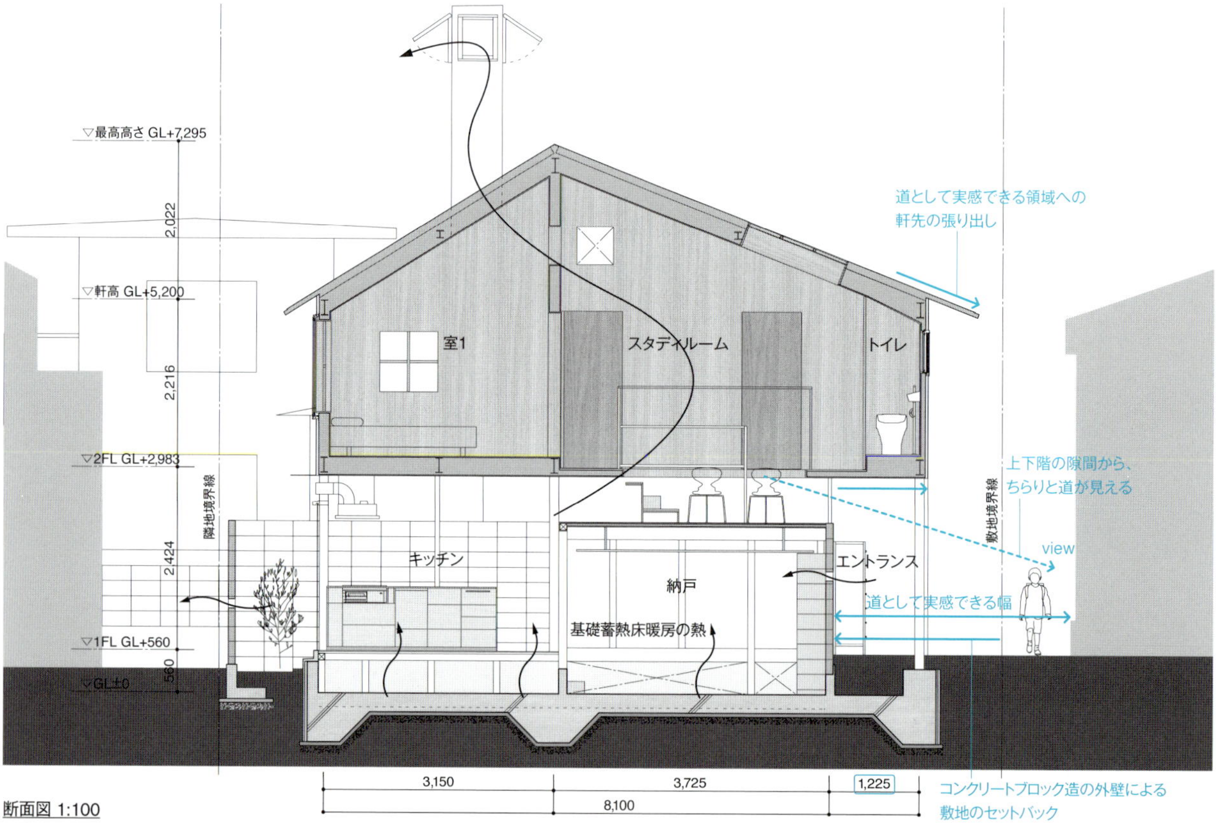

断面図 1:100

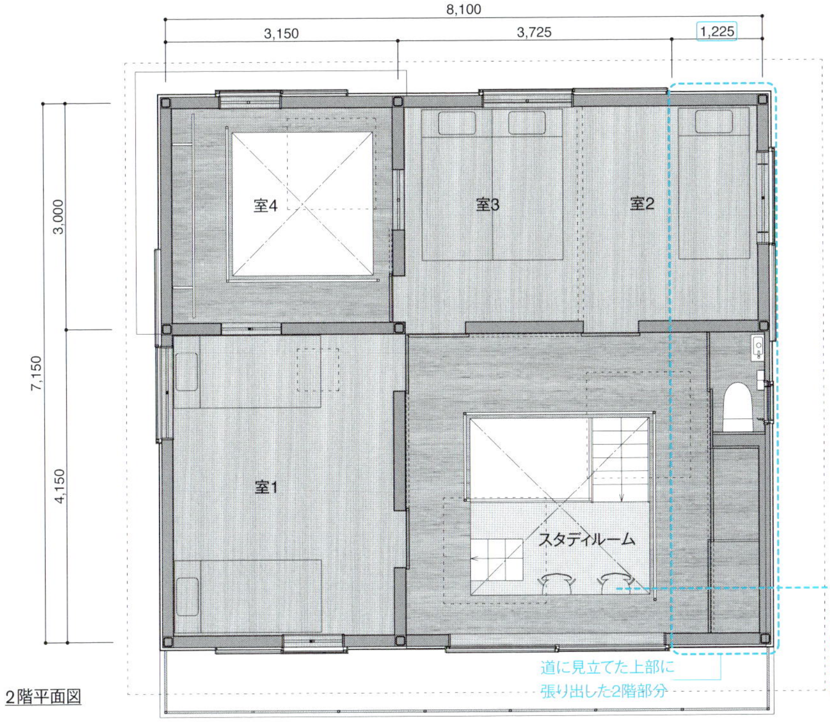

2階平面図

2階からスタディルームの床を見る

床レベルのずれによる隙間から、道が垣間見える

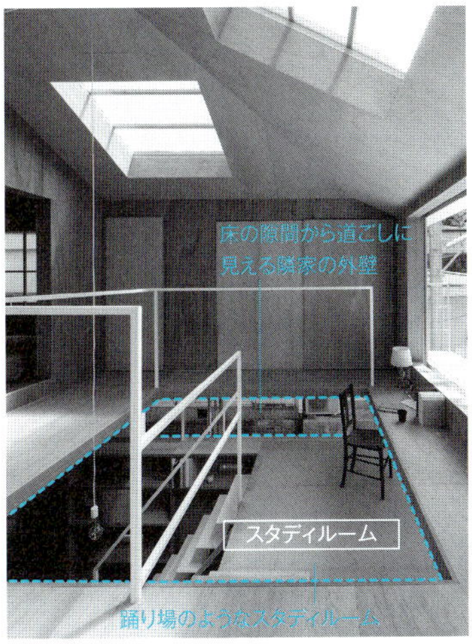

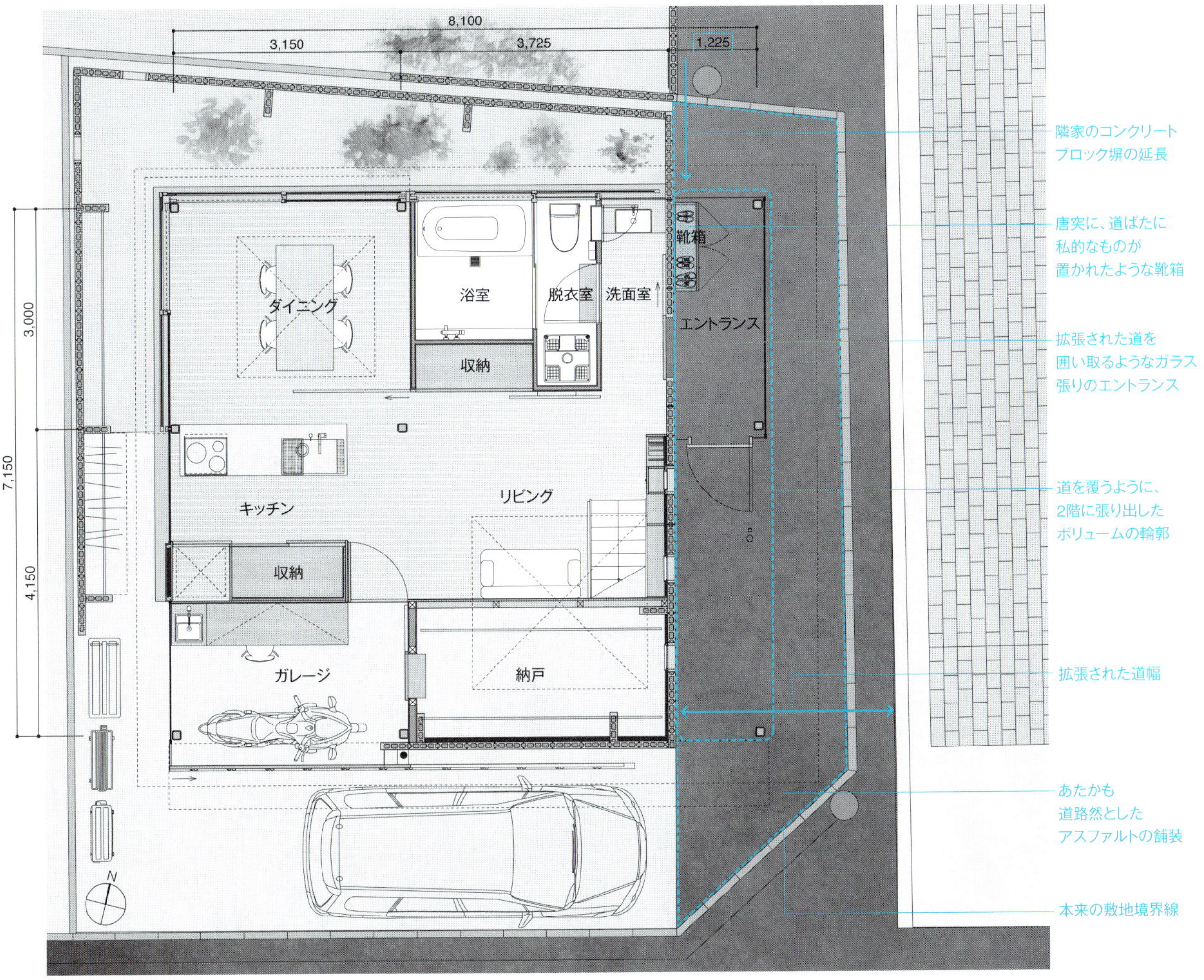

1階平面図 1:100

4-1-1 外へ向き合う居場所をつくる境界
→室内の床を外へ延長する

30 窓辺から庭へ延びた大テーブル

北鎌倉のような家

設計者：佐藤浩平建築設計事務所
建設地：神奈川県鎌倉市｜竣工年：2003年

開口部の幅いっぱいにつくられた机をそのままデッキとして庭に延ばし、家の中から外へ向かって連続性のある窓辺空間が成立している。遠方の山々とそのふもとの市街地、広大な隣の家の庭、この2つを眺望として切り取り、その眺望に家族の姿が重ね合わされ、開口部を額縁としてパースペクティブな風景に入り込んでいくような窓辺になっている。

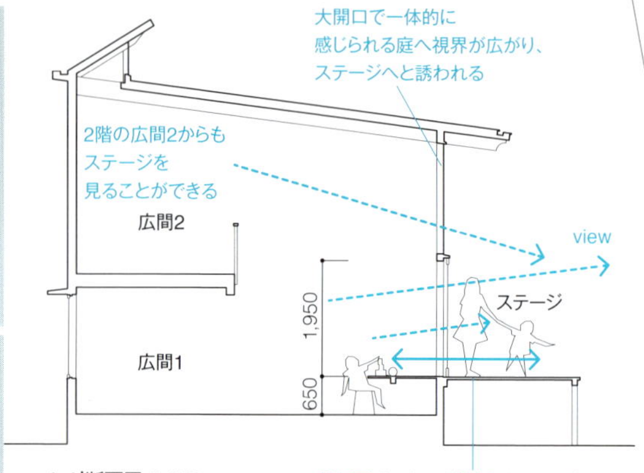
大開口で一体的に
感じられる庭へ視界が広がり、
ステージへと誘われる
2階の広間2からも
ステージを
見ることができる
広間2
view
ステージ
1,950
650
広間1
机と同じレベルで連続するステージ

A-A'断面図 1:150

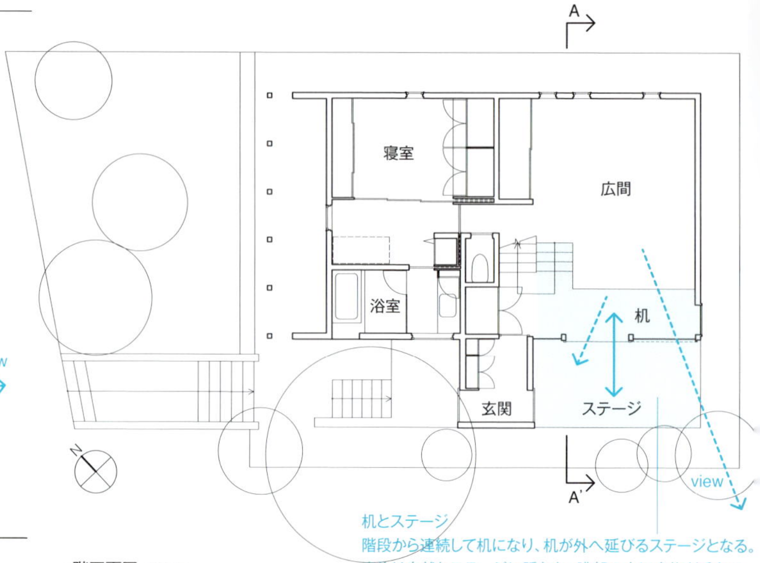
A
寝室
広間
浴室
机
玄関
ステージ
view
A'
机とステージ
階段から連続して机になり、机が外へ延びるステージとなる。
家族は自然とステージに誘われ、眺望の中に家族が重なる

1階平面図 1:200

4-1-1 外へ向き合う居場所をつくる境界
→室内の床を外へ延長する

31 外部的な縁空間で居室を囲む

後山山荘

設計者：前田圭介／UID、藤井厚二（原設計）
建設地：広島県福山市鞆町｜竣工年：2013年

約80年前に環境工学の先駆者である藤井厚二が設計した別荘の改修である。鞆港を一望できる東に面した内露地は、熱環境的なバッファーゾーンでもあり、サンルームとしても機能する。内露地外側の縁側によって、外部（縁側）、半外部（内露地）、内部（居間）という段階的な室構成をとる。内露地は縁側と居間をつなぎ、南側のサンルームにもつながる動線も兼ねた境界である。

鞆港を一望する内露地の外観

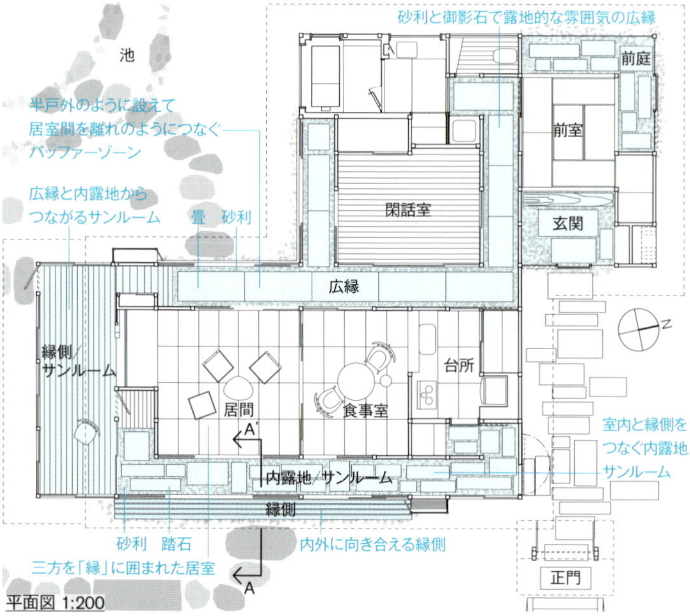
砂利と御影石で露地的な雰囲気の広縁
池
前庭
半戸外のように設えて
居室間を離れのようにつなぐ
バッファーゾーン
前室
広縁と内露地から
つながるサンルーム
畳
砂利
閑話室
玄関
広縁
縁側／
サンルーム
台所
居間
食事室
A'
内露地／サンルーム
縁側
室内と縁側を
つなぐ内露地／
サンルーム
砂利
踏石
三方を「縁」に囲まれた居室
内外に向き合える縁側
A
正門

平面図 1:200

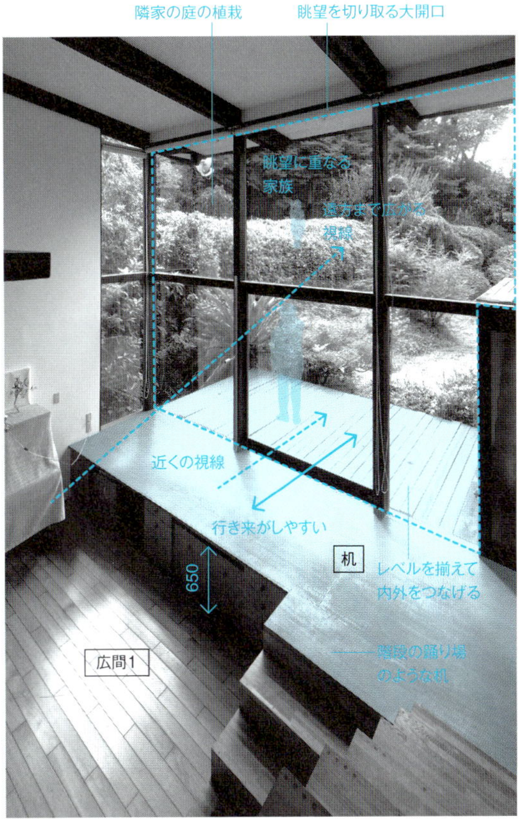

2階から机とステージ、庭を見る

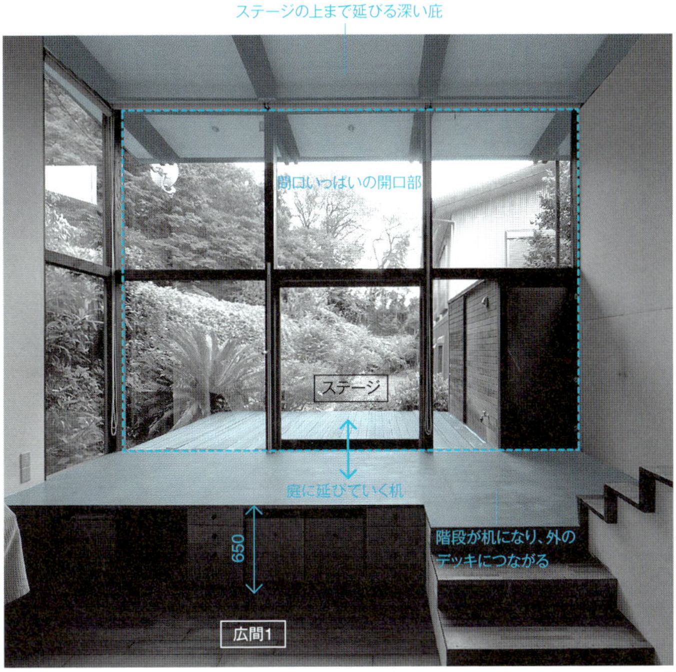

広間1から庭を見る

吹抜け空間の広間1には広大な隣地の庭の植栽が広がる。大開口部に設けられたデッキのステージと連続する机

A-A'断面図 1:50

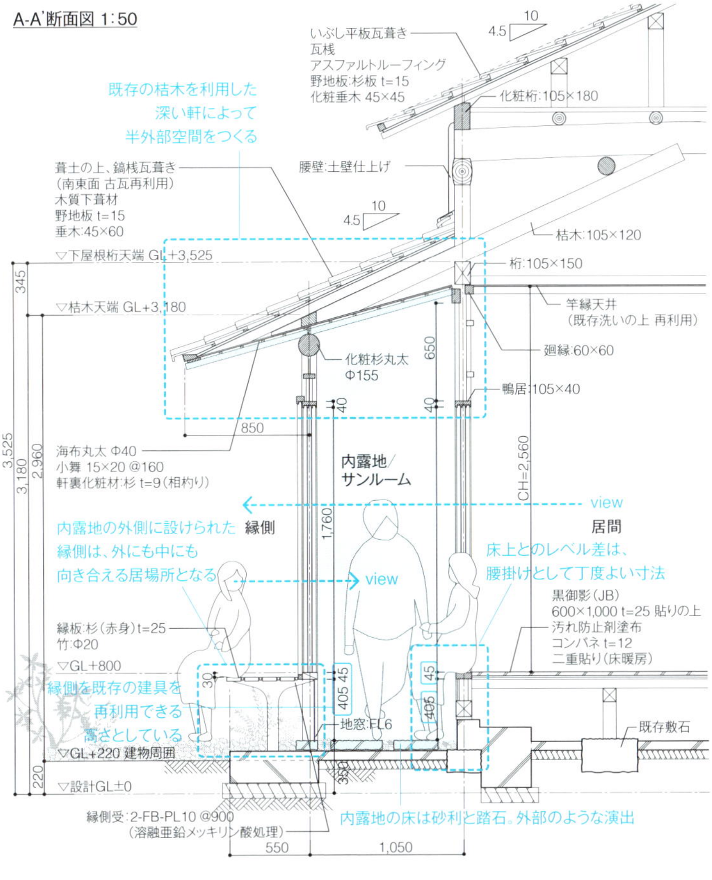

内露地/サンルーム

4-1-2 **外へ向き合う居場所をつくる境界**
→ 出窓を居場所に見立てる

32 外へ近づき 緑を楽しむアルコーブ

森のドールハウス

設計者：早草睦恵／セルスペース
建設地：長野県 | 竣工年：2011年

都会の喧騒から逃れ、緑を静かに楽しむためのささやかな場所としての別荘。自然を絵として眺める窓を見立て、さらにその窓にさまざまな機能をもたせている。日常の生活行為のなかでより自然を感じられるような装置としての出窓である。

人は自然が近くにあると手を伸ばしてそのものに触れたり、その空気感を味わったりしようとする。たとえば、緑があれば手を伸ばして触れようとしたり、水辺では流れてくる水に手を入れて水の冷たさを感じてみようとする。つまり身体を自然に近づけているのである。そんな本能的な行為を日常の生活行為と結びつけた建築的な装置となる出窓により、内部から外部へ解放された境界をつくり出している。

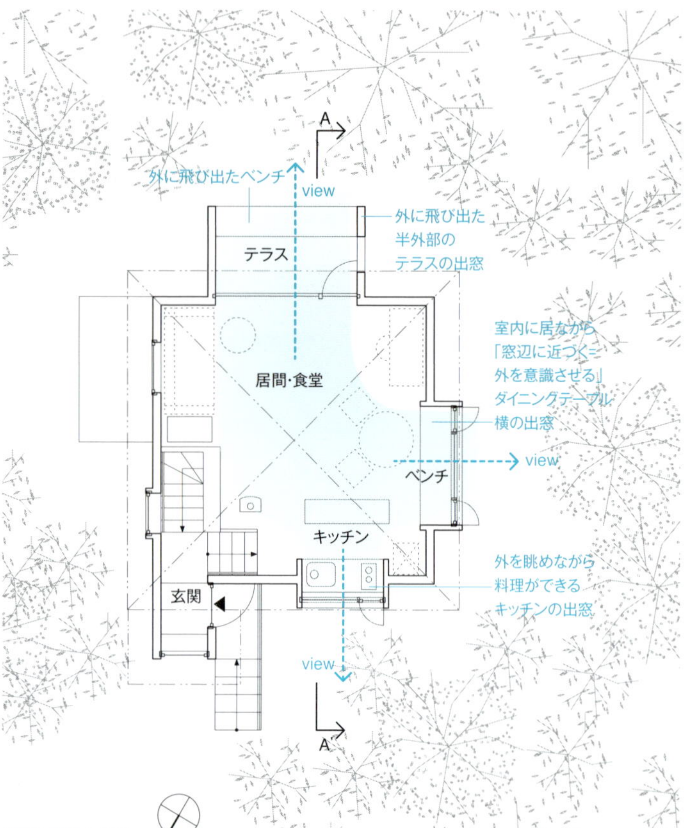

2階平面図 1:150

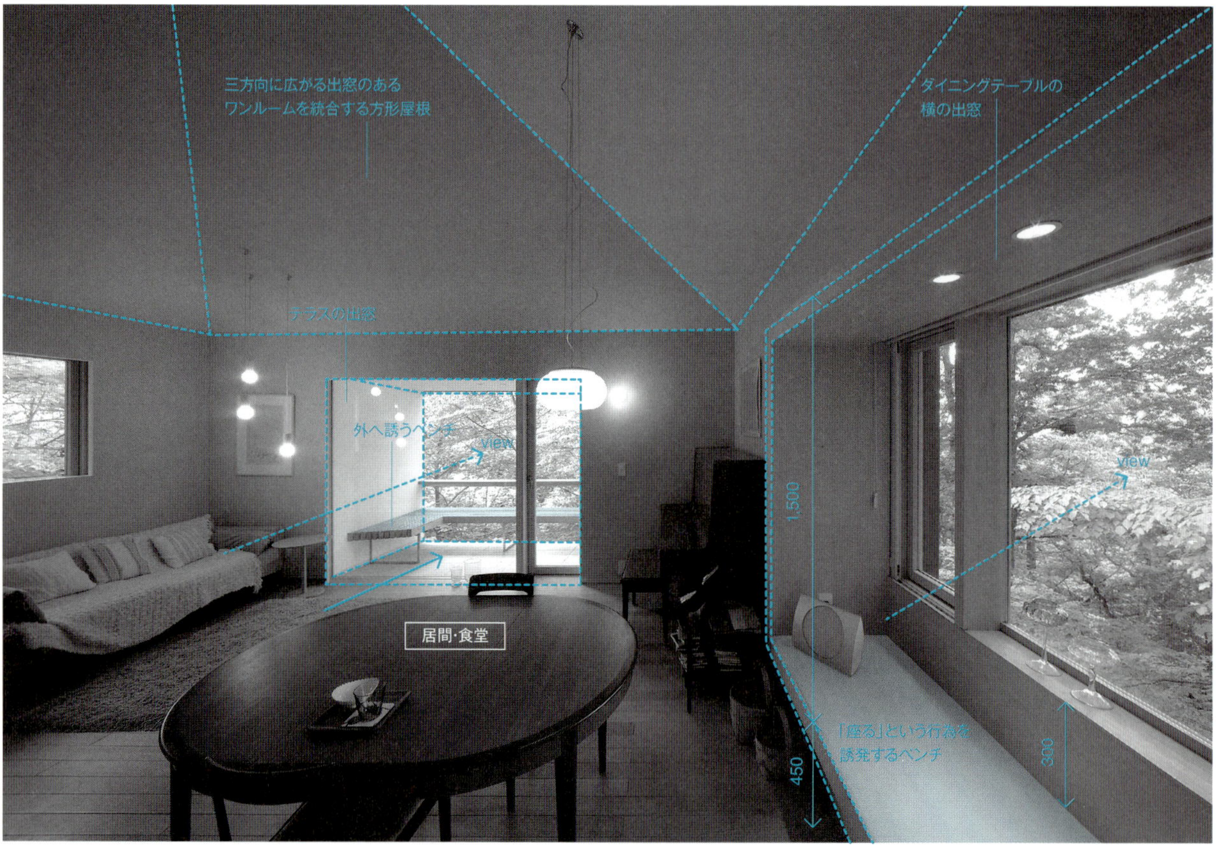

居間・食堂 食堂の出窓は、森の中に腰掛けているようである

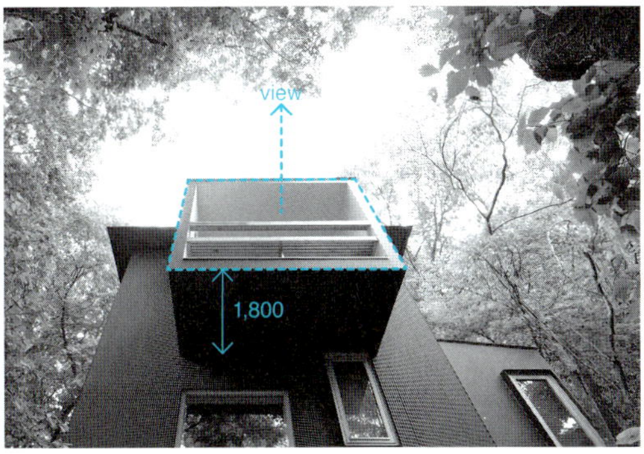

居間の出窓を外部から見る

森の中に飛び出た出窓。外に向かっていく冒険的な印象

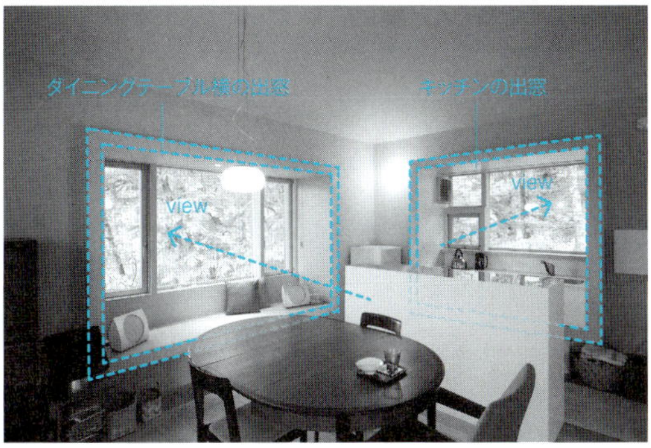

食堂の出窓とキッチンの出窓

出窓のフレームは額縁として外の風景を切り取る

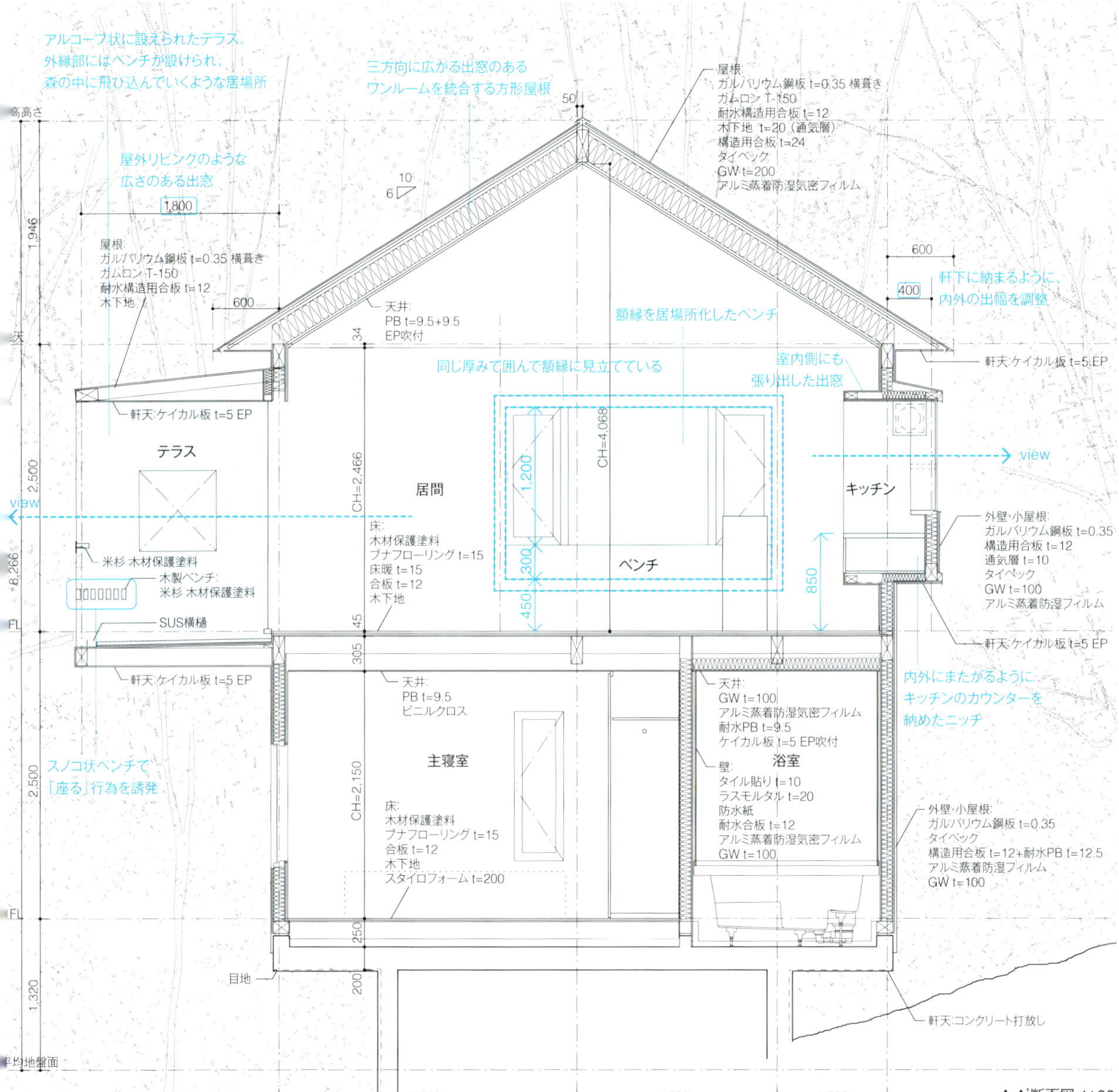

A-A'断面図 1:60

圧倒的な緑の中に建ち、その箱から飛び出た出窓。単に外を眺め、光を取り入れるという開口部としての役割を越え、日常生活の行為が自然の風景に溶け込む仕掛けである。それぞれ高さや大きさの異なる出窓は、さまざまな日常の行為に対応している。座る、食べる、つくるといった何気ない行為が窓辺で繰り広げられる。

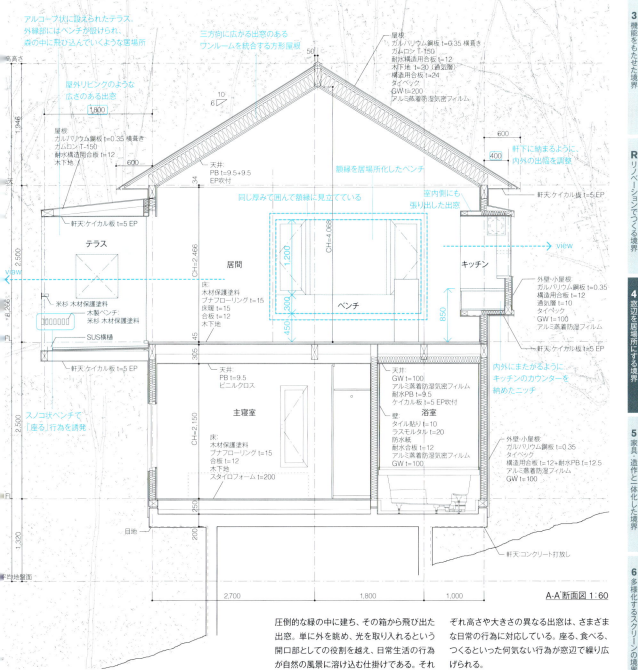

4-2-1 **階をまたいだ室同士をつなぐ境界**
→出窓を居場所に見立てる

33 庭に飛び出て緑に近づく腰掛窓

永山の家

設計者：丸山弾建築設計事務所
建設地：東京都多摩市｜竣工年：2013年

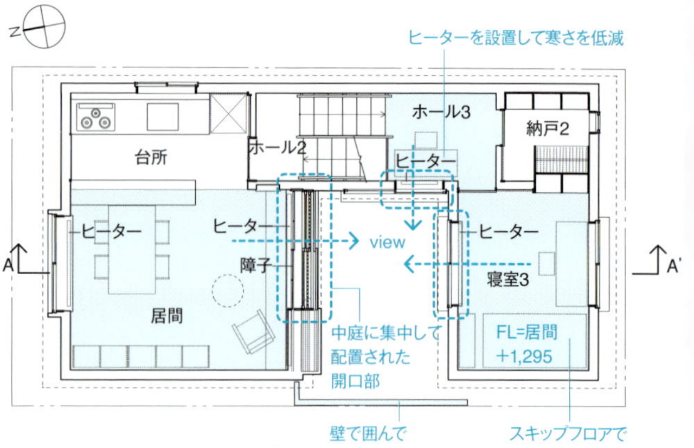

2階平面図 1:150

丘陵地という敷地条件を活かしたスキップフロアの構成。レベルの異なる開口部を中庭に集中させ、光と風を確保しながら立体的な空間のつながりにより気配をどこからでも感じることができる住宅である。居間の窓辺は、中庭から半階上がったレベルになり、庭の植栽の葉に手が届く高さである。この庭にさらに近づいて外部を引き込む装置として、ライトシェルフを兼ねた小庇を室内側にも延ばし、天井高3,000mmというやや高い窓際のスケール感を細分化している。縁側のような層の重なりをつくり、奥行きのある窓辺である。ガラス戸、網戸、雨戸は壁に引き込み、全面開放できる。腰掛けの下には足元ヒーターが設置され、冬でも寒くないように配慮されている。

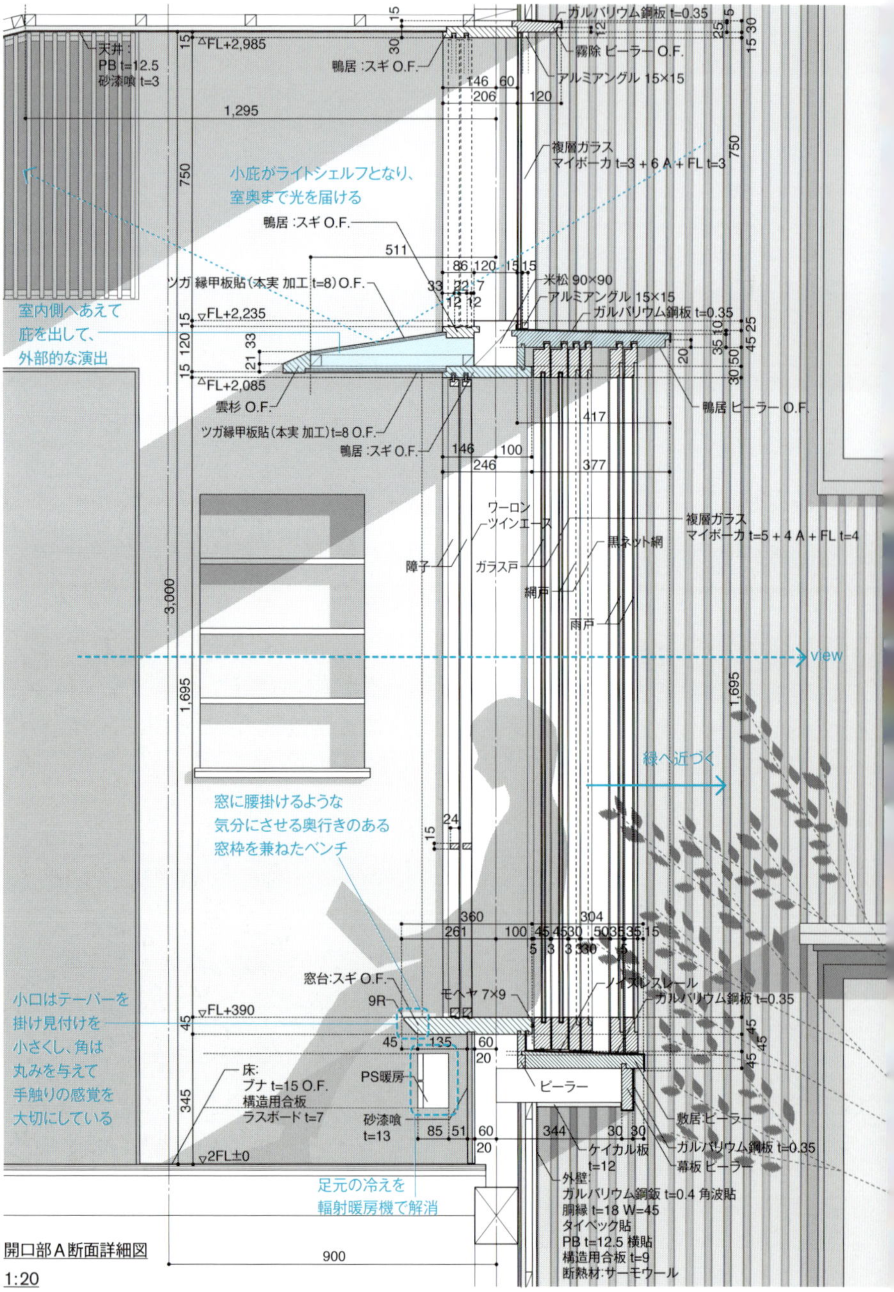

開口部A断面詳細図 1:20

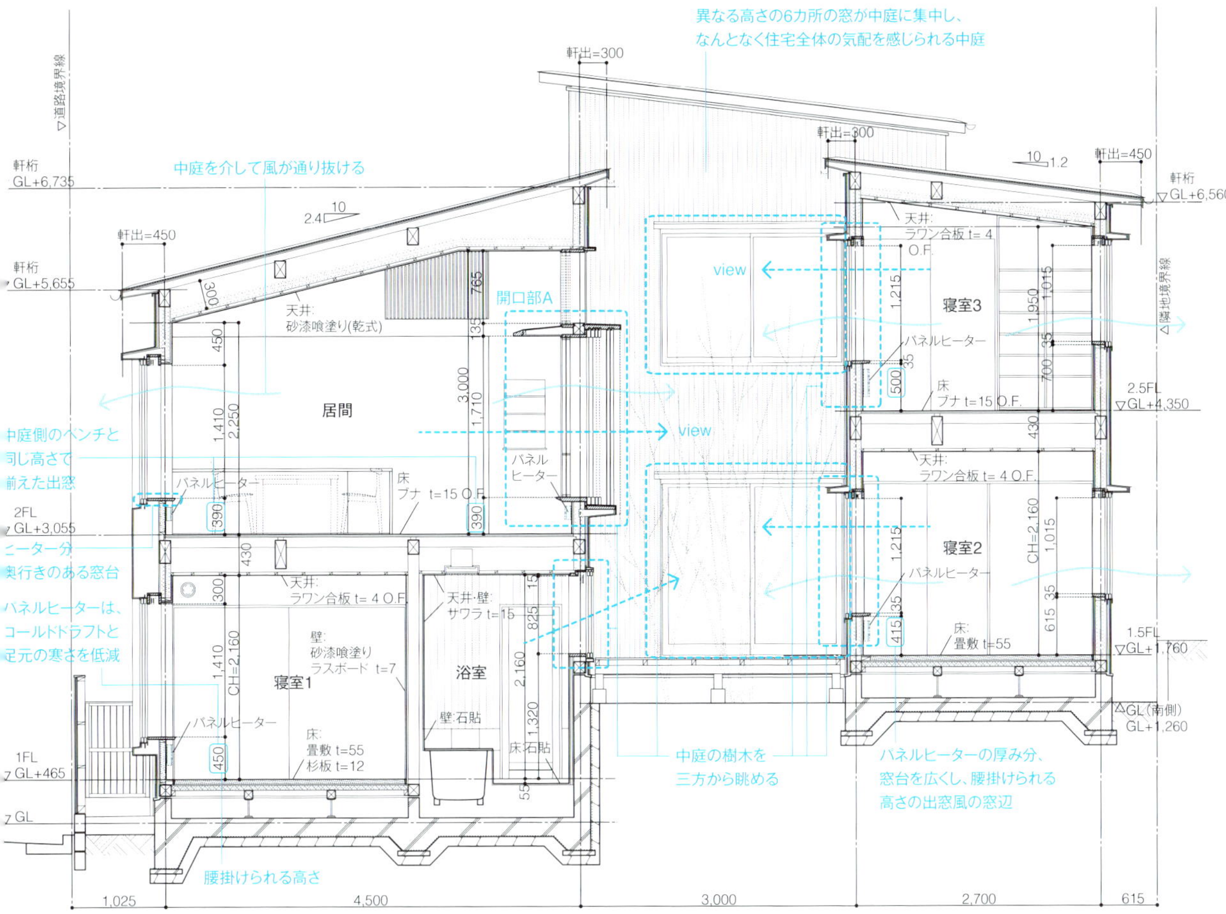

A-A'断面図 1:80

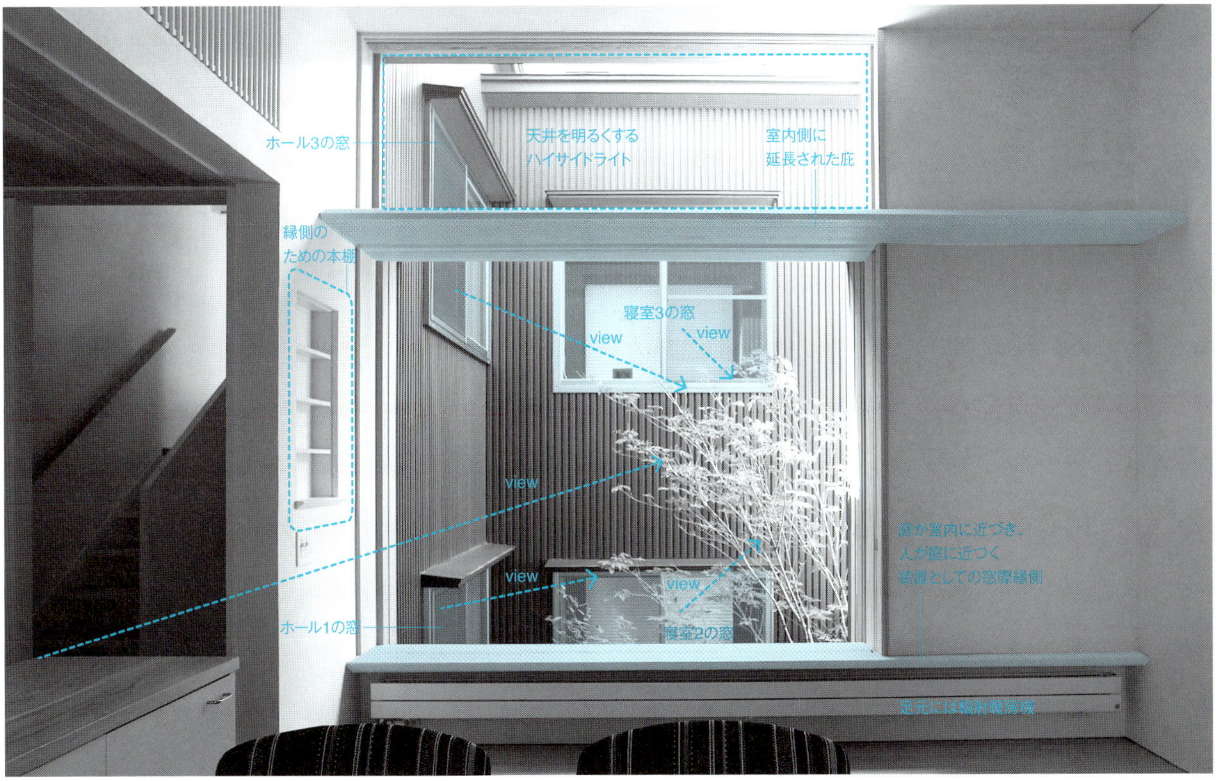

2階 居間 室内側に延長された小庇とベンチは中庭の風景を切り取る額縁でもあり、また人が窓辺に近づくような家具的な装置にもなっている

4-2-1　**階をまたいだ室同士をつなぐ境界**
→出窓を居場所に見立てる

34 吹抜けに飛び出たベンチで下の階とつながる

野沢の家

設計者：藤岡新／プラッツデザイン
建設地：東京都世田谷区｜竣工年：2004年

版画家のアトリエ付きの住宅。限られた敷地で最大限内部空間を確保し、水まわり以外は間仕切りのないほぼワンルーム空間である。1－2階に吹き抜けたアトリエと、2－中2階に吹き抜けたダイニングの重なる部分に設けられた吹抜けに飛び出したベンチは、そのつながりを強める役割を果たす。スチールプレートに支えられたキャンティレバー構造のスノコ状のベンチは、室内に設けられた縁側のようである。その縁側に対面する高さ4mを超える乳白色のフィルムが貼られたガラスの向こうには、風に揺れる植栽の動きが感じられる。

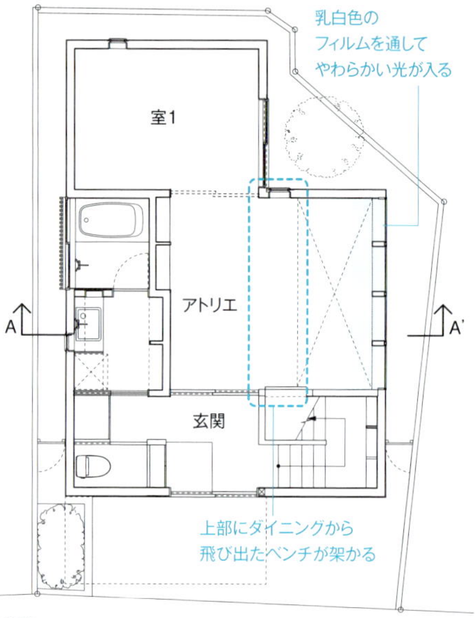

1階平面図 1:150

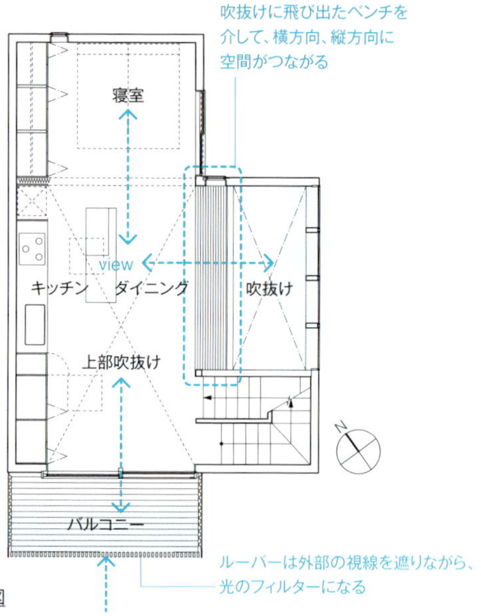

2階平面図

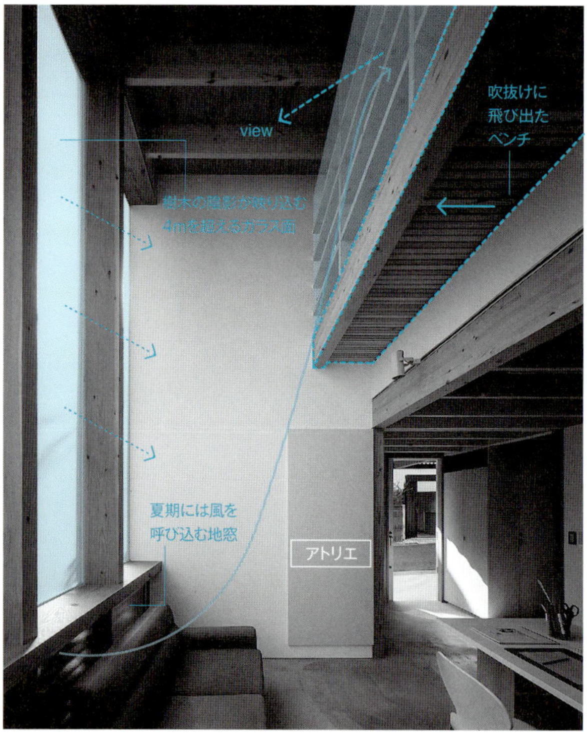

1階アトリエ
吹抜け上部に飛び出たベンチごしに1階アトリエを覗き込む

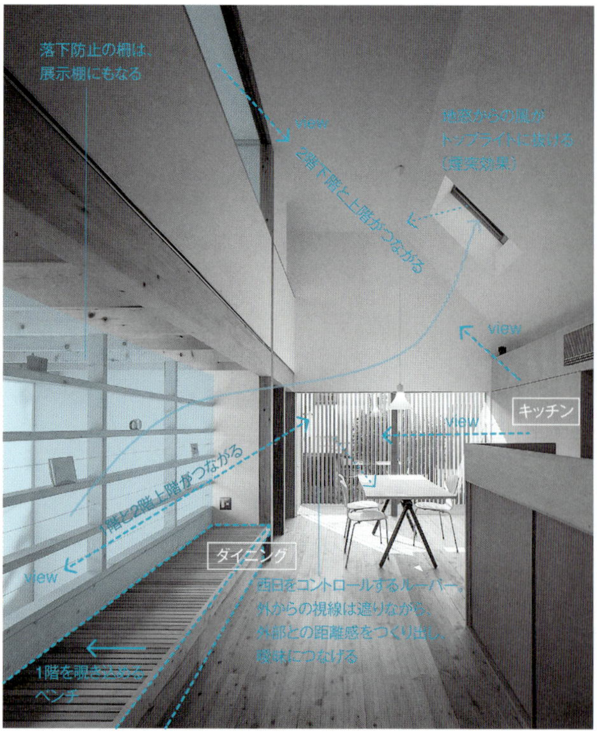

2階下階 ダイニングとキッチン 吹抜けに飛び出したベンチは1階と積極的な関わりをつくり、2階上階まで3層がゆるやかにつながる

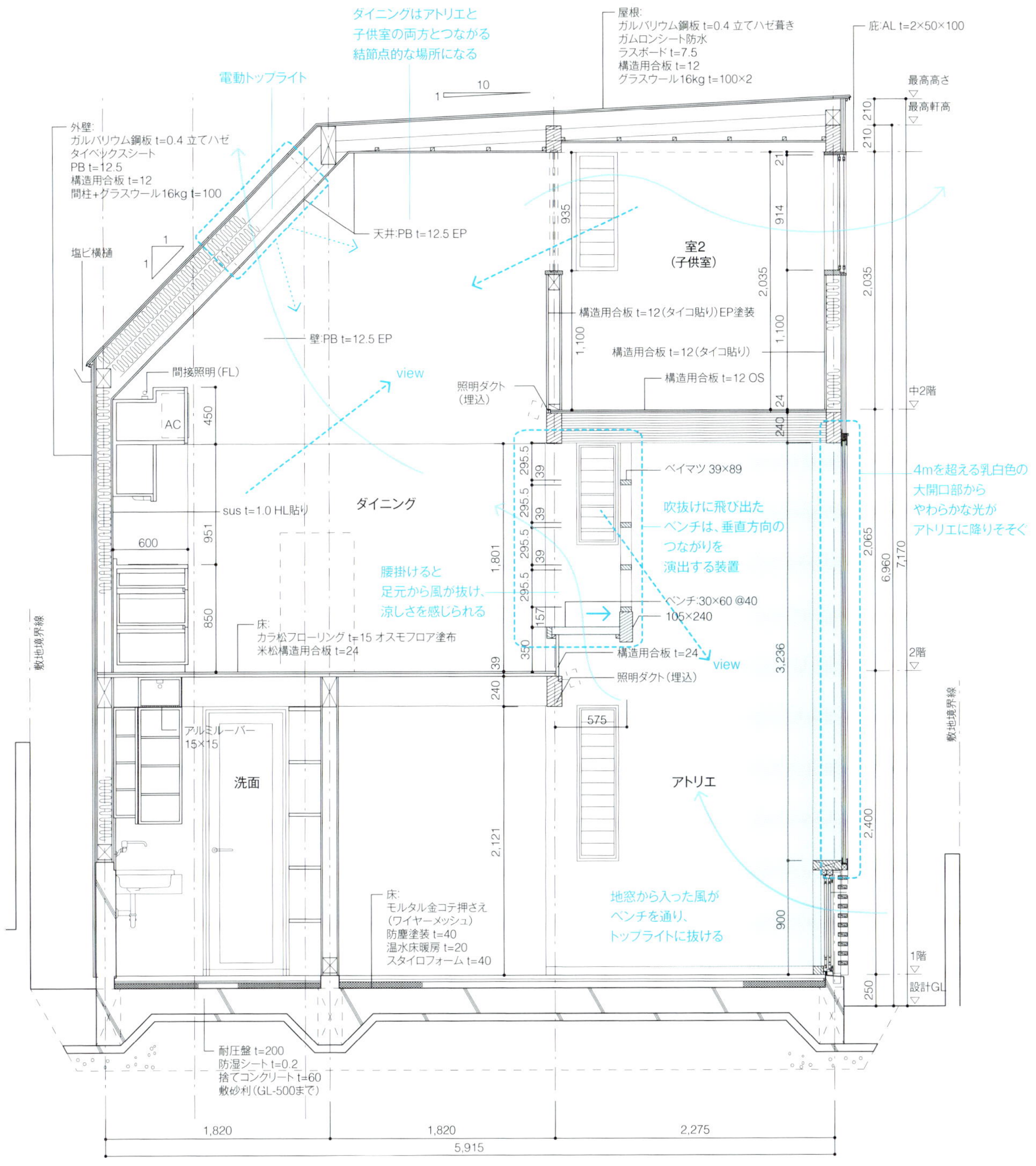

A-A'断面図 1:50

限られた敷地に最大限のボリュームを確保した断面構成。2つの大きな吹抜けを介して、3つのフロアがゆるやかにつながる。2階から飛び出したベンチは、スノコと落下防止を兼ねた素通しの棚でつくられているため、視線や空気の流れを遮らず、上下階を積極的につなぐ役割を果たす。夏期には1階の地窓を開けると、そこから入った空気が煙突効果で上昇し、心地よい風となってスノコ状のベンチを通り、熱い空気がトップライトや子供室の窓から抜ける。

5-1-1 **家具の厚みでつくる境界**
→ 外部との距離感を保つ

35 室を巻き込む うねる家具の壁

s house

設計者：松野勉＋相澤久美／ライフアンドシェルター社＋池田昌弘／MIAS

建設地：長野県茅野市｜竣工年：2001年

標高1,200mのゆるやかな斜面に赤松が林立する別荘地に建つ。冬は零下、夏は30℃を超える外気温の変動が大きい。望まない時期には外を分断し、好ましい時期には外と連続した状態にするために、厚みが変化する壁をうねらせることで解決が図られている。うねる壁は厚みを変え、その厚みの変化は時に収納になり、階段になり、水まわりとなり、通路となる変幻自在な壁である。住むために必要な機能がほとんどこの1枚の厚い壁に梱包されている。1枚の連続する厚い壁は、居間を抱き込み、寝室を包み込み、エントランスを開放する。厚い壁に囲まれた空間は、安心感と開放感を内包する。2枚の壁で構成される「帯」部に、耐力壁を集中させ、その一方で開放する部分は思い切り開放する。うねる壁は構造的な課題にも同時に解答している。

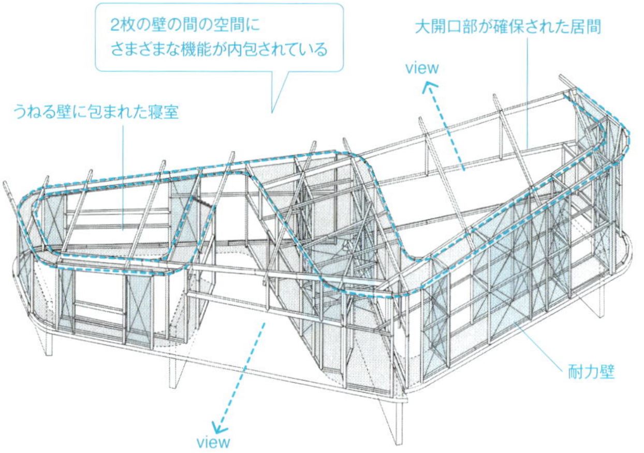
2枚の壁の間の空間に
さまざまな機能が内包されている
大開口部が確保された居間
view
うねる壁に包まれた寝室
耐力壁
view

アイソメトリック
水平力の負担は厚い壁を構成する2枚の壁でつくられる「帯」部に集中して配置され、居間とエントランスデッキの大開口を確保している

家具の内包された壁、
やわらかくカーブして、
居間を包み込んでいる
家具の間から限定された視界で
自然を切り取って見せる
圧倒的な自然を
感じられる大開口部
view
view
view
キッチン
廊下
収納
居間

居間 奥行きの異なる穴が穿たれた家具的な機能が含まれた壁で囲まれた居間。一方は自然の風景に開放されている

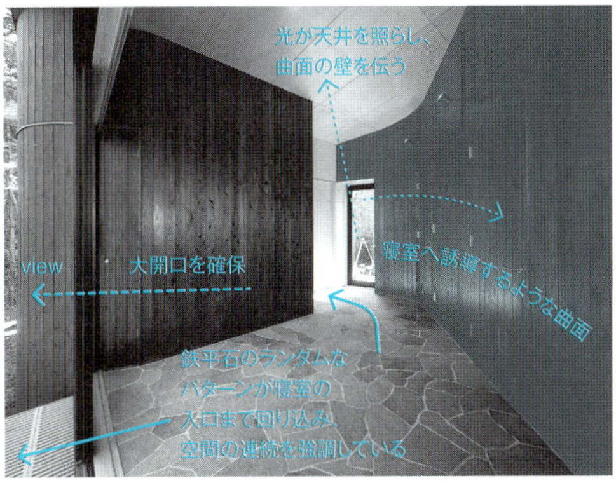

エントランスデッキ

外部へ開かれた半外部空間のエントランスデッキ。
床は鉄平石が貼られ、外部との連続性を演出している

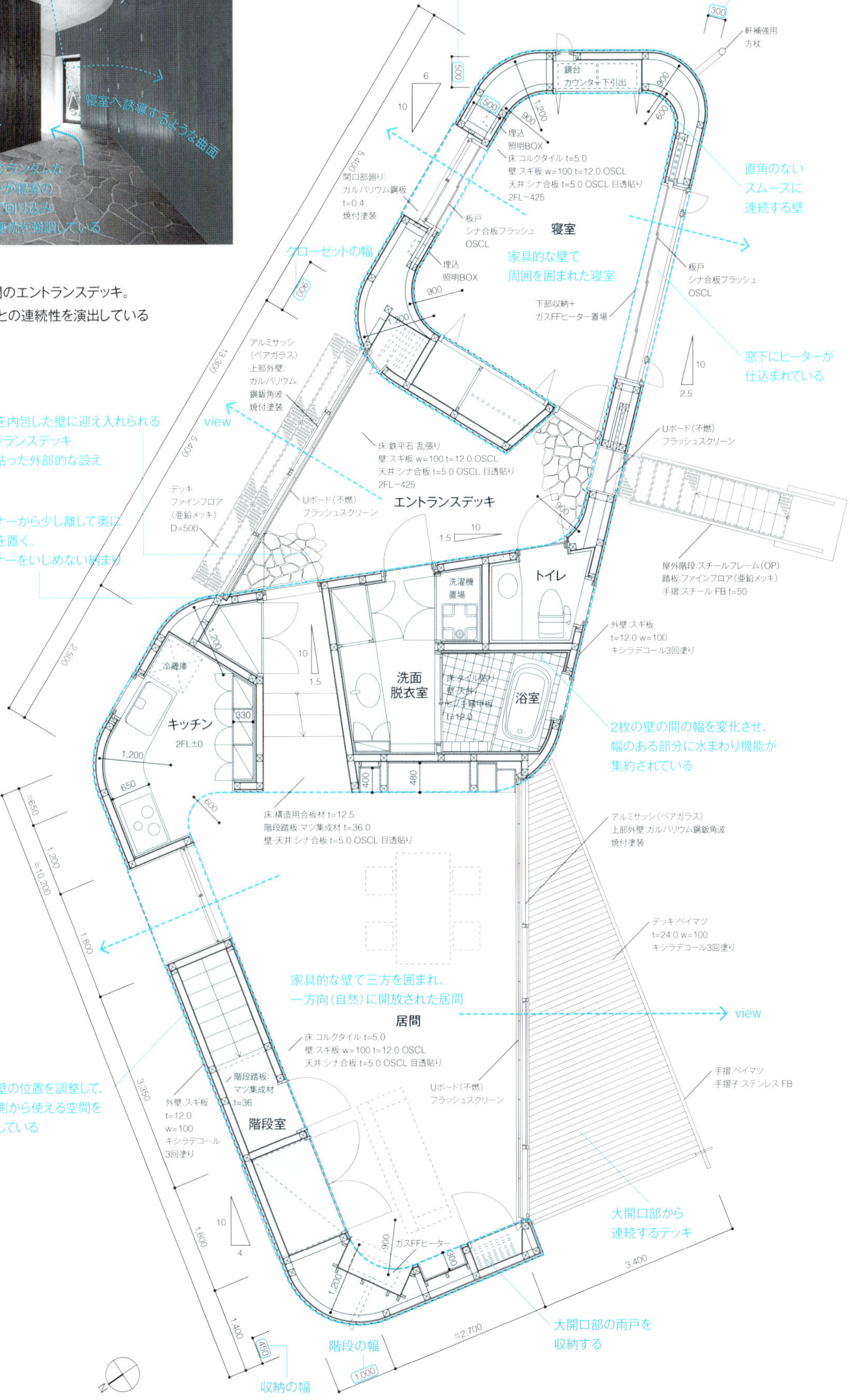

2階平面図 1:100

5-1-1 **家具の厚みでつくる境界**
→ 外部との距離感を保つ

36 奥行きをつくり 距離感を演出する家具の壁

Blanks

設計者：稲垣淳哉+佐野哲史+永井拓生+堀英祐/Eureka
建設地：茨城県つくば市｜竣工年：2010年

事務所兼用だった3階建ての建物を専用住宅へ改修。2階の壁を撤去し、ワンルーム化して開放した事例。敷地の北側は隣家が近接するため、室内側に既存の壁から250mm離して壁を設けることで、

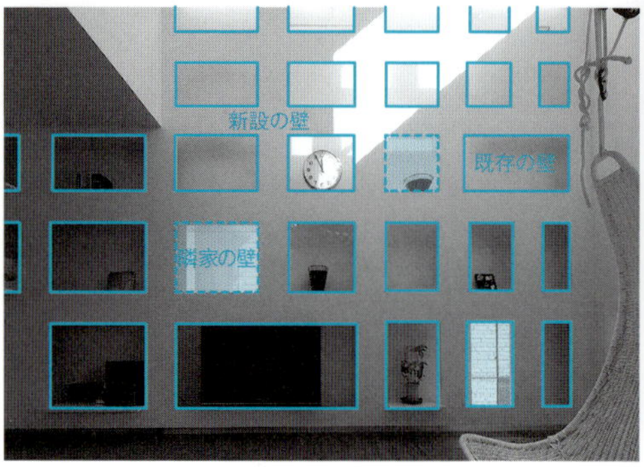

居間兼食堂の新設された壁を見る
室内側に外壁から250mmセットバックして内壁をつくる。北側隣家との隙間の余白と、室内側の余白が重なり合い、異なる奥行きの視線をつくり出している

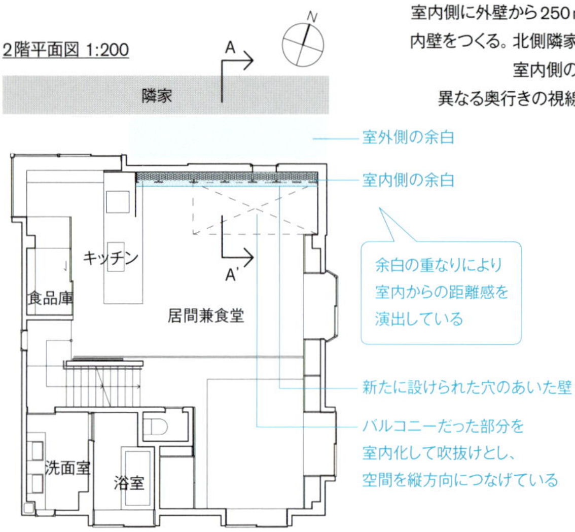

2階平面図 1:200

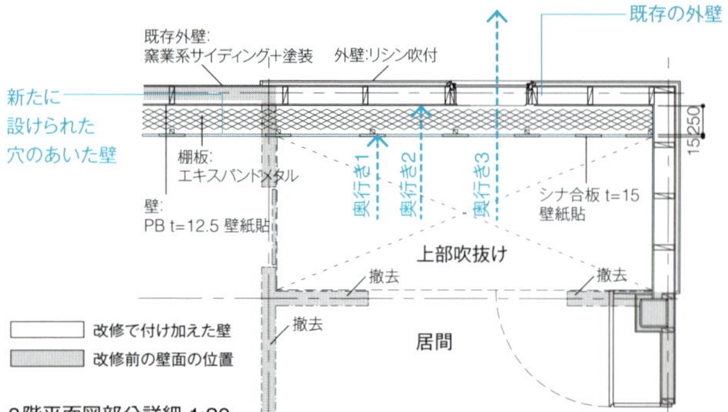

2階平面図部分詳細 1:80

5-1-2 **家具の厚みでつくる境界**
→ 室同士のつながりを演出する

37 室を挟む構造を兼ねた 本棚の列柱

U&U HOUSE

設計者：塚田眞樹子建築設計
建設地：東京都練馬区｜竣工年：2000年

本棚を構造体として並べ、両側の間口は開放した住宅。本棚の外側には通過動線を兼ねたバッファーゾーンがあり、反復する本棚の間に仕込まれた建具を開閉することで、もう1枚外側の壁に視線が広がる。建具をすべて開けると、本棚の厚い壁は、列柱のようにも見え、その隣の空間とのつながりを自然に感じさせ、単なる壁以上の存在感である。

本棚詳細図 1:20

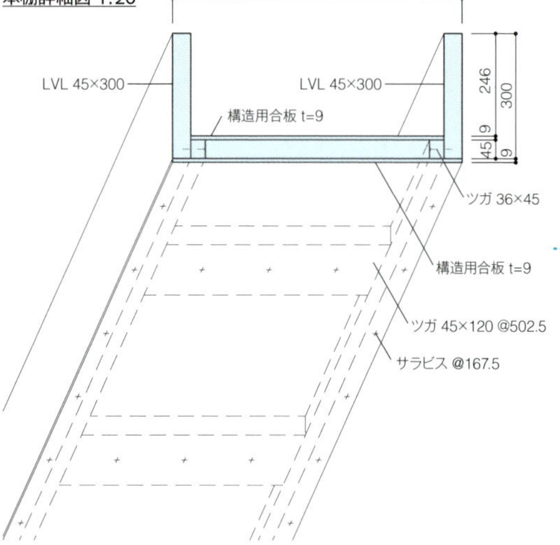
720

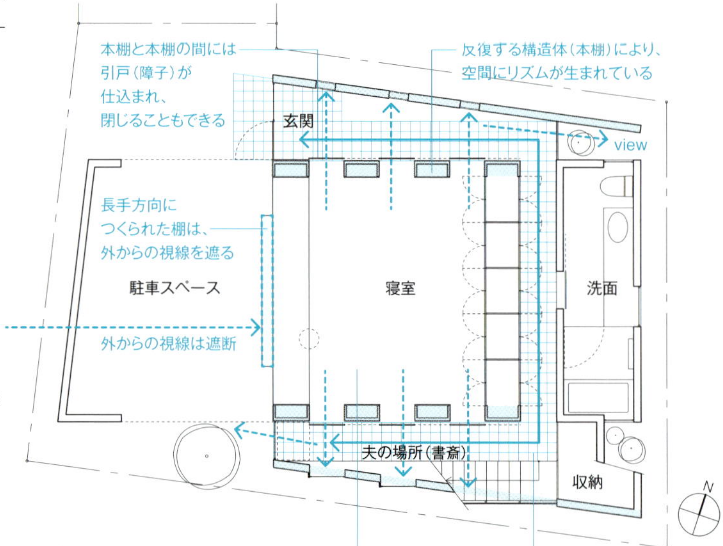
寝室から書斎と玄関の壁まで
空間的な広がりを感じる
寝室のまわりを囲む動線ゾーン

1階平面図
1:150

隣家との距離感を演出している。新設した壁には外壁の開口部より小さな開口を多数あけ、既存の外壁と室内側に生じる余白で屋外からの光をバウンスさせ、間接光によりやわらかく室内を明るくする。他の開口は飾り棚にもなっている。

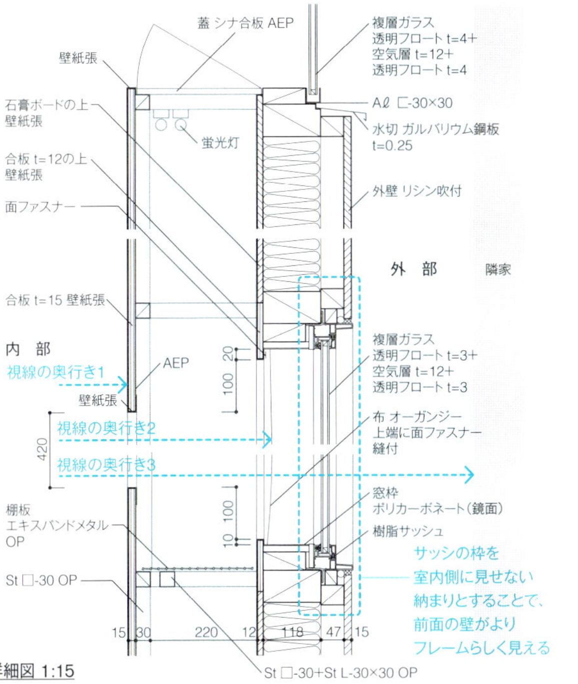

棚板詳細図 1:15

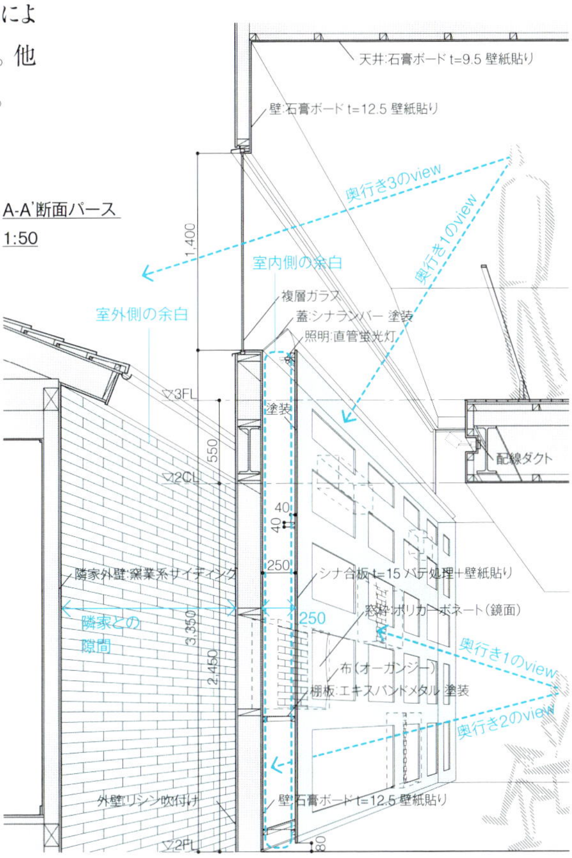

A-A'断面パース
1:50

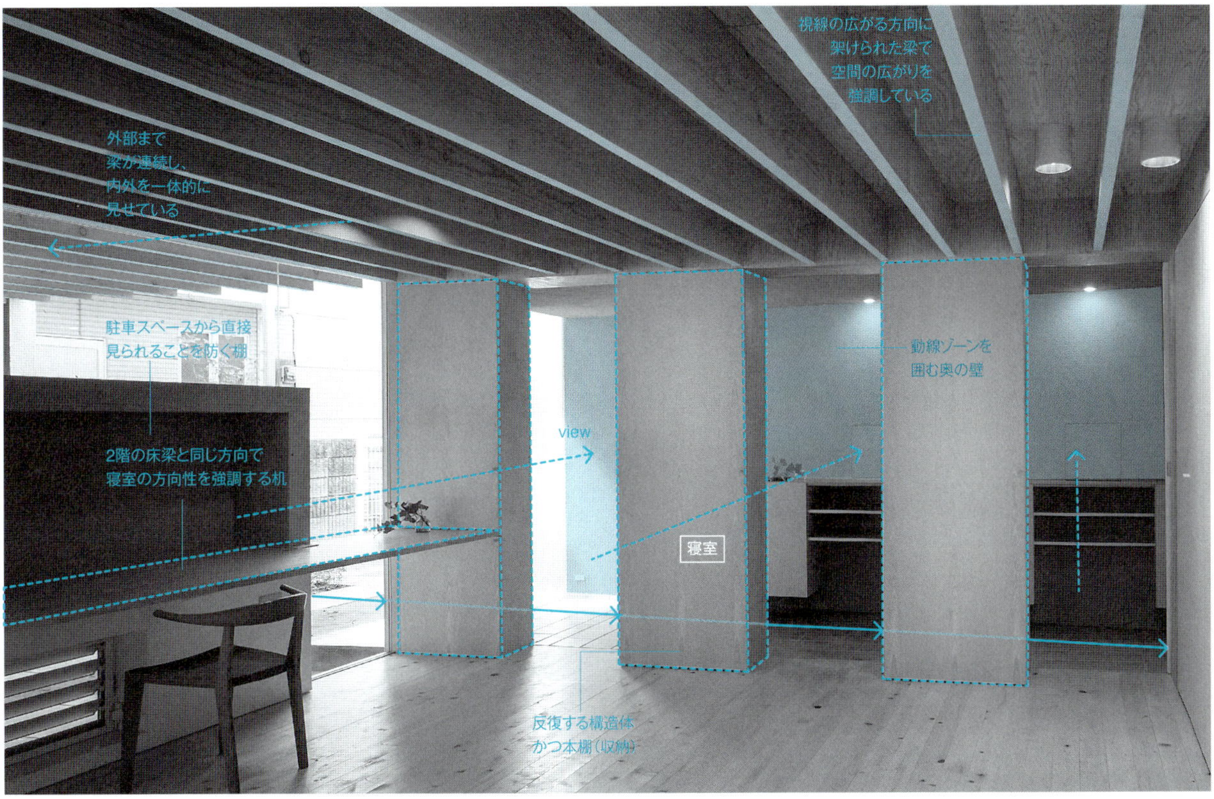

寝室から玄関方向を見る

反復する本棚の壁の向こうに、通過空間である玄関が広がる。建具を開けると、列柱のような厚みのある壁の存在が際立ち、視線は外側の壁まで広がる

5-1-2 **家具の厚みでつくる境界**
→ 室同士のつながりを演出する

38 光を分散させる多孔質の家具の壁

白い箱の家

設計者：高安重一＋添田直輝／建築研究室 高安重一事務所
建設地：東京都板橋区｜竣工年：2002年

コンパクトな2階建の白い「箱」に、天空光を取り込むことのできる「Light Converter（自然光変換装置）」を挿入した住宅。太陽の光は「Light Converter」で反射され、室内の奥まで取り込まれている。この光を変換する装置には、住まいに必要な機能が埋め込まれ、リビング・ダイニングと階段をつないだり区切ったりする境界的な役割も果たす。人と光をやわらかくつなぎ、適度に分散させる白い「箱」の中の「白い箱」である。

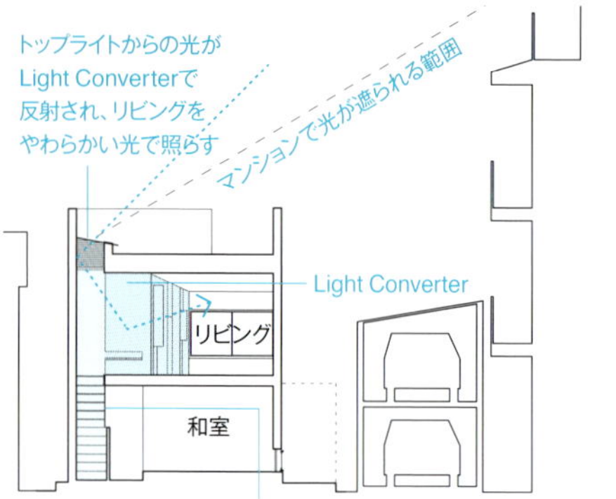
トップライトからの光が
Light Converterで
反射され、リビングを
やわらかい光で照らす
マンションで光が遮られる範囲
Light Converter
リビング
和室
壁に反射した光が1階の和室にまで届く

A-A'断面図 1:250

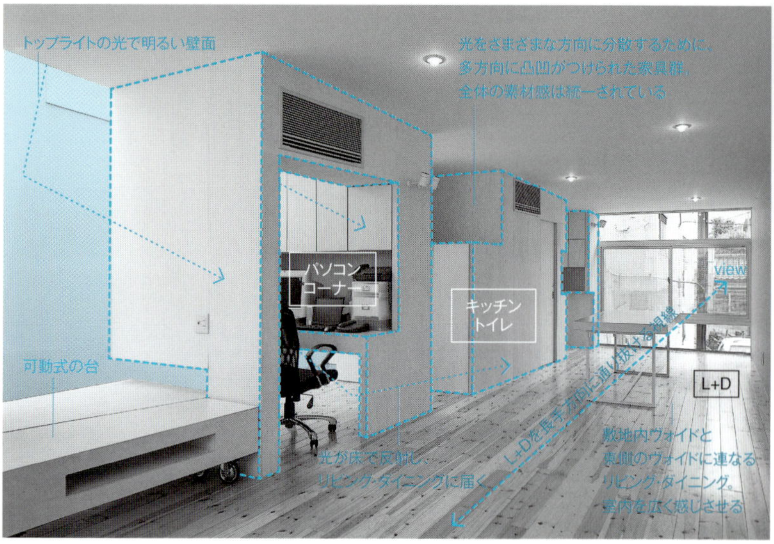
トップライトの光で明るい壁面
光をさまざまな方向に分散するために、
多方向に凸凹がつけられた家具群。
全体の素材感は統一されている
パソコン
コーナー
キッチン
トイレ
view
L+Dを長手方向に通り抜ける視線
L+D
可動式の台
光が床で反射し、
リビング・ダイニングに届く
敷地内ヴォイドと
東側のヴォイドに連なる
リビング・ダイニング。
室内を広く感じさせる

右：2階 L＋D Light Converterには水まわりなどの機能が配され、トップライトから入ってきた光が壁に反射され、各機能の配されたボックスの隙間からリビング・ダイニングに分散されている

5-2-1 **家具の島でつくる境界**
→ 室同士のつながりを演出する

39 ワンルームに回遊性を生む島状の家具群

HOUSE YK/Islands

設計者：赤松佳珠子／CAt
建設地：千葉県千葉市｜竣工年：2005年

間口4m、奥行き40mという細長い敷地に建つ住宅である。長手方向の壁は62mmという薄い壁をずらして構成している。また柱脚を剛接合した木造軸組工法をラーメン構造ととらえ、間口方向には壁のない細長い空間である。その中に、人がとどまるきっかけとなるような機能のある箱（しま／Island）を長さに沿って配置する。日常の行為は「しま」のまわりで繰り返され、人は「しま」のまわりを自由に回遊する。細長い空間は家具の「しま」で仕切られるが、視覚的な広がりは確保され、狭さを感じさせない。

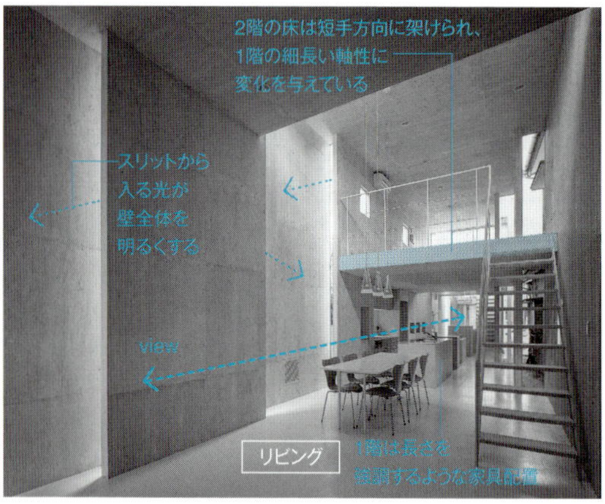
2階の床は短手方向に架けられ、
1階の細長い軸性に
変化を与えている
スリットから
入る光が
壁全体を
明るくする
view
リビング
1階は長さを
強調するような家具配置

1階 リビングからエントランス方向を見る
2階の床は短辺方向に架けられ、
島（家具）のある川に架けられた橋のようである

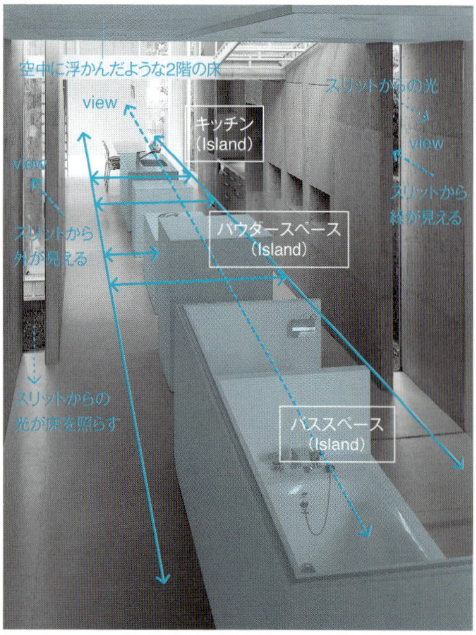
空中に浮かんだような2階の床
スリットからの光
view
キッチン
(Island)
view
view
スリットから
緑が見える
スリットから
外が見える
パウダースペース
(Island)
スリットからの
光が床を照らす
バススペース
(Island)

1階バススペースからリビング方向を見る
1階は家具により動線に回遊性が生じているが、家具の高さが低いため、視線は遮られることはない

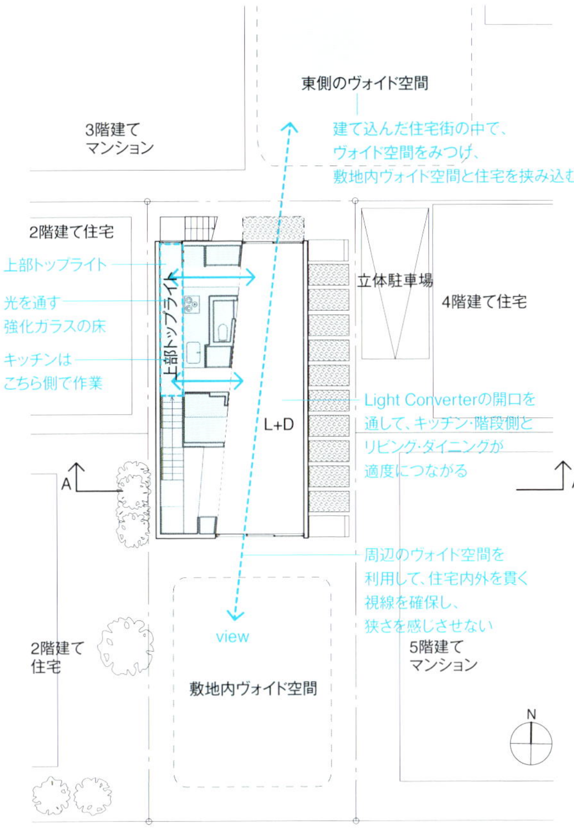
東側のヴォイド空間
3階建て
マンション
建て込んだ住宅街の中で、
ヴォイド空間をみつけ、
敷地内ヴォイド空間と住宅を挟み込む
2階建て住宅
上部トップライト
光を通す
強化ガラスの床
キッチンは
こちら側で作業
上部トップライト
立体駐車場
4階建て住宅
L+D
Light Converterの開口を
通して、キッチン・階段側と
リビング・ダイニングが
適度につながる
A
A'
周辺のヴォイド空間を
利用して、住宅内外を貫く
視線を確保し、
狭さを感じさせない
view
2階建て
住宅
5階建て
マンション
敷地内ヴォイド空間
N
前面道路
2階平面図 1:250

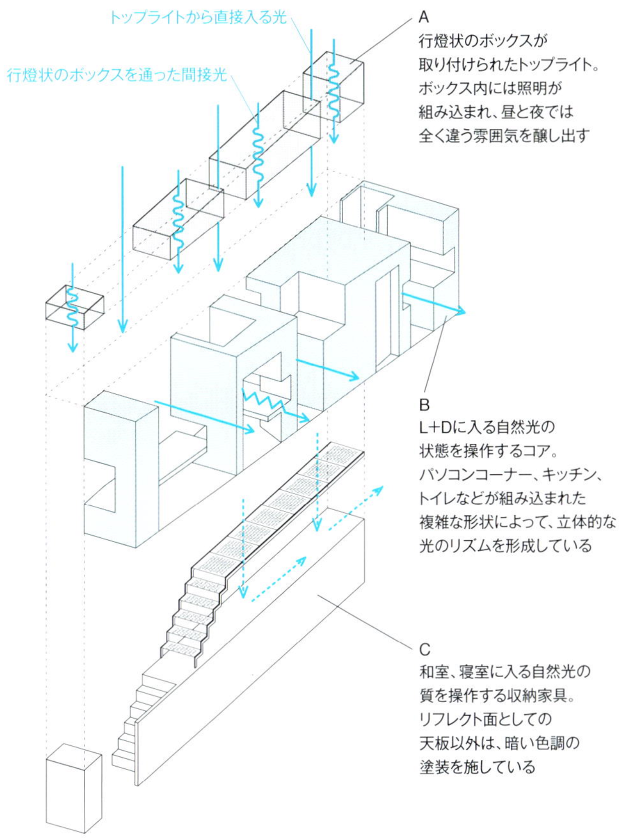
トップライトから直接入る光
行燈状のボックスを通った間接光
A
行燈状のボックスが
取り付けられたトップライト。
ボックス内には照明が
組み込まれ、昼と夜では
全く違う雰囲気を醸し出す
B
L+Dに入る自然光の
状態を操作するコア。
パソコンコーナー、キッチン、
トイレなどが組み込まれた
複雑な形状によって、立体的な
光のリズムを形成している
C
和室、寝室に入る自然光の
質を操作する収納家具。
リフレクト面としての
天板以外は、暗い色調の
塗装を施している
Light Converter概念図

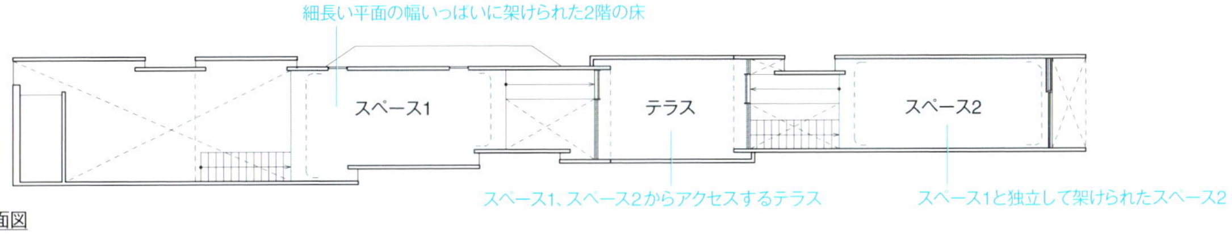
細長い平面の幅いっぱいに架けられた2階の床
スペース1
テラス
スペース2
スペース1、スペース2からアクセスするテラス
スペース1と独立して架けられたスペース2
2階平面図

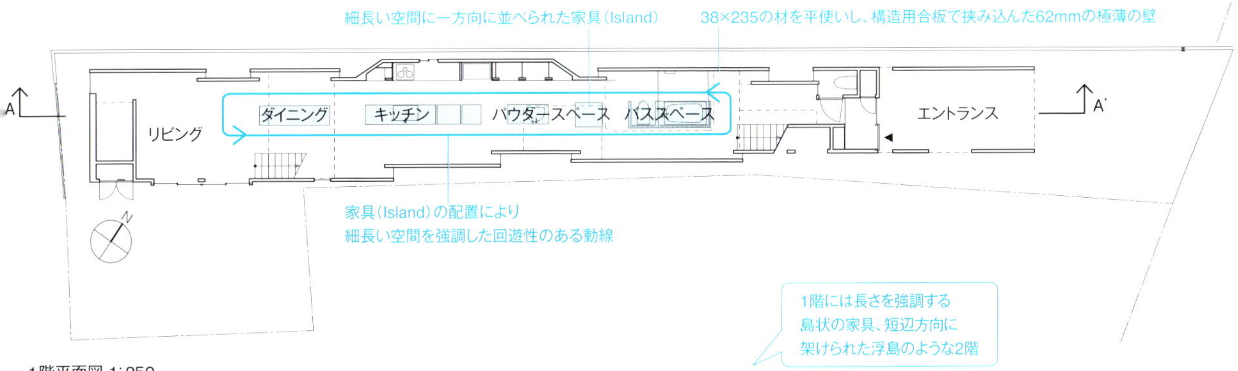
細長い空間に一方向に並べられた家具（Island）
38×235の材を平使いし、構造用合板で挟み込んだ62mmの極薄の壁
A
リビング
ダイニング
キッチン
パウダースペース
バススペース
エントランス
A'
N
家具（Island）の配置により
細長い空間を強調した回遊性のある動線
1階には長さを強調する
島状の家具、短辺方向に
架けられた浮島のような2階
1階平面図 1:250

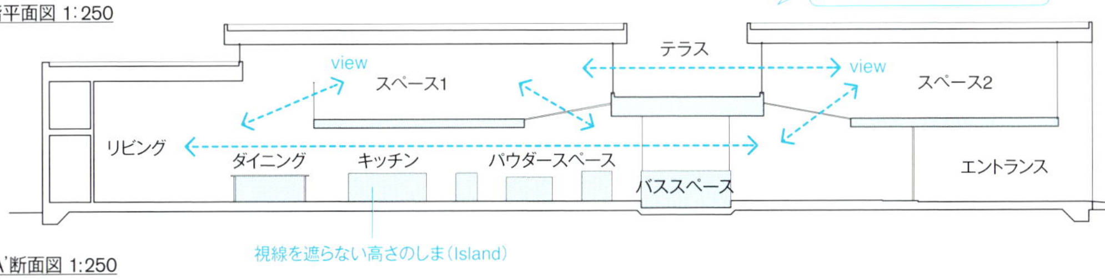
テラス
view
スペース1
view
スペース2
リビング
ダイニング
キッチン
パウダースペース
バススペース
エントランス
視線を遮らない高さのしま（Island）
A-A'断面図 1:250

6-1-1 **外部との距離感をコントロールする境界**
→ハイブリッドな機能を盛り込む

40 光を拡散させる構造を兼ねたパンチングメタル

スケルトン・ウォール

設計者：濱田修／濱田修建築研究所＋大野博史／オーノJAPAN
建設地：富山県富山市｜竣工年：2008年

将来店舗として自己主張できる住宅となるべく、パンチングメタル、ウレタンペフと中空ポリカーボネイトの断熱層、ガラスを重ねて印象的かつ簡易なダブルスキンのファサードをつくっている。パンチングメタルは構造的に筋かいと同じ耐力が出るように、穴の大きさと配置を決めている。2種類の開口率のパンチングメタルは道路側からの視線を制御しつつ、穴を通った光が室内をやわらかく照らしている。

2種類の開口率のパンチングメタル。夜間には全体から光をやわらかく放つ

外観 パンチングメタルの均整のとれたファサード

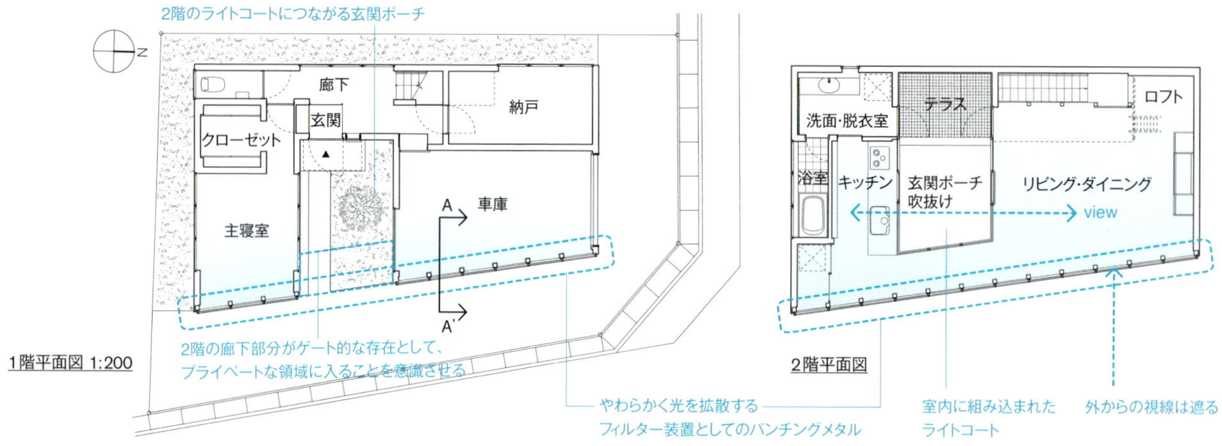

6-1-1 **外部との距離感をコントロールする境界**
→ハイブリッドな機能を盛り込む

41 断熱と光の透過をあわせもつ外壁

六日町の家

設計者：奥野公章／奥野公章建築設計室＋我伊野威之／我伊野構造設計室
建設地：新潟県南魚沼市｜竣工年：2008年

積雪が多く一年の半分近くを雪に囲まれる地域ではあるが、内向きでも明るくのびのびとした空間である。個室の入る3つの棟と街路のようなインナーコートで構成されている。インナーコートは2層吹抜けで、断熱性能のある「光壁」を通したやわらかい光が家族の集まる場所を照らす。光壁は、温室サッシ、天然ウールと気密シートをポリカーボネイト板でサンドイッチした木枠の障子である。

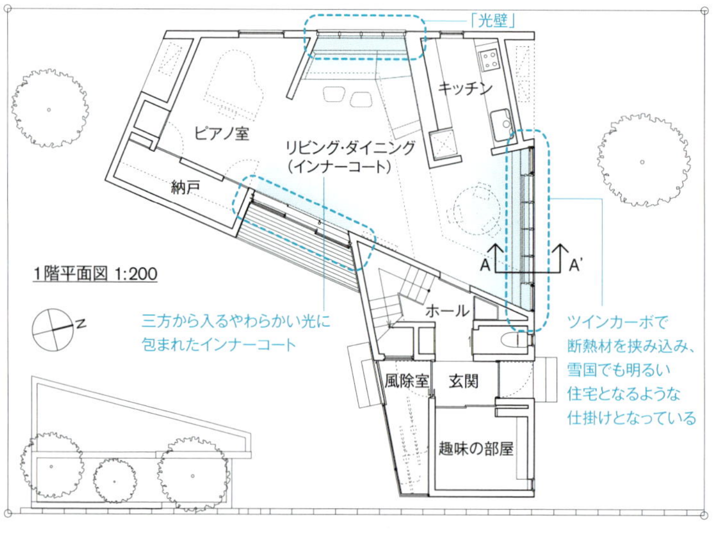

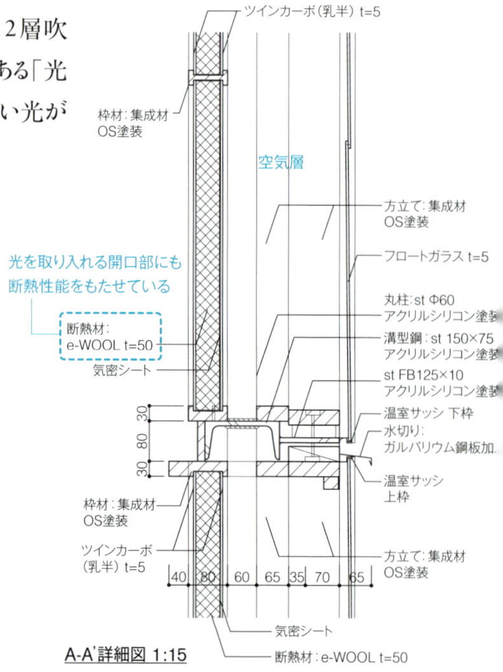

A-A'詳細図 1:15

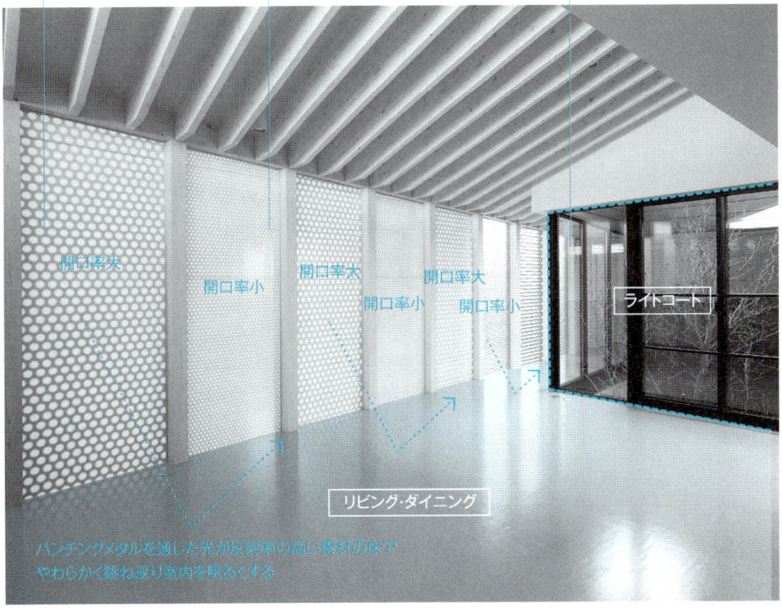

リビング・ダイニング

構造的に計算された穴の大きさの異なるパンチングメタルの壁を通した
やわらかい光が室内に入り込む。
夜は室内の光が外へ漏れ、行燈のように周囲を照らす

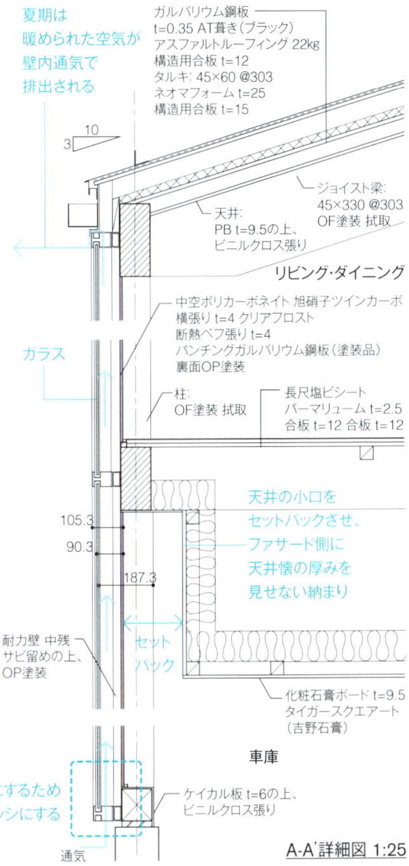

A-A'詳細図 1:25

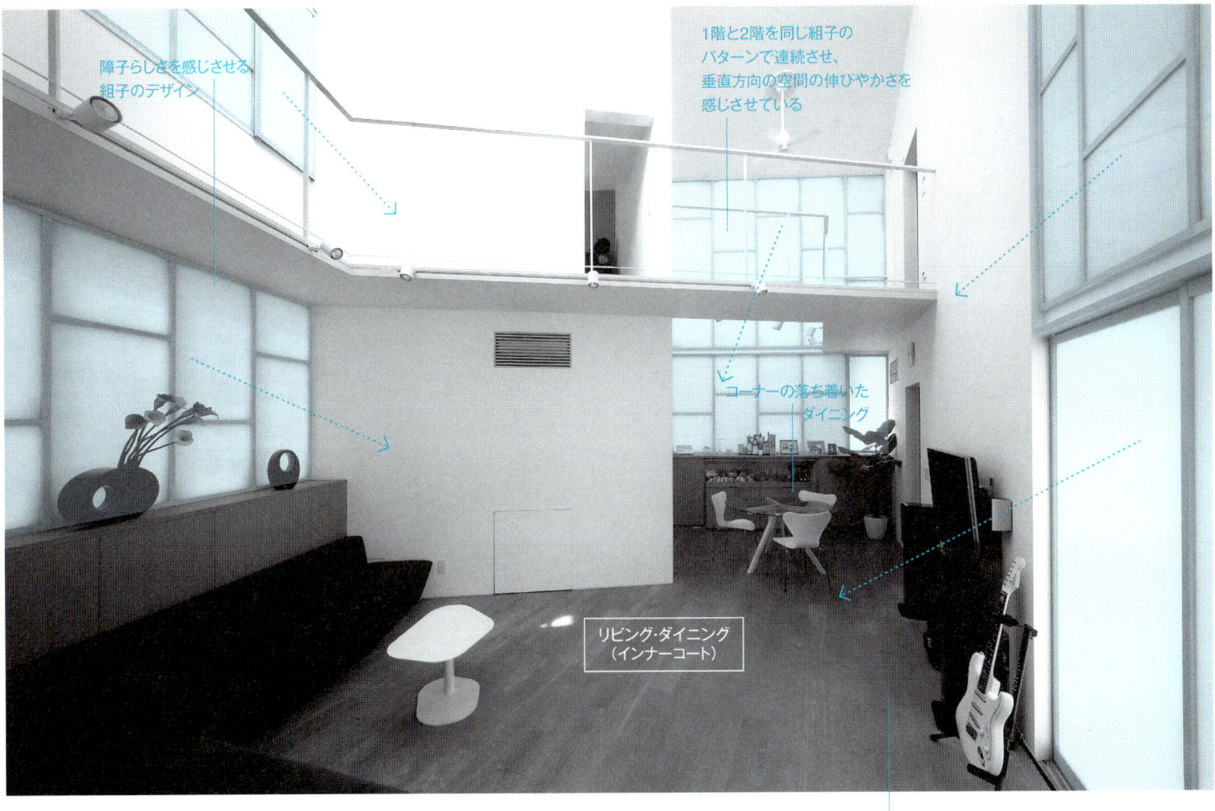

インナーコート

2層吹抜けの家族が集まる広場のような空間。三方向から入ってくるやわらかい光が室内を包み込む

6-1-1 **外部との距離感をコントロールする境界**
→ ハイブリッドな機能を盛り込む

42 高性能で多機能な60枚の鉄板スラット

ナチュラルスラット

設計者：遠藤政樹／EDH遠藤設計室＋池田昌弘／MIAS
建設地：東京都武蔵野市｜竣工年：2002年

東京郊外の分譲地の一画に建つ、60枚の縦型のスラット(=羽根板)を45°開きながら9m×9mを囲んだ住宅である。スラットは25mm角のスチール柱に断熱パネルを取り付けている。45°開いたスラットは構造と

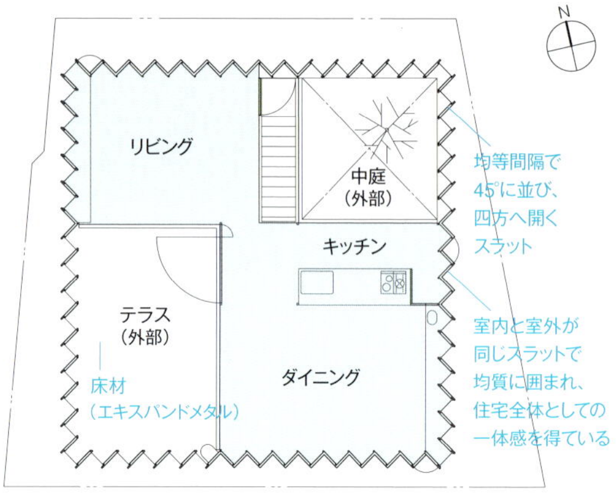

2階平面図 1:200

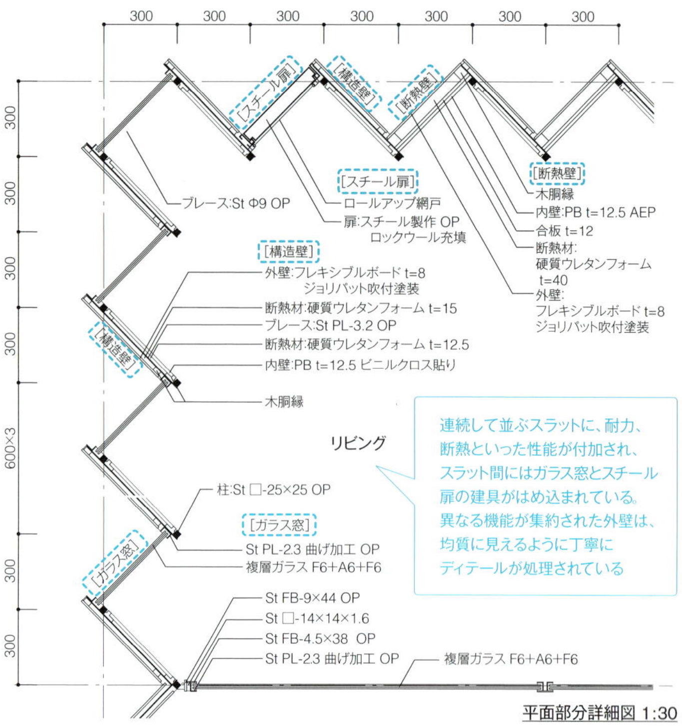

平面部分詳細図 1:30

6-1-2 **外部との距離感をコントロールする境界**
→ 境界の位置を動かす

43 視線と光を選択する足場板の可動ルーバー

富ヶ谷の住宅

設計者：井上洋介建築研究所
建設地：東京都渋谷区｜竣工年：2014年

都心の住宅街に建つ仕事場兼住宅である。近隣には商店街もあり、周囲には中規模のマンションも建ち並ぶ。階高の異なる4枚の床の両側に隣地や道路とのバッファーゾーンを設け、道路側には可動の木製建具を設えてある。この可動建具を開いたり閉じたりすることで、住宅の都市への開き方、視線や日射、通風のコントロールが可能になっている。

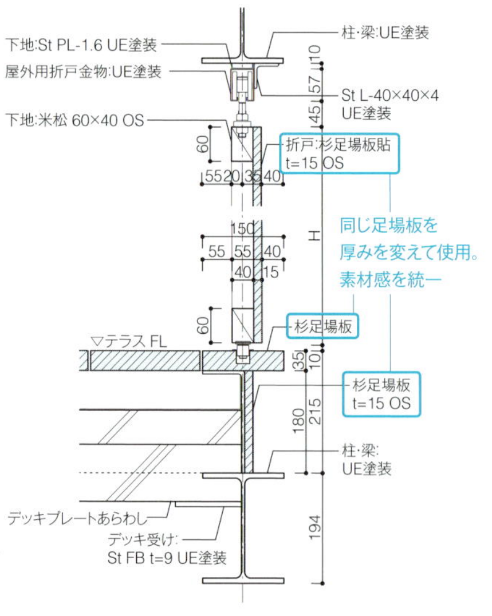

木製建具断面詳細図 1:15

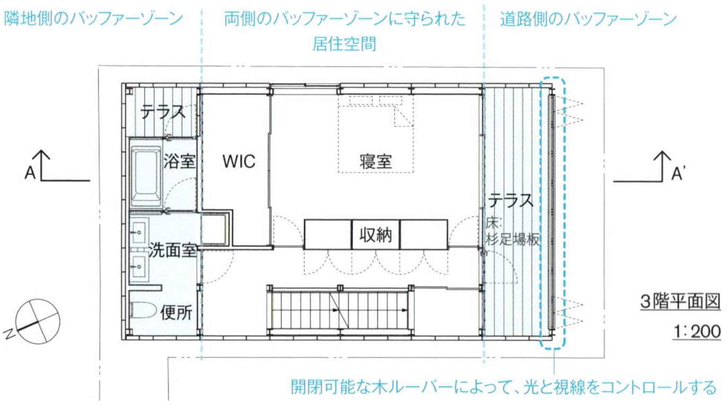

3階平面図 1:200

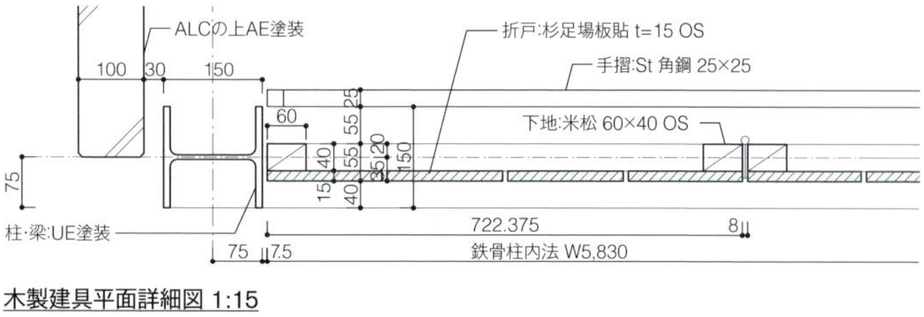

木製建具平面詳細図 1:15

して機能しながら、外部からの視線や室内からの眺望をコントロールする機能もあわせもつ。

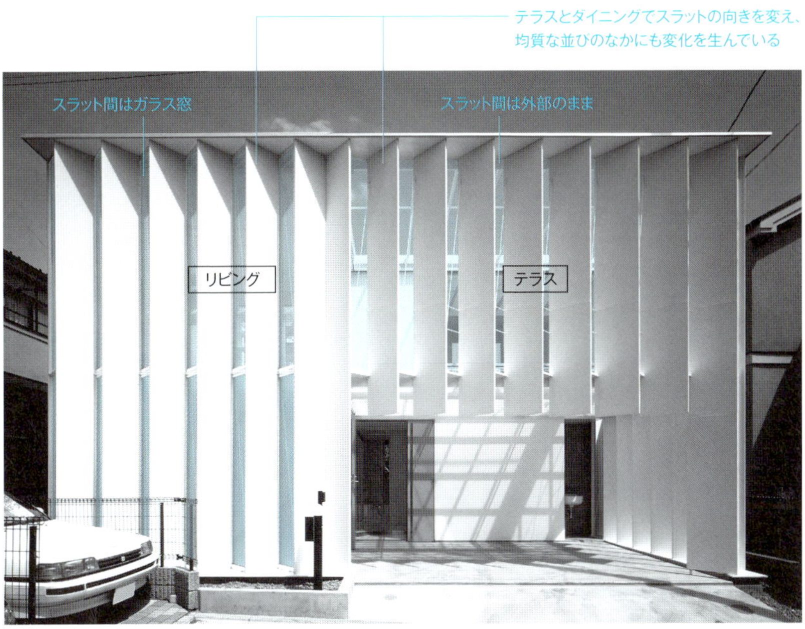

外観

45°に傾けて並べられたスラットは、構造、断熱、開口などを統合する高性能な外皮である。規則的に反復するスラット同士の隙間は、外部と内部を適度な距離感でつなぐ

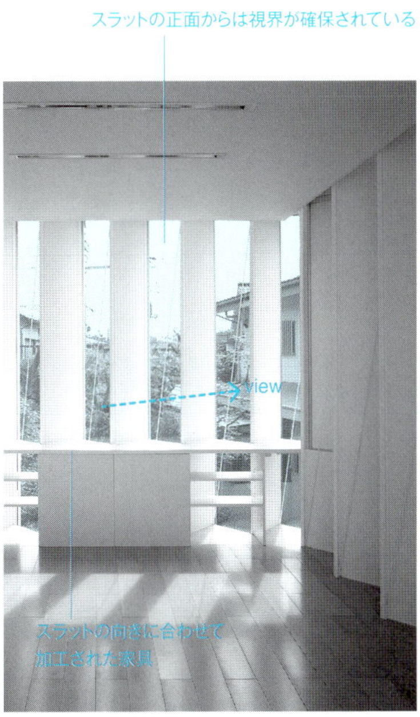

リビングから外を見る

スラットごしに隣の家や緑を見る。斜めから差し込む光が印象的

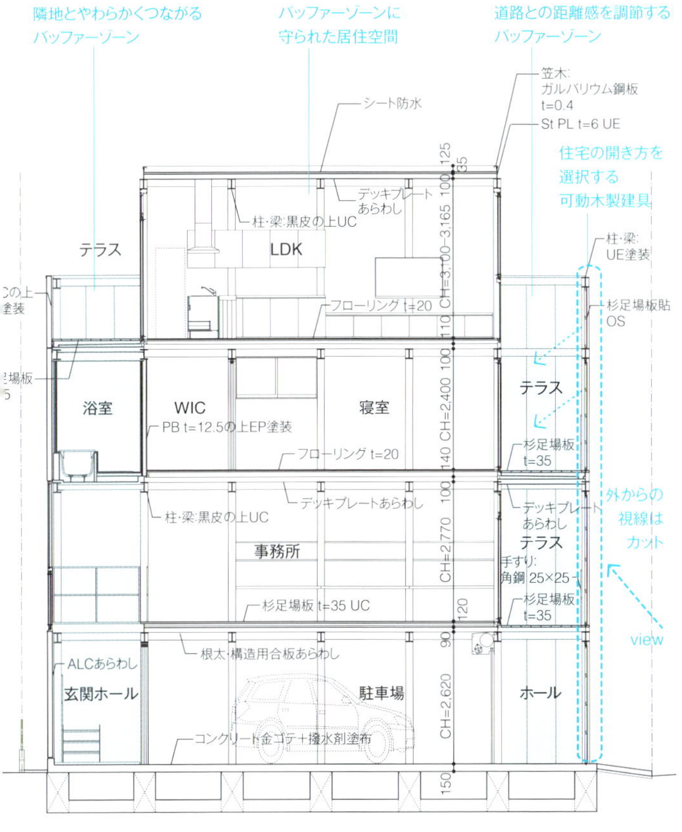

A-A'断面図 1:150

可動木製建具を開けたテラス

閉じていても木製建具の隙間から適度に光が漏れる。開閉操作により、都市とのつながりを選択する

6-2-1 **室同士の距離感をコントロールする境界**
→ 室同士の距離感を演出する

44 外との関係をコントロールし、各室をゆるやかにつなぐ木格子

平塚の家

設計者：甲村健一／KEN一級建築士事務所
建設地：神奈川県平塚市｜竣工年：2013年

敷地の三方が道路に面し、開放性とプライバシーの確保を両立させる手法として、内部空間をやわらかく包み込む外皮のように木格子をまとうことで、外からの視線を遮りながら、内部では開放性や光を獲得し、広がりを感じることのできる空間を実現している。縦格子と横格子、密と疎を使い分け、外と内部の関係をコントロールする役割も担う。室内は田の字型プランで、各室は壁で仕切られるのではなく、天井や建具の木格子でゆるやかに領域が示されている。隣り合う室の性格に応じて格子のピッチを変えてつながりの度合いをコントロールしながら、ワンルームの構成に変化のある表情を与えている。窓からは外の木格子が見え、内部から外への連続した空間の広がりも増幅されている。

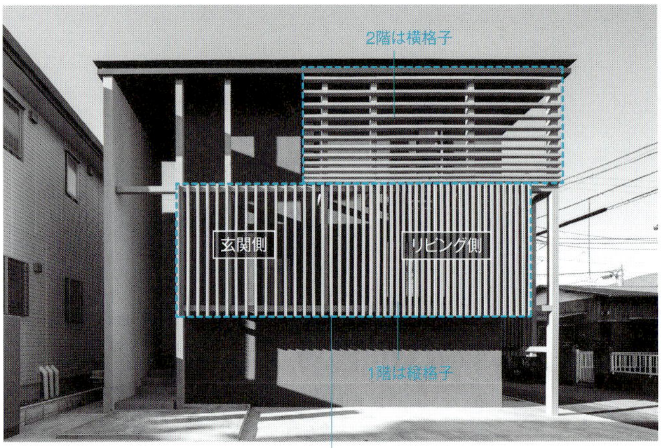
2階は横格子
玄関側
リビング側
1階は縦格子
部分的に粗密を使い分け、プライバシーを確保し、外観にも変化を与えている

外観
ピッチの異なる木格子

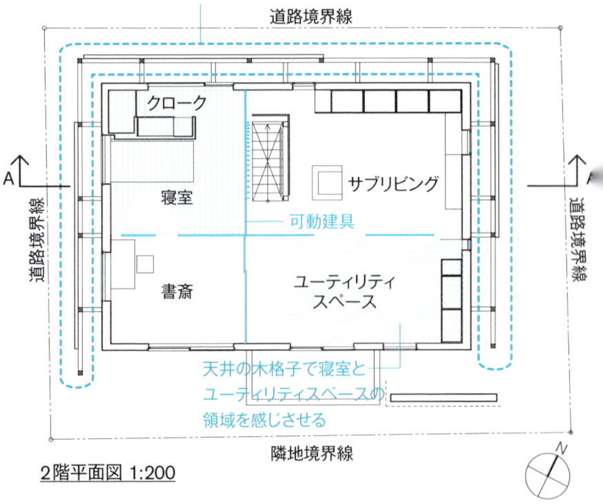
ピッチや向きの異なる木ルーバーで外との関係をコントロールする
道路境界線
クローク
寝室
サブリビング
可動建具
書斎
ユーティリティ
スペース
A
道路境界線
道路境界線
天井の木格子で寝室と
ユーティリティスペースの
領域を感じさせる
隣地境界線
N

2階平面図 1:200

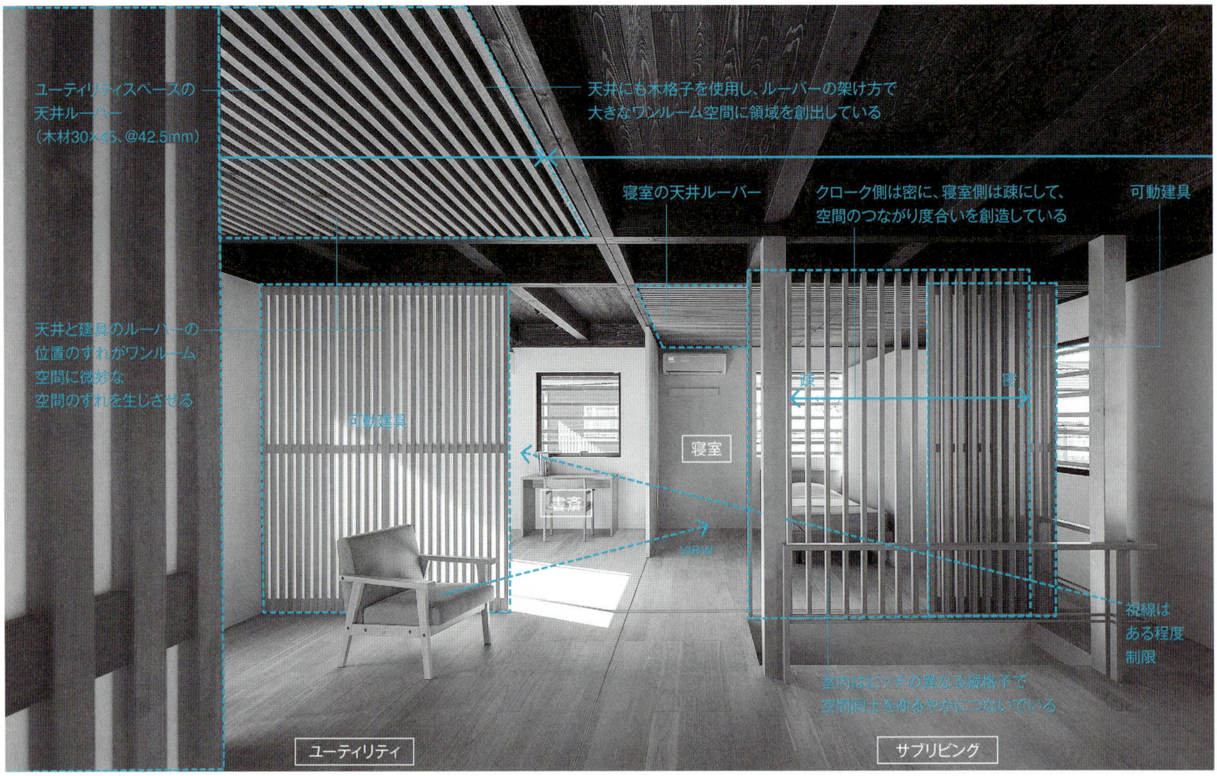
ユーティリティスペースの
天井ルーバー
（木材30×45、@42.5mm）
天井にも木格子を使用し、ルーバーの架け方で
大きなワンルーム空間に領域を創出している
寝室の天井ルーバー
クローク側は密に、寝室側は疎にして、
空間のつながり度合いを創造している
可動建具
天井と建具のルーバーの
位置のずれがワンルーム
空間に微妙な
空間のずれを生じさせる
可動建具
疎
密
寝室
書斎
view
視線は
ある程度
制限
室内はピッチの異なる縦格子で
空間同士をゆるやかにつないでいる
ユーティリティ
サブリビング

2階 ユーティリティースペースから寝室側を見る 木格子の密度を変えることで、空間同士のつながりの度合いが創造されている。
窓の外には外周まわりの木格子が見えて内部から外への連続性を感じ、境界としての外壁の存在が潜在的に弱められている

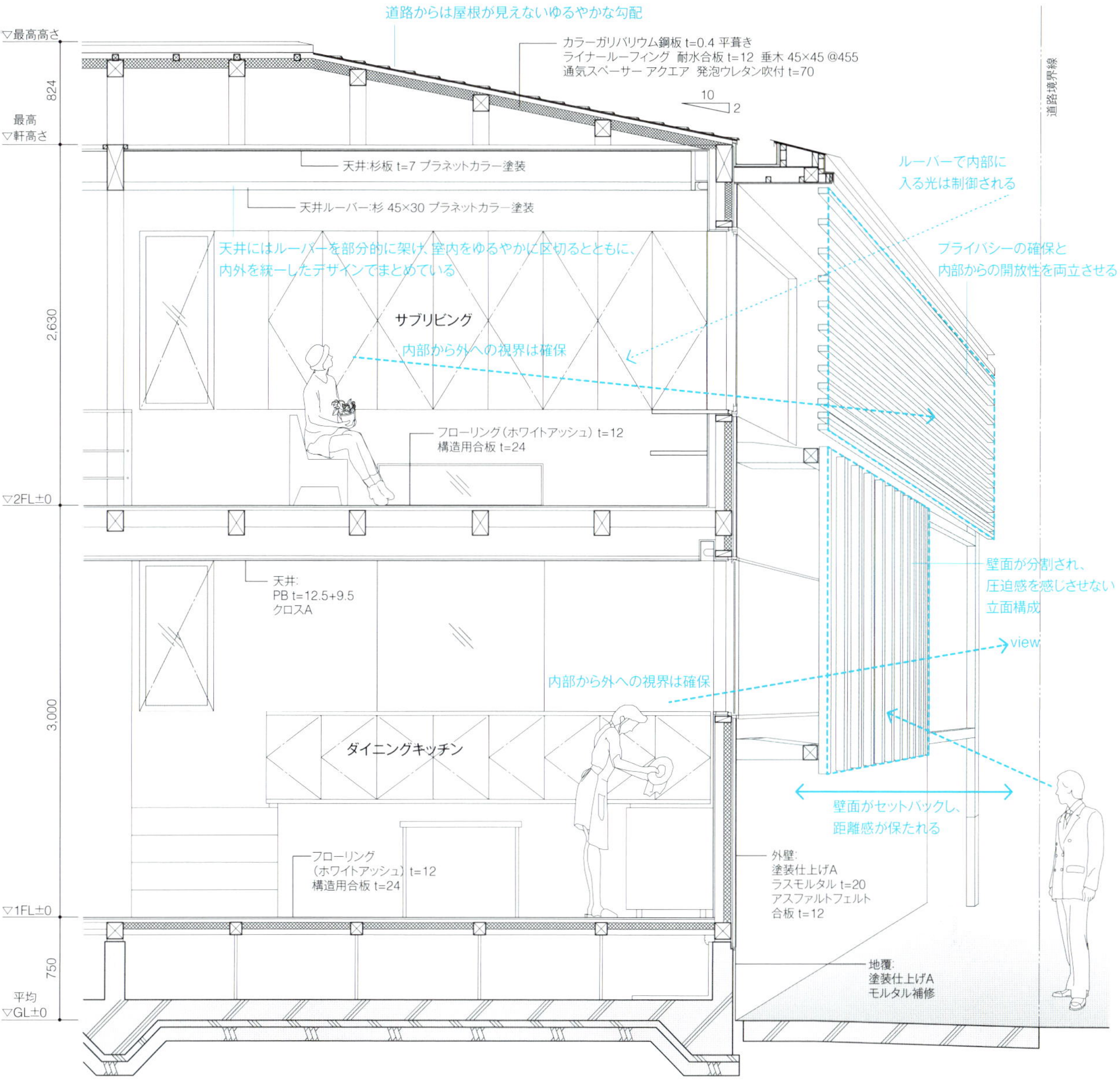

A-A'断面パース 1:50

ルーバーのピッチは、建具の納まりから寸法を決めることで、建具のあるなしにかかわらず、同じピッチで均質なルーバーを架けることを可能にしている。1階は、建具の上レールをルーバーの間に納め、上下に枠を見せないことで、ルーバーのデザインを損なわず、室同士の領域の切れ目を感じさせないようにしている。2階のルーバーのピッチは、1階のピッチを踏襲している。

また、外周の木格子を支える柱脚は、柱と同じサイズの角形鋼管を用い、どこからが柱脚かわからないような納まりで処理されている。

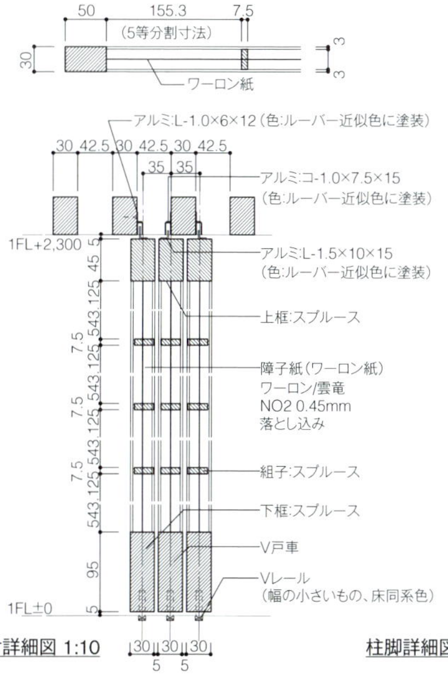

1階天井
ルーバー取付詳細図 1:10

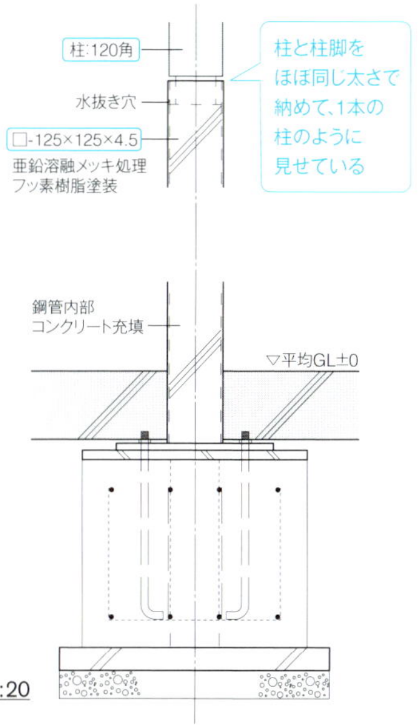

柱脚詳細図 1:20

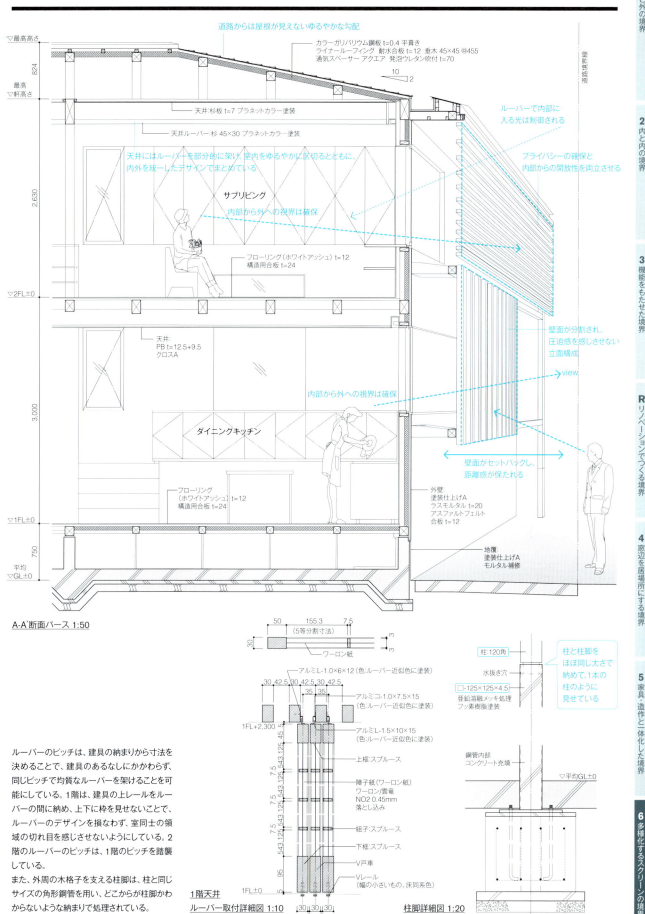

6-2-1 **室同士の距離感をコントロールする境界**
→室同士の距離感を演出する

45 距離感を変換するパンチングメタル

キリのキョリのイエ

設計者：小島光晴／小島光晴建築設計事務所
建設地：埼玉県鴻巣市｜竣工年：2010年

広場的に使用される分譲地の袋小路に接して建つ住宅。袋小路は住民の広場として使われるが、この広場的道路に対して、この住宅のつながりを強めるには、「道路からの距離」も「室内での距離」も近すぎる。周辺の「道路からの距離」に対しては、アルミの壁と腰壁で外からの視線を制御する。2階では、霧の中を歩いているときに感じる曖昧な「距離」のように、パンチングメタルを重ねることによって像をやわらかく消している。その抽象的なイメージを具体的なパンチングや影などと重ね合わせることで新たな「室内での距離」感を創出している。互いの輪郭が溶け、見る角度によって像が複雑に変化し、現実的な距離感を変換している。

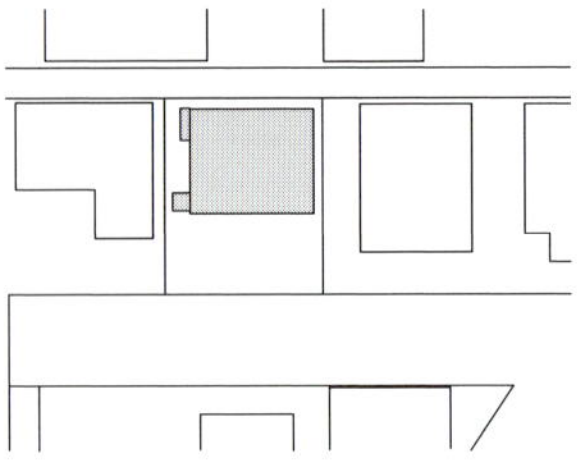
配置図 1:1000

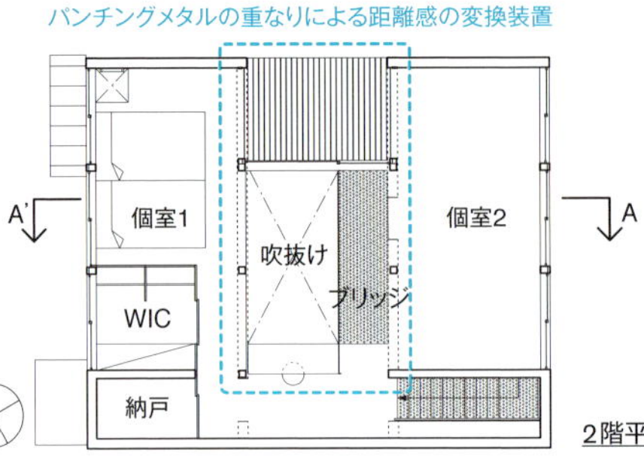

2階平面図 1:200

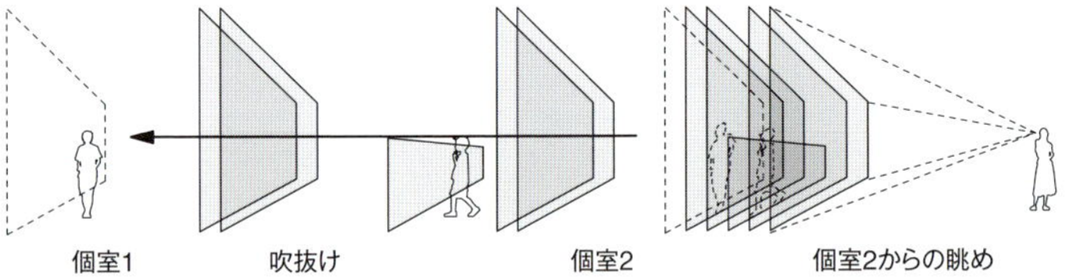

コンセプト図（2階部分）

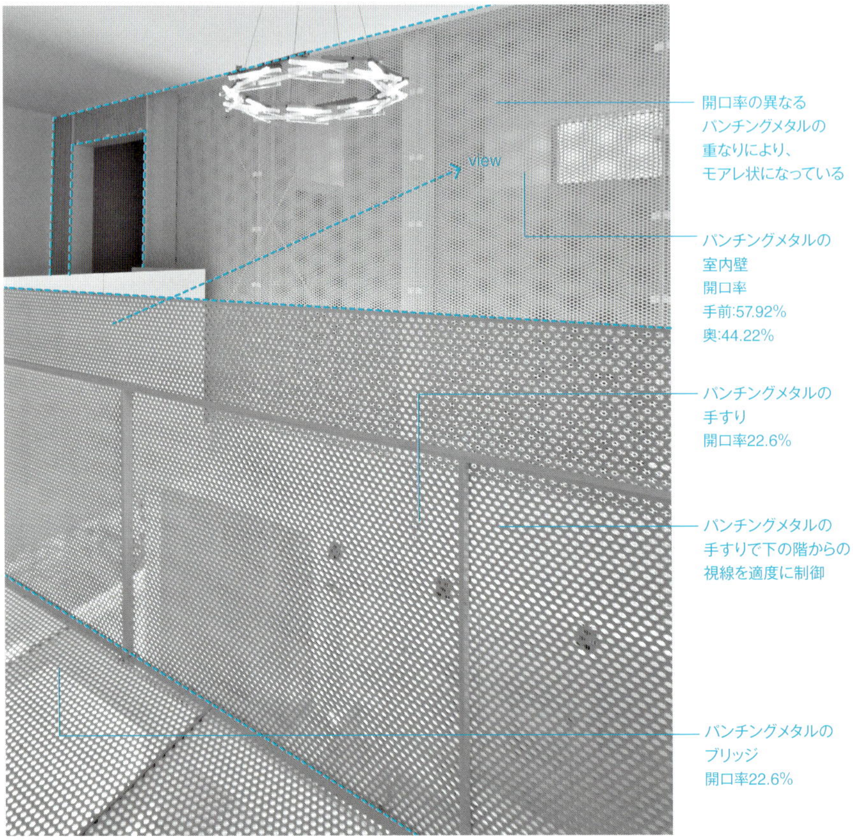

2階ブリッジから個室1側を見る 開口率の異なるスクリーンの壁の重なり。常に見え方が変わり距離感が更新される

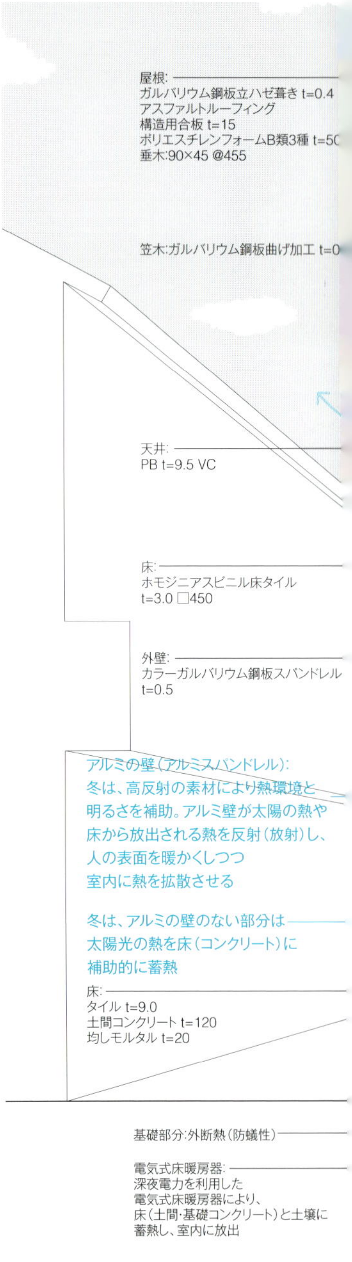

パンチングメタル取付詳細図

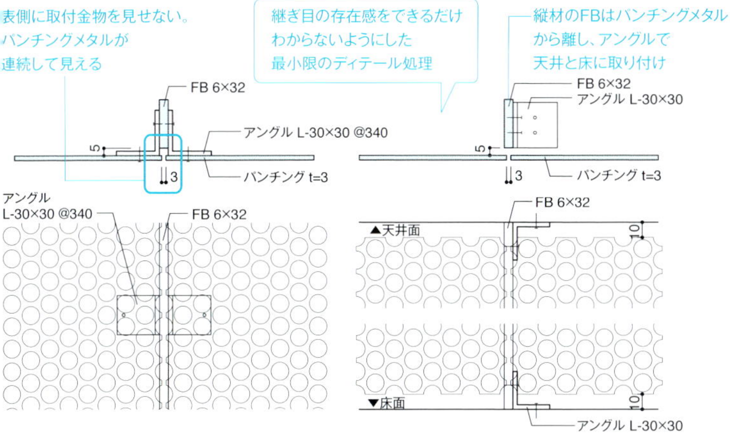

パンチング受け 中間部 1:5

パンチング受け 天井面、床面 1:5

2階のスクリーンの重なり

互いの気配は感じながらも視線を直接感じることがない。完全に閉じ切らないため閉塞感はない

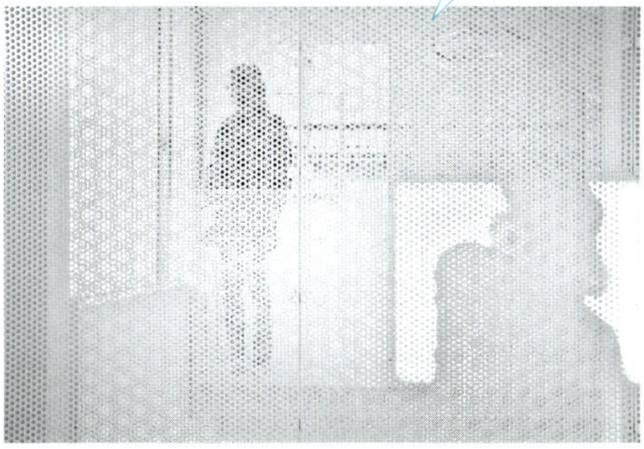

向こうにいる人の像がぼんやり映り込み、霧の中に居るような環境をつくる

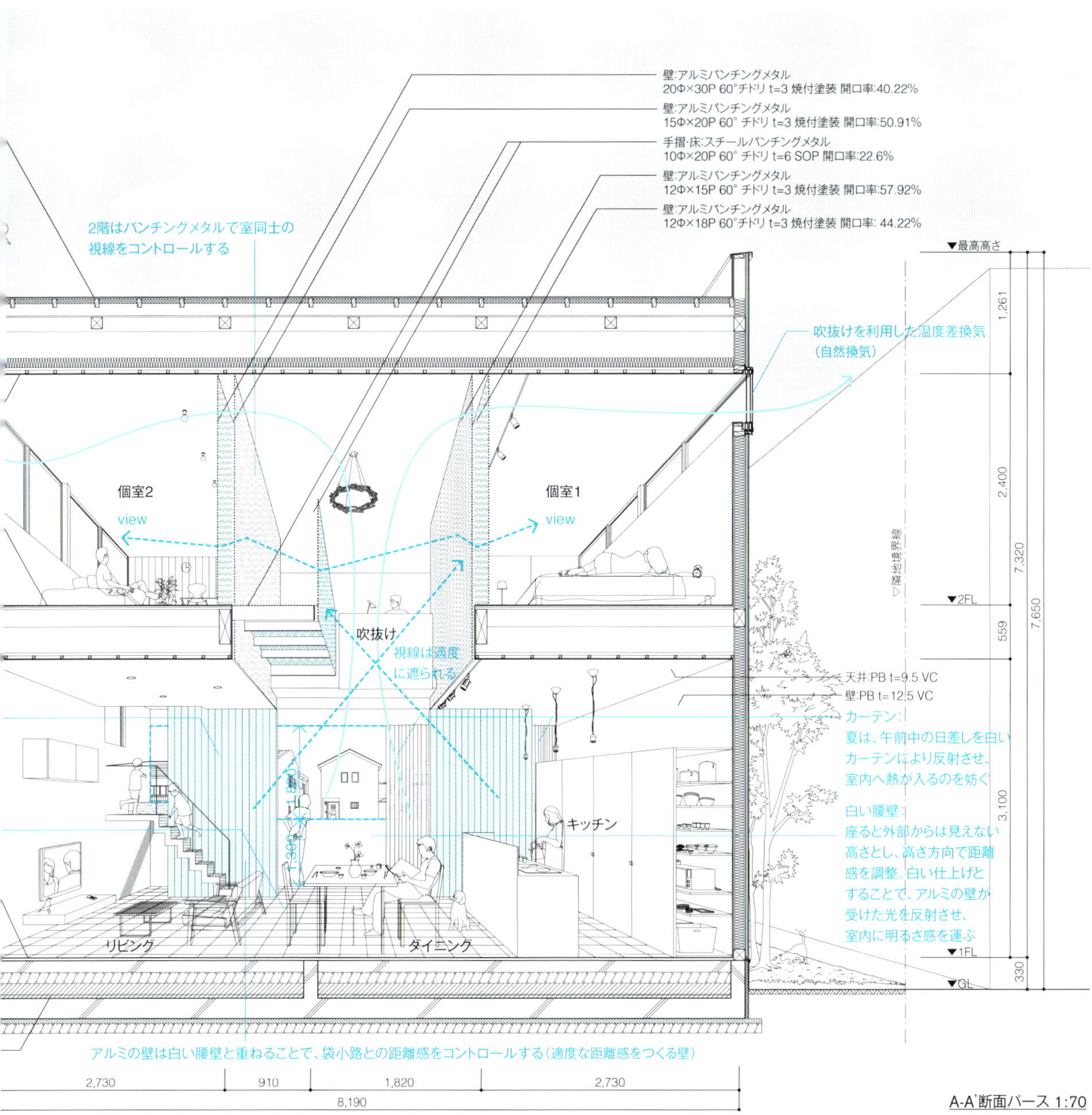

A-A'断面パース 1:70

1-4-1-R **新たに設けた外を引き寄せる境界**
→ 既存の領域内に広がりを創出する

46 箱と土間がつくる新たな内外の輪郭

貝塚の住宅

設計者：荒木洋＋長澤浩二／AN Architects
建設地：大阪府貝塚市｜竣工年：2008年

江戸時代からの武家屋敷が数多く残る住宅地の一角にあり、三軒長屋の二軒部分を改修した計画。既存の壁を取り払い、構造体として入れ子状に挿入された「箱」が新しい生活空間になる。既存のモジュールにとらわれずに自由に置かれた箱とスケルトンになった架構が並ぶ開放的な土間空間の対比は、内部でありながら外部が引き込まれたような曖昧な領域を形成している。

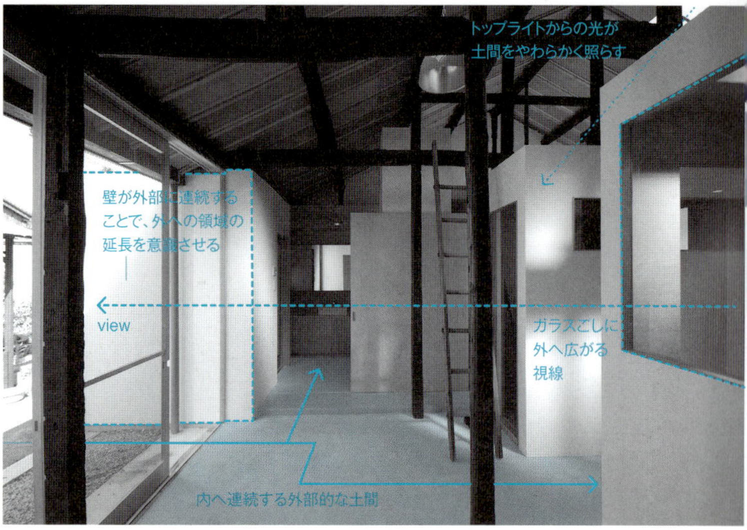

土間
外部とフラットにつながることで、外部が内部に連続的に取り込まれている。入れ子の箱は、既存の平面のラインを超えて外に広がっている

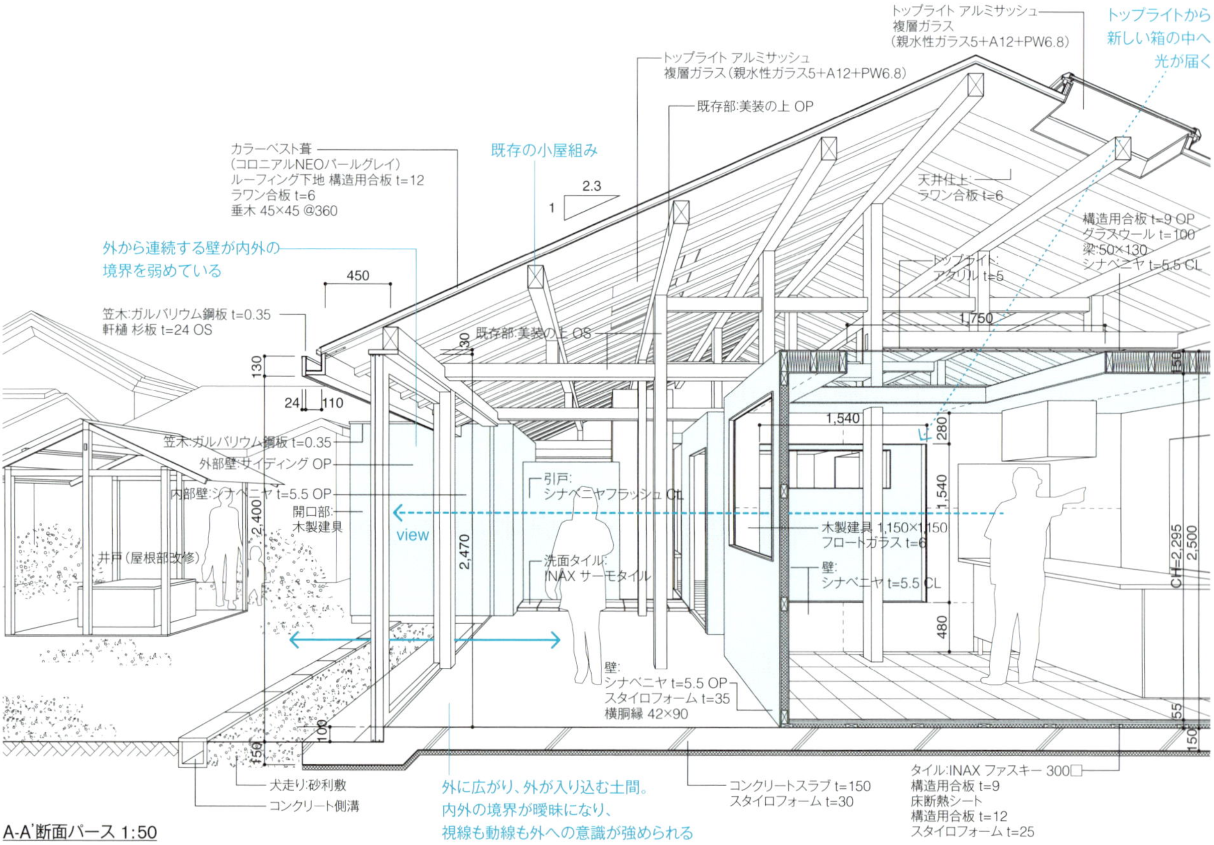

A-A'断面パース 1:50

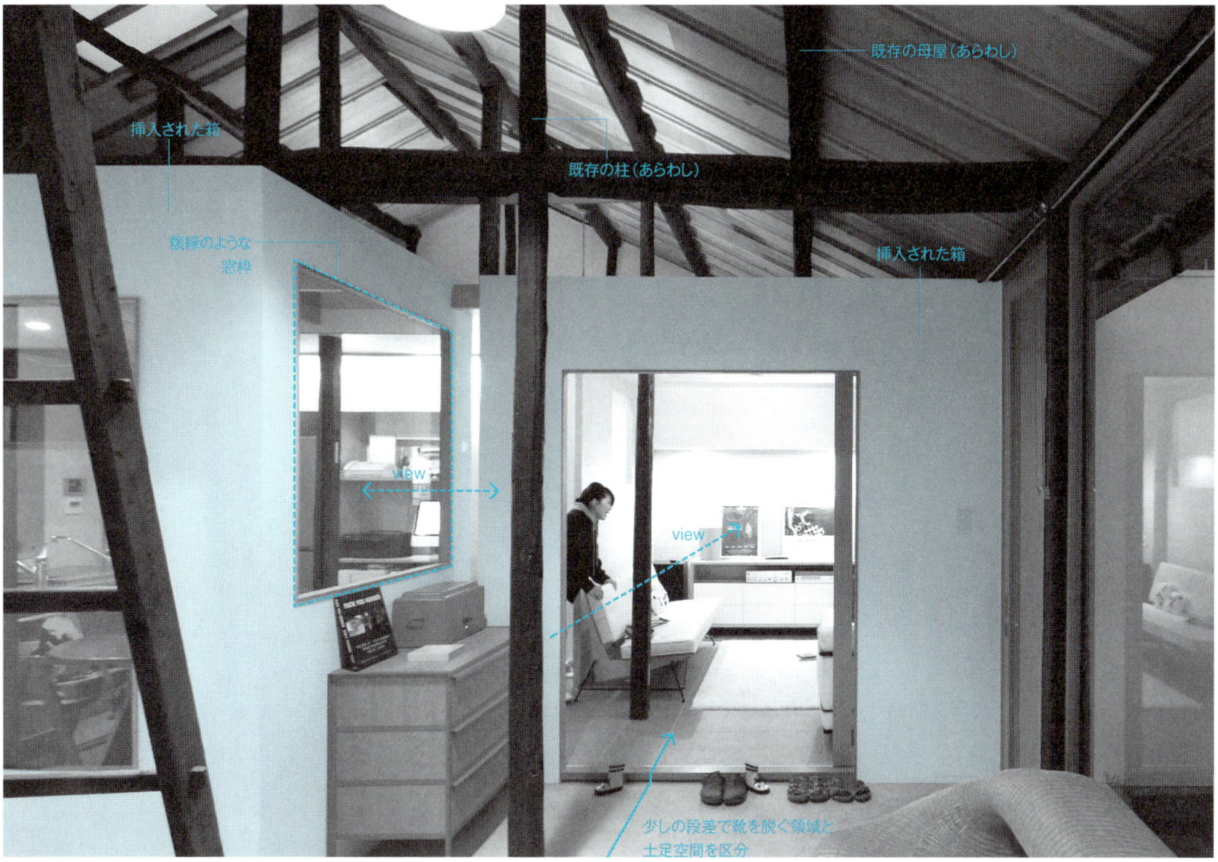

上：土間からリビングを見る

リジッドな入れ子の箱と、
既存の木軸の自然に揺らいだラインによる
緊張感とやわらかさが
室内全体にバランスよく対比されている

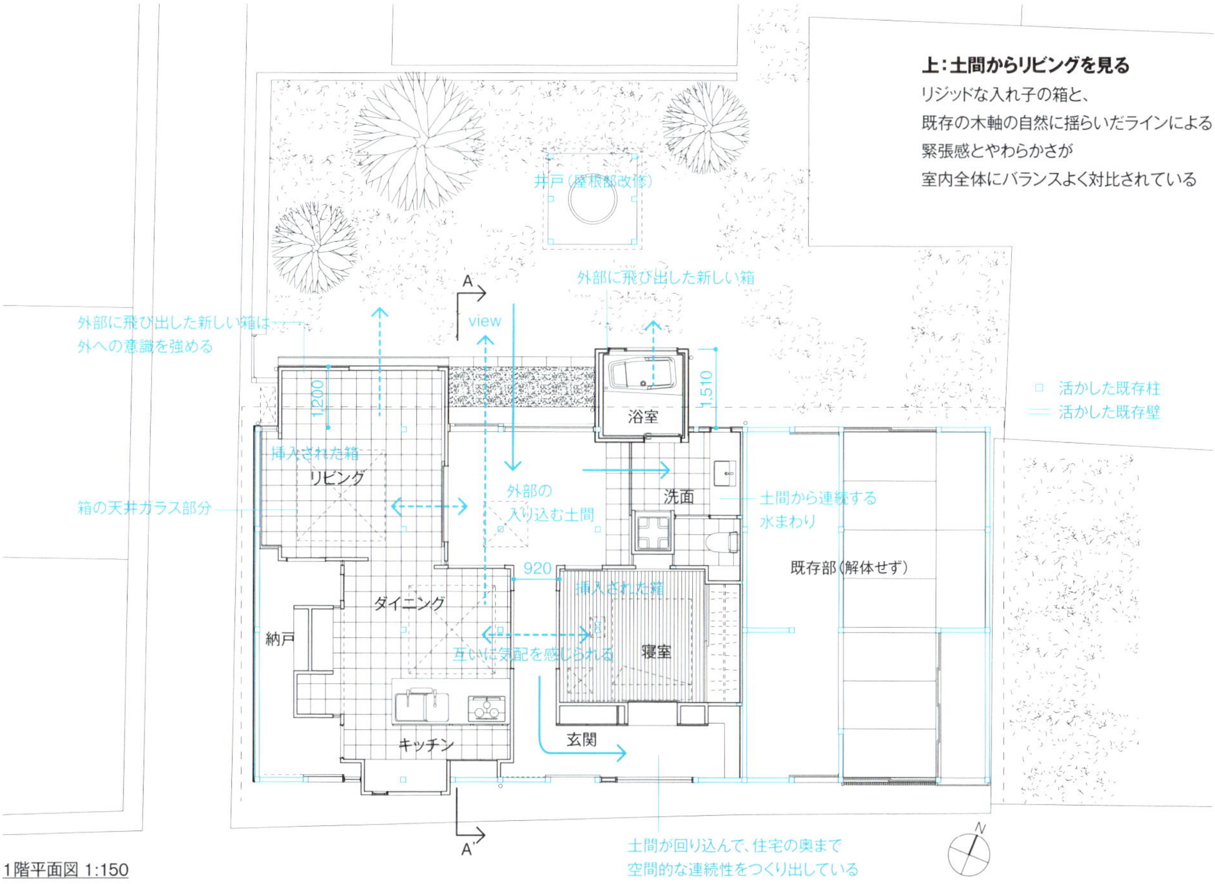

1階平面図 1:150

2-7-1-R **新たに設けた外を引き寄せる境界**
→ 既存の領域内に広がりを創出する

47 再構成された壁と床で縦横に室をつなぐ

カテナハウス

設計者:比護結子+柴田晃宏/ikmo
建設地:東京都千代田区|竣工年:2010年

古い街割りの周囲が中層化するなかで、スカイラインの窪みの底のようなところに建つ住宅の改修事例。周辺の都市環境との距離感をいかにつくり出すかがテーマである。鉛直方向は階段室にトップライトを設けて光の井戸とし、都市の窪みを屋内に引き込んでいる。水平方向には土間や出窓で前面道路に対してほどよい距離で都市につながっている。位置をずらした開口が開けられた壁により、室同士の境界を意識しながらも、平面的にも断面的にも視線は自由につながるセミコンティニュアスな室の連なりがつくり出されている。さまざまな大きさの開口は、アクティブなゲートとして働く。

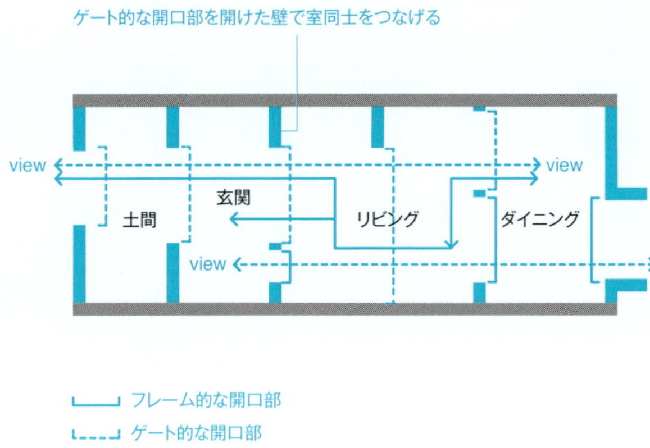

平面の構成 視線的なつながりは確保しながら、ゲート的開口部をくぐることで室同士の境界を意識させるように再構成された壁の連なり

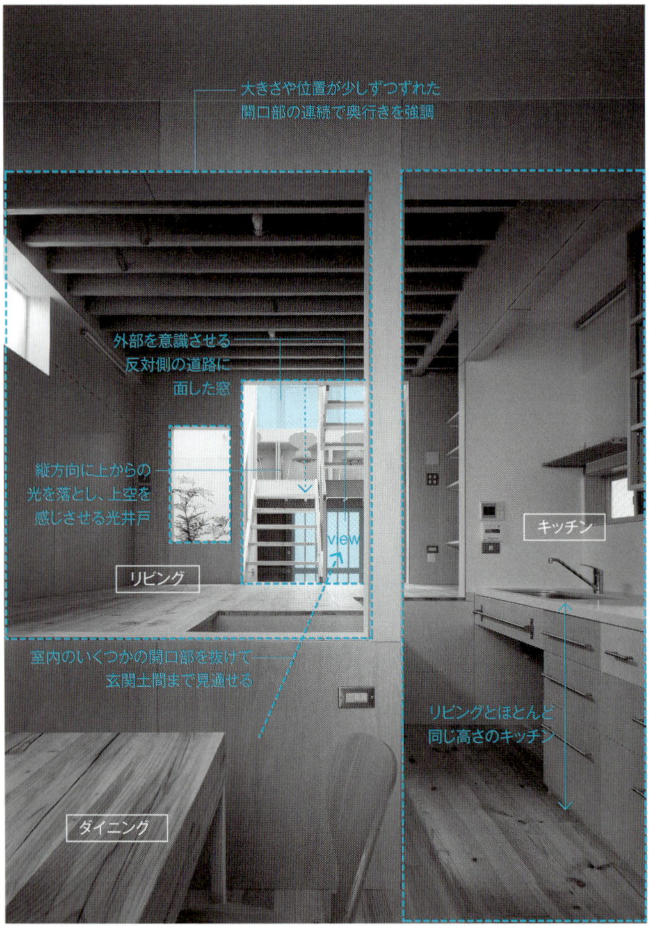

ダイニングから土間方向を見る ダイニングから反対側の土間方向を見ると、いくつもの開口部の連なりにより、奥行きを感じる。視線は、反対側の前面道路へ抜ける

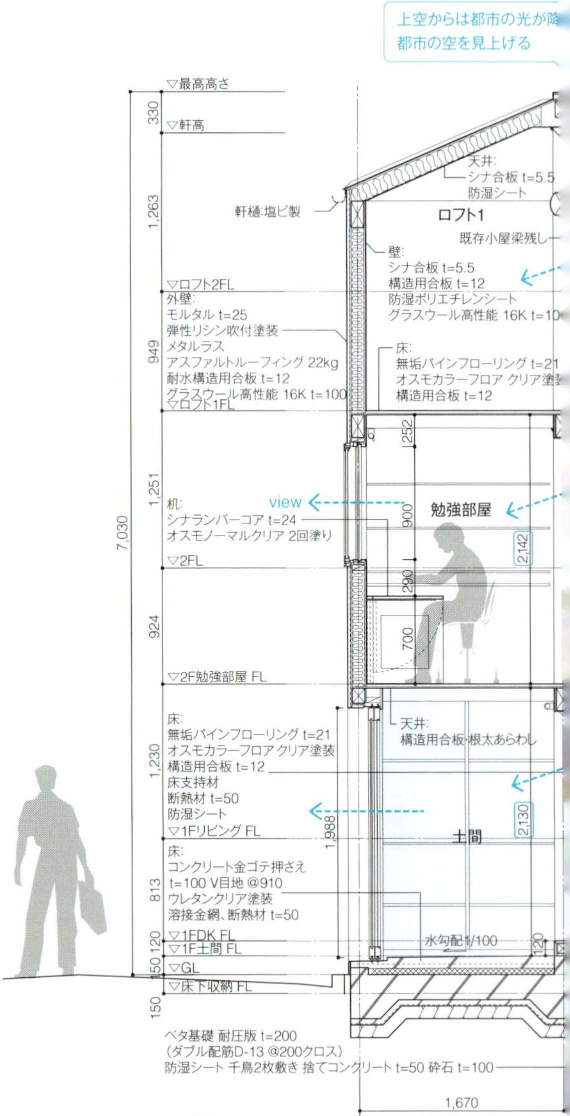

A-A'断面図 1:60

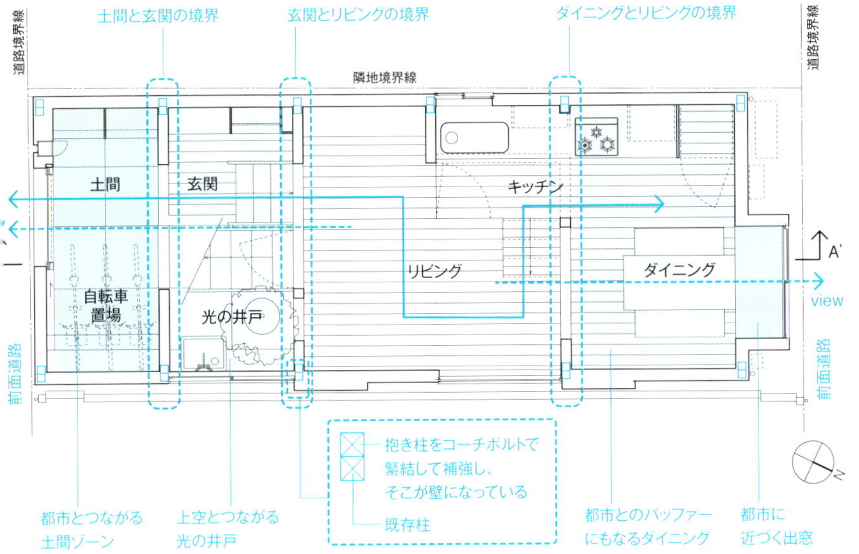

1階平面図 1:100

光の井戸(ロフト階)**から道路側を見る**

空への意識と前面道路への視界が交錯する

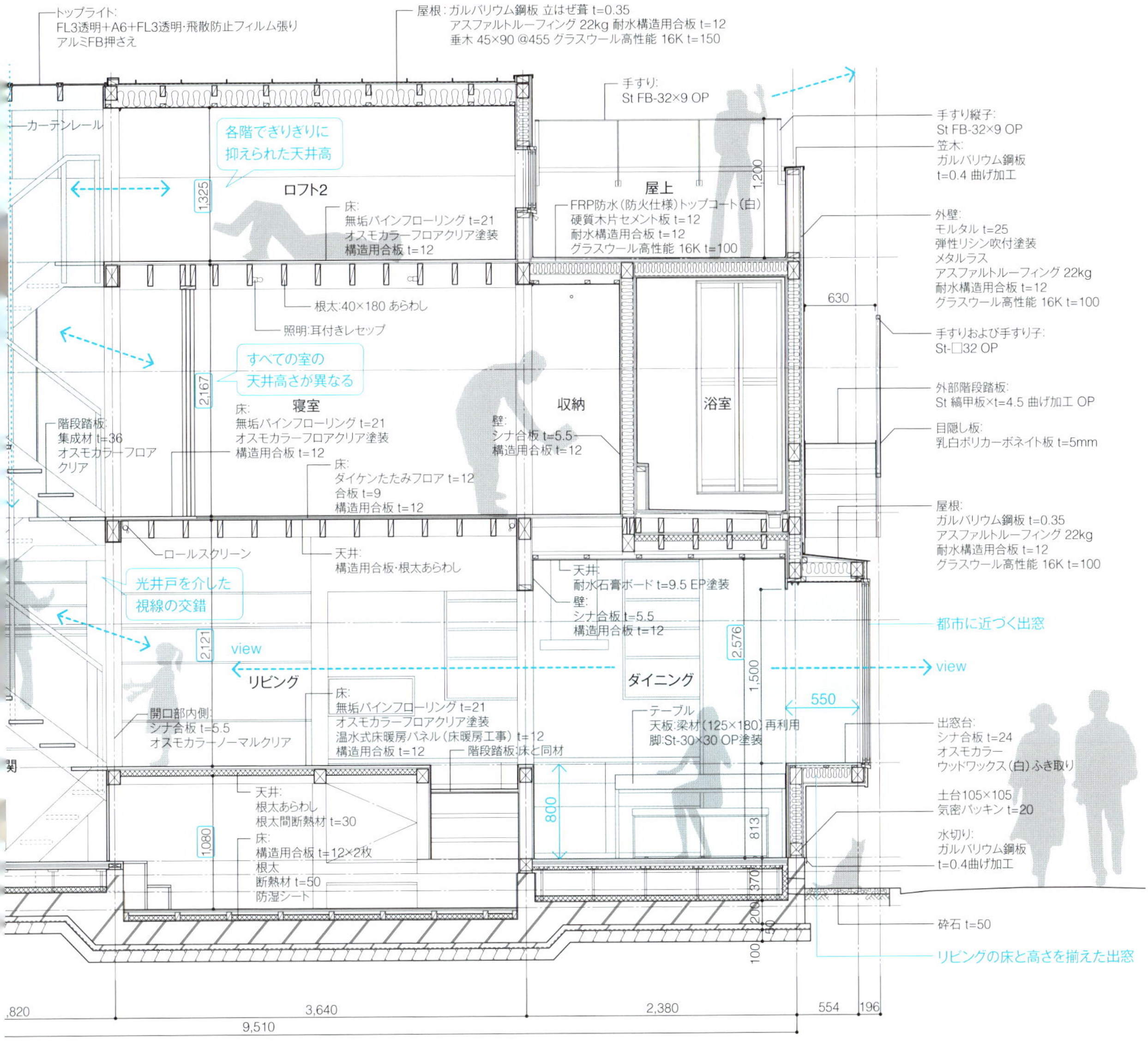

2-8-1-R　**新たに設けたバッファーをまとう境界**

→既存の領域内に広がりを創出する

48　ガラスの入れ子とレンガの壁に挟まれた曖昧な隙間

煉瓦倉庫の隠れ家——時の継承

設計者：河口佳介＋K2-DESIGN

建設地：広島県三原市｜竣工年：2013年

既存のレンガ倉庫の中に鉄骨ラーメン構造のガラスボックスを置く計画である。ガラスボックスには、個室以外の住居の機能が納められている。ガラスボックスとレンガ壁の隙間の幅を変化させることで、内部からはさまざまな奥行きを感じることができ、また隙間は視覚的な開放性の確保された回遊動線となる。新旧の壁が対峙するこの通路は、居室の延長のようでもあり、庭のようでもある。

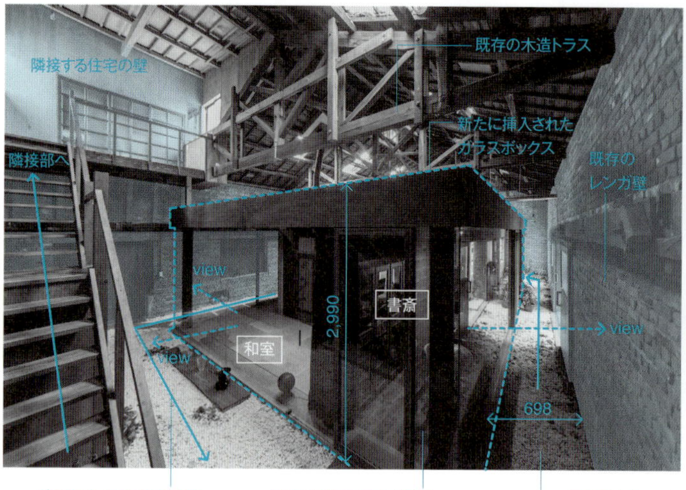

大屋根の下のガラスボックス

既存の大きな倉庫の殻の中に新たに挿入された全面ガラスのボックス。外周をレンガの壁に囲まれているため、周囲の視線を気にせずに、視界はガラスの壁を越えてレンガの壁まで広がる。玉砂利を敷いて外部的な演出がされた通路は、ガラスボックスのまわりを回遊できる

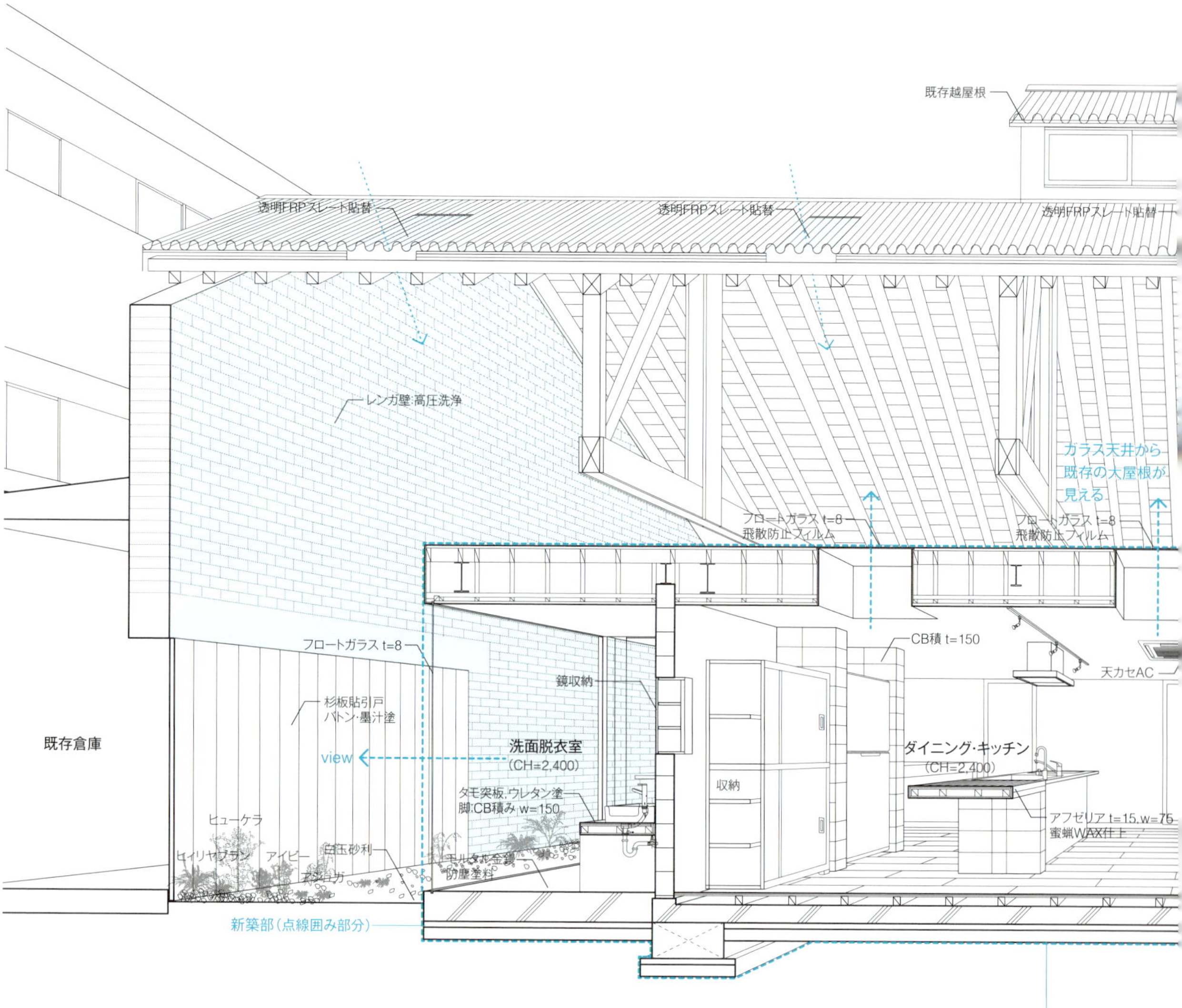

A-A'断面パース 1:60

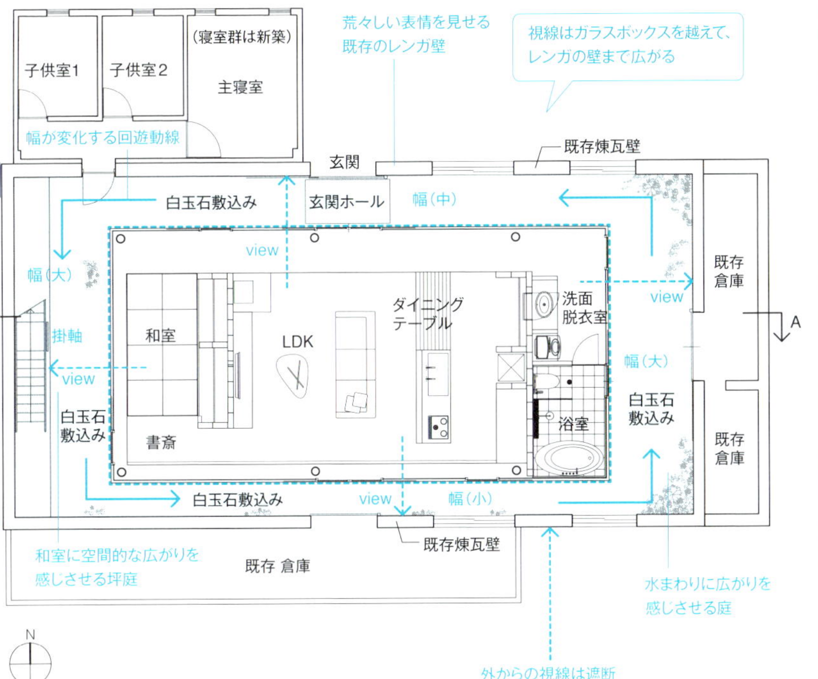

1階平面図 1:200

書斎前の通路

「屋内」でもあり「屋外」でもある四周に回る倉庫内通路。煉瓦壁とガラスの間は、距離のとり方によりさまざまな機能が配されている

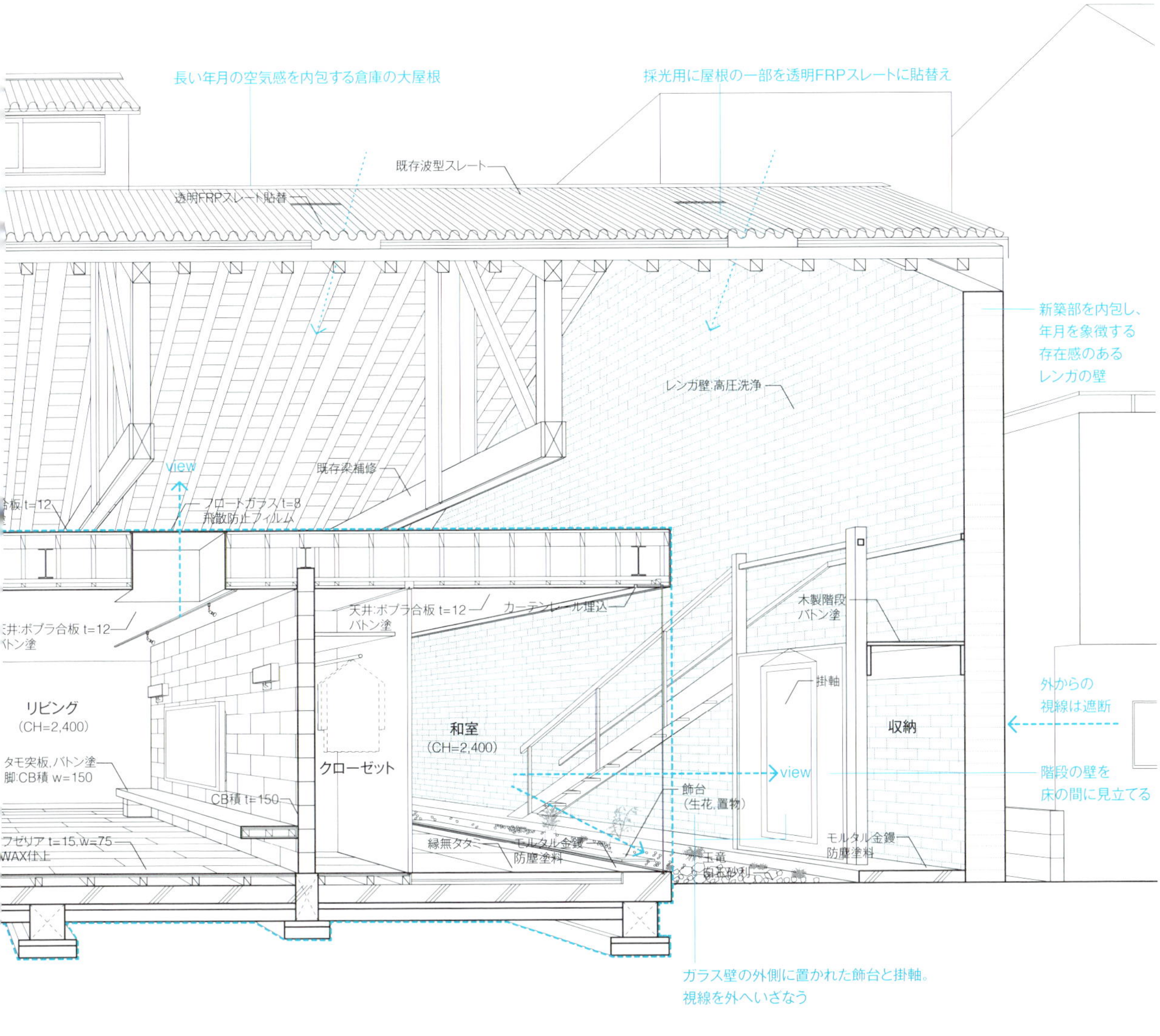

3-3-1-R **新たに設けた外を引き寄せる境界**
→ 既存の領域に広がりを創出する

49 街と住民をつなぐリビングと住民同士をつなぐ縁側廊下

不動前ハウス

設計者:常山未央/mnm
建設地:東京都品川区|竣工年:2013年

水路が暗渠化された路地に面して建つ築37年の再建築不可の倉庫兼住宅を、7人が住まうシェアハウスへリノベーションした事例である。1階が倉庫、2階が住居という元々の構成を活かし、1階は作業場やイベントなどにも使える大きなリビング、2階は個室としている。個室の占有部は7.0–9.1m^2程度と限られてはいるが、2階の個室群の周囲を廊下が囲み、そこには入居者の生活があふれ出る縁側のようなバッファーゾーンとして、個室同士をやわらかくつなげている。1階の大きなリビングは、ワンルーム空間として共用で使用したり、道路側の4枚の鉄扉を開くことで、街に開かれた空間にもなる。カーテンで仕切れば個別の作業空間にも分割でき、いろいろな作業を同時に行うこともできる。

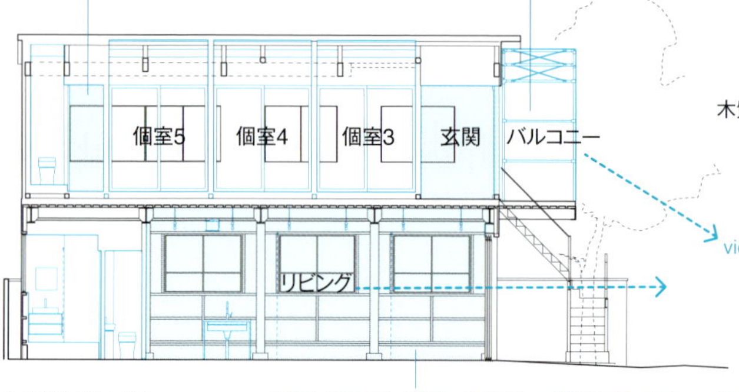
── 改修で新設された壁、天井、設備機器
住民同士の共有スペース
街とつながるきっかけとなるバッファーゾーン
個室5
個室4
個室3
玄関
バルコニー
view
リビング
住民と街をつなぐリビングであり、ヨガ教室、ワークショップなど、交流スペースとして街に開かれている
A-A'断面図 1:200

view
回遊性のある縁側
2階の個室から縁側を見る
木質のインテリアの個室と対比的な白く塗装された縁側的な回廊

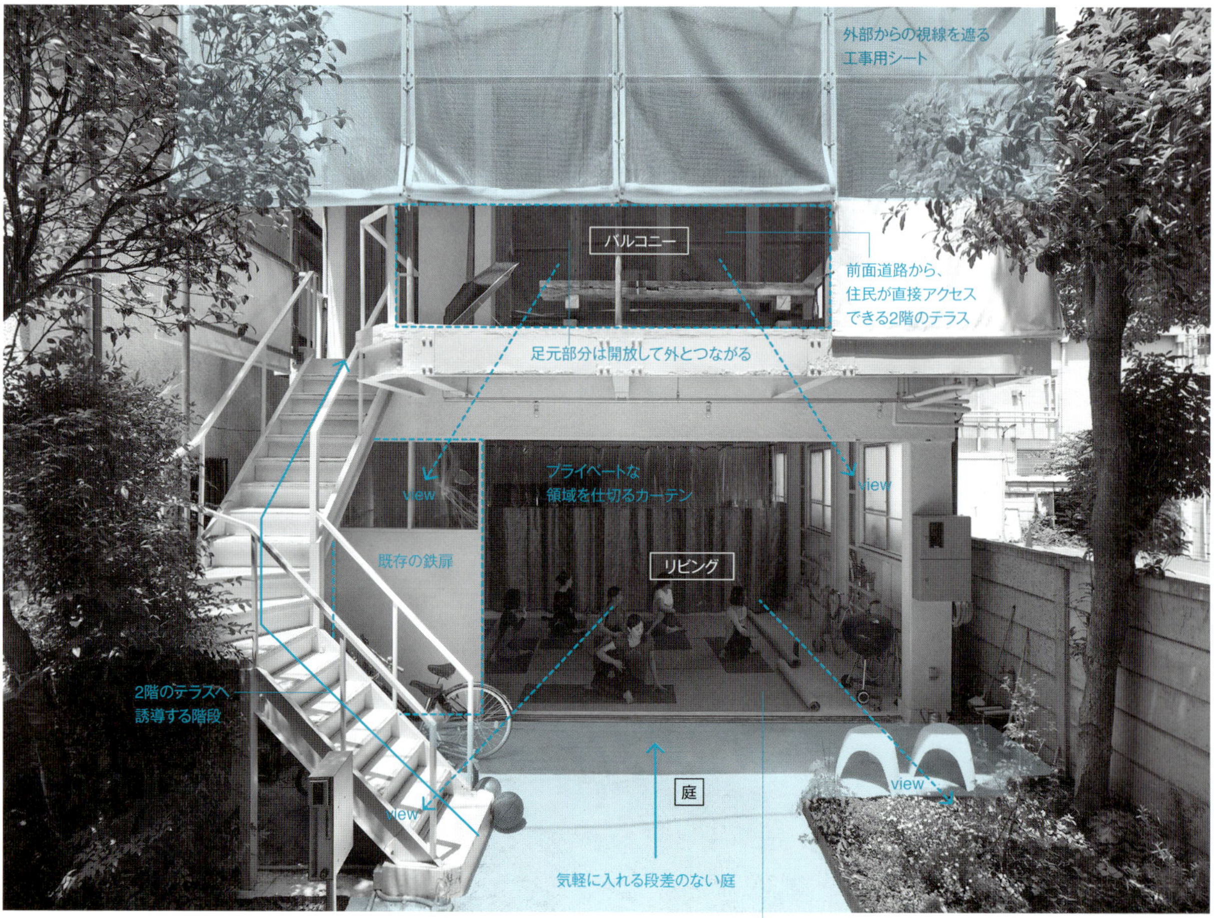
外部からの視線を遮る工事用シート
バルコニー
前面道路から、住民が直接アクセスできる2階のテラス
足元部分は開放して外とつながる
プライベートな領域を仕切るカーテン
view
view
既存の鉄扉
リビング
2階のテラスへ誘導する階段
庭
view
view
気軽に入れる段差のない庭
鉄扉を開けると街とリビングが一体化する
道路側外観 元々倉庫だった大きな開口部をそのまま利用し、街に開かれたリビング

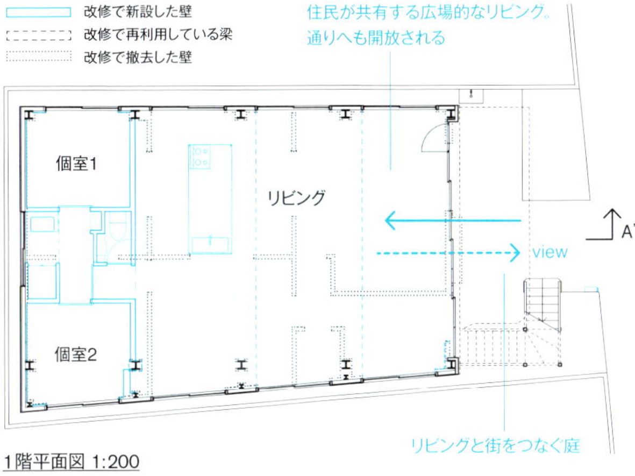

1階平面図 1:200

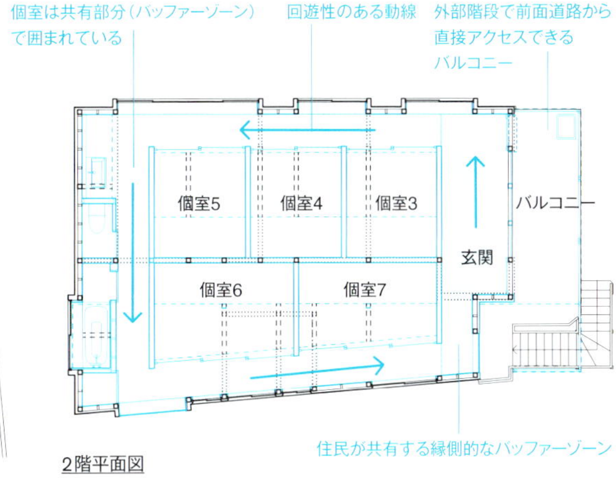

2階平面図

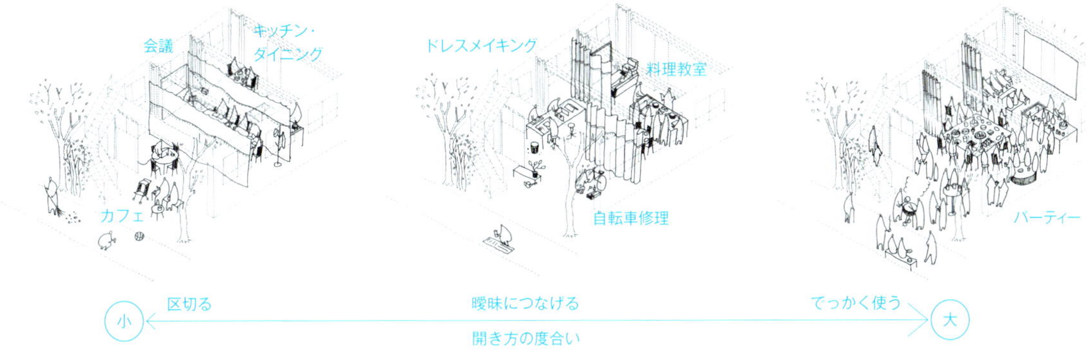

使い方のダイアグラム

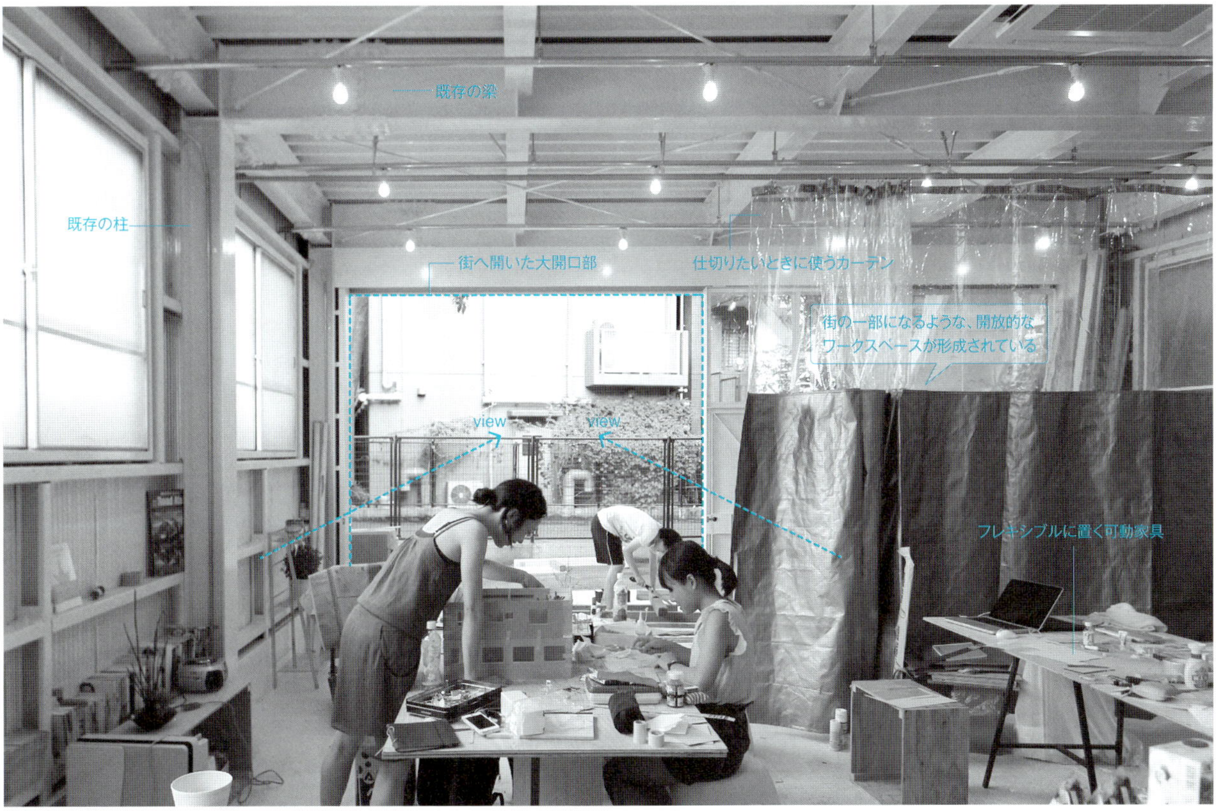

1階リビング 部分的にカーテンで仕切ったり一体的に使用したり、大きなワンルームの使い方を臨機応変に選択できる自由度がある

3-4-1-R **新たに設けたバッファーをまとう境界**
→マンションの住戸内に広がりを創出する

50 バッファーゾーンへつなぐ水平な開口部

RENOVATION M

設計者：武藤圭太郎建築設計事務所
建設地：岐阜県岐阜市｜竣工年：2013年

築50年以上のRCマンションの改修である。入れ子に配されたLDKを囲む壁に水平に長い開口部を設け、カーテンの向こう側には明るく開放的な「ガーデンとワークスペース」が広がる。「ガーデン」はLDKから外への奥行きを感じさせるバッファーゾーンである。

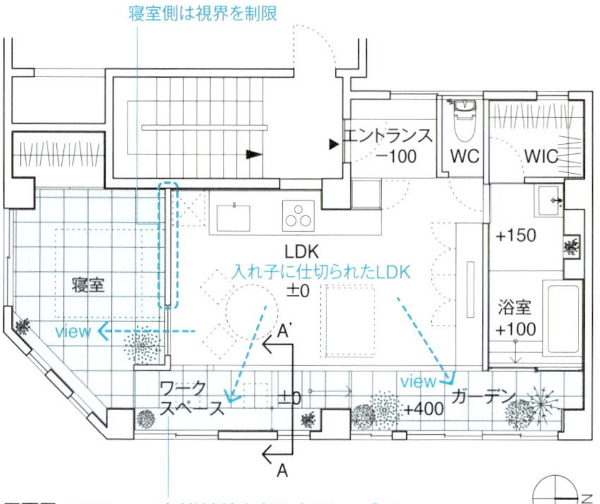

平面図 1:150

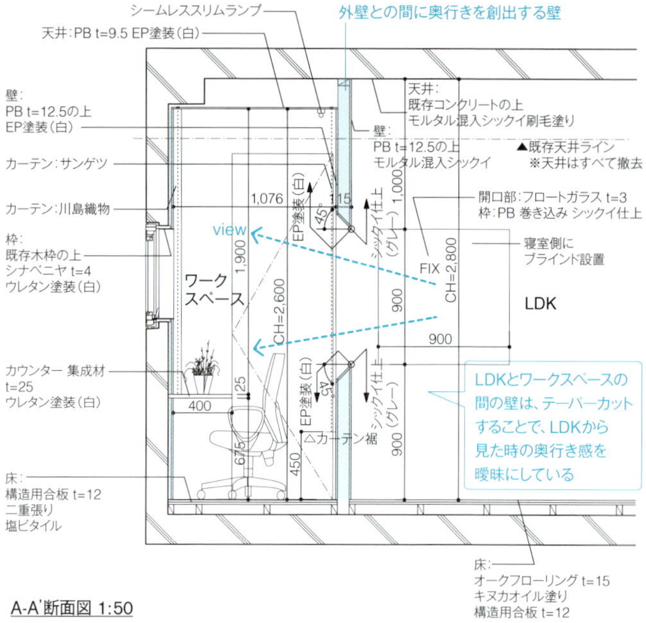

A-A'断面図 1:50

3-4-1-R **新たに設けたバッファーをまとう境界**
→マンションの住戸内に広がりを創出する

51 視線を限定する垂れ壁で庭部屋への広がりを強調

上大須賀の家

設計者：谷尻誠＋吉田愛／SUPPOSE DESIGN OFFICE
建設地：広島県広島市｜竣工年：2009年

鉄筋コンクリート造のマンションの改修である。既存の床を一度解体し、真ん中に新たな床を島状につくり、その床を垂れ壁で囲んでいる。島を囲むむき出しのRCの土間床は外部的な感覚の「庭部屋」としLDとは200mmの段差を設けている。LDを仕切る垂れ壁は立つと視線が遮られ、座ると視線が広がる、という絶妙な高さである。

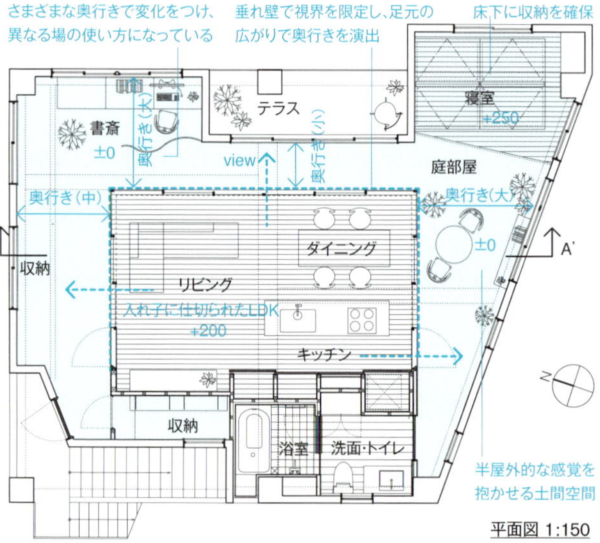

平面図 1:150

庭部屋に行くには、垂れ壁をくぐらせる高さ。
あえて行為をひとつ増やすことで、別の領域に行くことを意識させる

リビング・ダイニング 足元での空間的な連続性を確保して平面的な広がりを感じさせる一方で、垂れ壁で視界を制限して、囲まれた感じを強調している

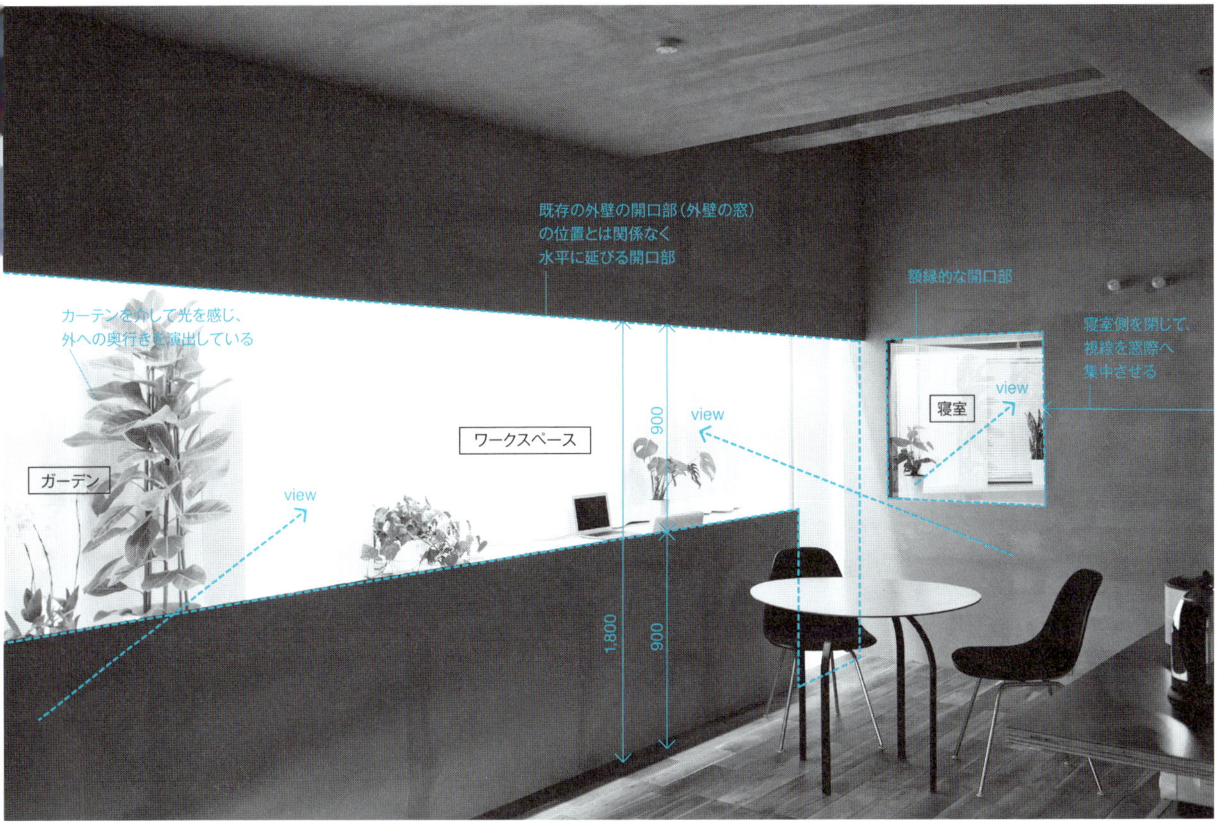

LDKとワークスペース 腰壁に開けた水平の開口部によって空間的な広がりを確保しつつ、動線的には区切られた関係

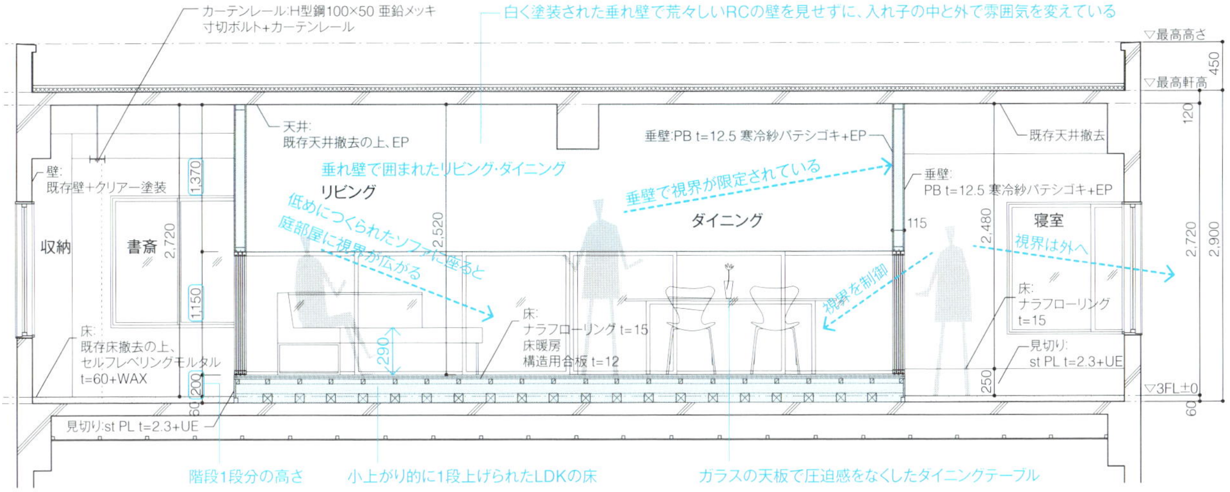

A-A'断面図 1:70

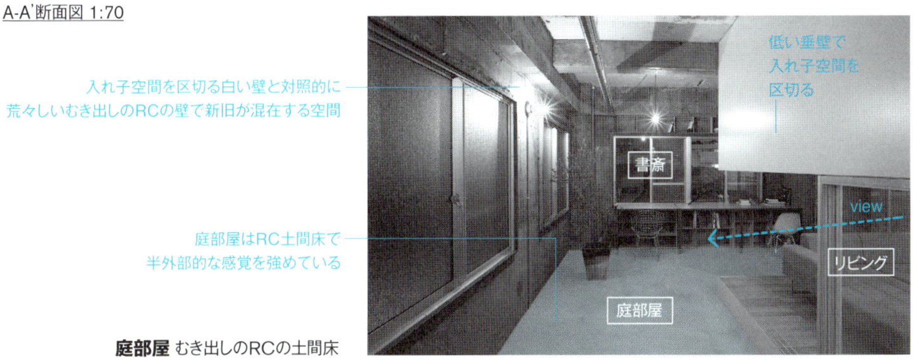

庭部屋 むき出しのRCの土間床

境界をつくる部材の機能と特徴

住宅の境界は、実にさまざまなものでつくられている。
伝統的な建具のほかに、
地域的な材料や、
近年開発された素材や製品などが
加わることで選択肢が増え、
可能性が広がっている。
また省エネルギー的な観点からも、
境界に期待される役割は大きい。
—
しかしこれらの特性や弱点を理解しないで使うことは、
期待した効果を得られない恐れもある。
—
本章では、11の部材・素材を取り上げ、
その基本的なつくりや機能、特徴、
取り付け方法の工夫などを情報としてまとめた。
それぞれの特性を理解することで、
効果的な境界を設計し、
これまでにない使い方を発想することもできるだろう。

chapter 3

格子

[chapter2の主な関連事例]

02 | 19 | 24 | 34 | 42 | 43 | 44

格子は昔から日本の住宅に使われてきた内外を曖昧に仕切る境界要素である。格子は、本来は縦横に材が組まれたものを指し、縦または横の一方向に材が組まれたものは連子《れんじ》というが、現在では、一方向のものを含めて、細い材が一定のピッチで組まれたものは総称して格子と呼ばれることが多い。横連子のものは近年ではルーバーともいわれている。

格子はいつから?

格子はいつごろから日本の住宅に取り入れられてきたのだろうか。『年中行事絵巻』(平安時代後期)などに見る町家では蔀戸を上げて柱間は開放されていた[*1]。天正2年(1574年)に織田信長から上杉謙信へ贈られたとされている[*2]『上杉本洛中洛外図屏風』を見ると、1階の店とばったり床几の間に荒格子が付けられている[fig.1]。また『三条油小路東側町並絵巻』(1820年[fig.2])は、京都の油小路通に並ぶ町家が描かれており、そこには細く加工された材でつくられた出格子と平格子が並び、職業による格子の違いも見られる。乱世を経て、大鋸や台鉋といった大工道具が登場し、その発展にしたがい、木材を細く長く加工ができるようになるなど木材加工技術が向上して細い格子がつくられるようになった[*1]。特に通りに面した町家では、この格子ごしに室内から外を眺めるという、外を隔てつつ外との関わりを保つという両義的な境界としての役割を格子が果たしていた。次第に、それが集合して街並みをつくる建築的な要素として普遍化し、各地域で発展し、特徴的な街並みを形成した。

3 | 近江八幡の街並み

格子の魅力

格子の魅力は大きく2つの側面からとらえられる。ひとつは街並みを整える要素としての側面で、日本各地の伝統的建造物群保存地区に見られるように、格子の連なりによるリズムのある均整のとれた街並みは、人々を魅了し、記憶に残る街並みとなっている[fig.3]。また伝統的な町家の格子では、地域によって少しずつ表情が違うのも魅力のひとつである。

もうひとつは、完全に遮るのではなく、視線や気配を感じさせながら、内と外をやわらかく仕切る境界としての役割である。元々室内と街路のフィルター的な装置としてつくられてきた格子は、現代の住宅地の環境でも十分効果を発揮することができる。竪子のピッチが小さい格子は、日中は外から室内が見えにくいが、室内から外はよく見え、室内に居ながら外の気配を感じることができる[fig.4]。敷地周辺が建て込み、隣地や街路からの視線をコントロールすることが求められる都市型住宅でも、格子は開口部のデザインに、大いに参考になる。

たとえばchapter2で紹介した事例を見ると、室同士をやわらかく仕切る縦格子、時と場合によって開いたり閉じたりできる可動性

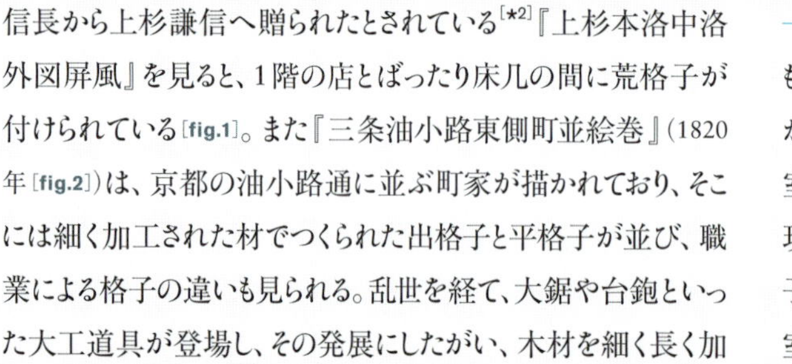

1 | 上杉本洛中洛外図屏風(米沢市上杉博物館蔵)

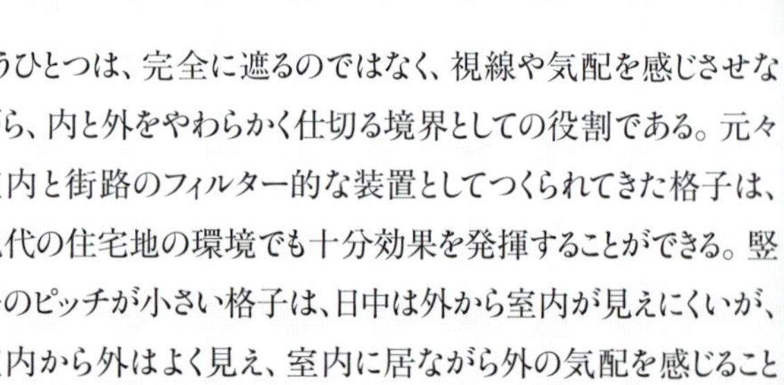

2 | 三条油小路東側町並絵巻(1820年、京の記憶ライブラリー蔵)

4｜格子の内側から街路を見る(富田林、大阪)

のある格子、また鉄でつくられた壁柱に格子的な感覚が引き継がれている事例などがある。外との関わりを保ちながら内外をやわらかく仕切る境界として用いられてきた格子は、現代の住宅でその役割を発展させながら、多様なデザインを展開している。

格子の取り付け方とデザイン

格子を取り付ける際には、①建築本体にどのように取り付けるか、②格子と枠のデザインをどうするか、という2点に注意する。まず①は、格子を建築壁面に直接付ける、または少し離して取り付ける、出窓のようにあえて30cmくらい離して取り付ける、テラスやベランダなどの半外部空間を囲む、というのが典型的な取り付け位置である[fig.5]。

—

格子を取り付ける壁面内に受け材を入れておき、そこに枠を固定する。壁面近くに取り付ける場合は、窓の開け方に配慮する。引き違いや上げ下げ窓は問題ないが、辷出しや突出し、回転窓などの場合は格子が壁面すぐ近くにあると窓が開けられなくなるので、窓の種類が限定される。

—

出窓のように取り付ける場合は、壁面より持ち出す部分を支える肘木を取り付け、そこに格子台を固定する。テラスやベランダなどを囲む場合は、手すり子などの部材を利用して格子を取り付けるのが効率的である。

—

②の格子のデザインは、外観にも大きく影響するので、格子単体で考えるのではなく、外観全体のバランスで格子の太さやピッチを検討することが大切である。竪子を細くし(15–25mm程度)、反復するピッチも細かくすると繊細な印象になり、竪子を太くして(60–90mm程度)、ピッチも粗くすると頑丈な印象になる。また竪子同士の間隔は、格子全体の割り付けで決まる。竪子の見付けをaとし、竪子同士の間隔をbとすると、a×本数+b×(本数+1)で割り付けする[fig.6]。aは使用する材の寸法で決まってしまうことが多いので、bをどのくらいにするか検討する。ちなみに竪子の見込み寸法をcとすると、c=bを「小間返し」と呼び、竪子同士の間隔と見込みが同じ寸法なので、歩いている人から室内が見えにくいように、見込みと竪子同士の間を調整することで、外からの視線をコントロールすることができる。また、竪子を細い材と太い材を組み合わせて動きの感じられる格子のデザイン(吹寄せ格子、切子格子など)としたり、室内の用途や取り付ける位置に応じて間隔を変えるのも一手である。ベランダなどの高所に取り付ける場合は、竪子の間隔を110mm以下にする[*3]。これは幼児の頭が入らないサイズで、落下防止のためである。

[参考文献・注]

[*1]——杉本秀太郎・中村利則『京の町家』淡交社、1992年
[*2]——「伝国の杜」米沢市博物館ホームページより
http://www.denkoku-no-mori.yonezawa.yamagata.jp/
[*3]——子どもが足から滑り込む可能性があるなど、
特別な箇所は90mm以下とするのがよい。
●——『新・木製建具デザイン図鑑ハンドブック』エクスナレッジ、2012年

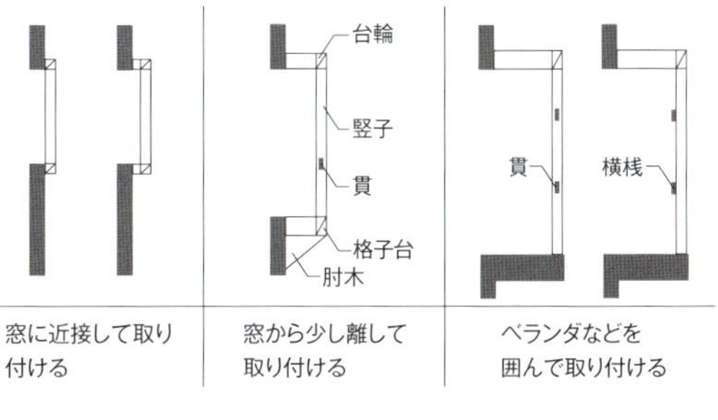

5｜格子を取り付ける位置

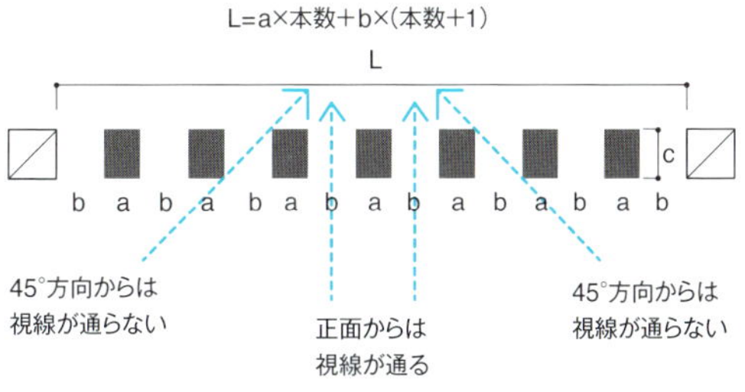

6｜格子の割り付け

障子

[chapter2の主な関連事例]

08 | 24 | 31 | 33 | 37 | 41

障子の魅力

障子は、隣接する部屋同士や外部と室内を仕切る際、視線を遮りながら、光は通す建具である。閉じていても、なんとなく気配を感じることができ、隣とつながっているような感覚を抱かせるのが障子の魅力のひとつである。

茶室では、さまざまな方向に開けられた小窓から入る自然光により季節や時間を感じ、障子を通った光で室内が満たされる。また外部を直接見せるのではなく、障子に映る影が外部を想像させ、狭い空間に居ながら無限に広がる空間を感じさせる[fig.1]。障子は視界を遮ることで、逆に五感を研ぎ澄まして自然をより身近に感じ、想像力をかきたてる演出装置ともいえる。

障子の機能

障子紙には、楮《こうぞ》の樹皮繊維を漉いた手漉き障子紙と機械漉きの障子紙がある。手漉き障子紙では、楮の繊維がバランスよく広がって繊維が重なりながら隙間をつくり、そこを通った光が多方向に拡散される。手漉き障子紙は職人が一枚一枚手作業で漉くため手間がかかり、そのため高級品で、現在ではレーヨンを配合した機械漉き障子紙が普及している。手漉き障子紙に比べると風合いは劣るが、機械漉きの幅広の障子紙は組子のデザインの自由度を上げ、コストダウンも期待できる。また、和紙の風合いを保ちながら、破れ難い強度のあるものや防炎性のあるものなど特殊な強化障子紙もある。

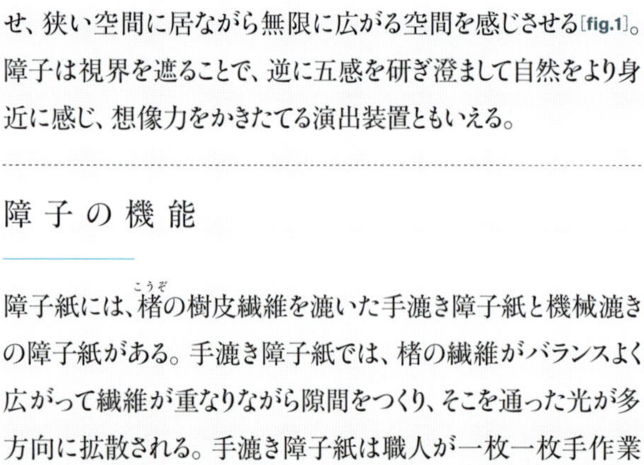

1 | 障子を通った光で満たされた茶室(如庵、犬山、名鉄犬山ホテル 有楽苑内、17世紀)

また省エネルギーの観点からも、夏期には太陽光が直接室内に入り込むのを防ぐ日射遮蔽装置として機能し[参照:ガラスブロック 表2]、普通複層ガラスでも和障子を入れるとLow-E 複層ガラス(日射遮蔽型)よりも日射熱取得率を抑えることができる。また、冬期には室内の暖気が外に逃げないような断熱戸として機能する[参照:襖 fig.4]。他の引戸と同様に、通風のために半分だけ開けたり、鴨居と敷居の間に建具をはめ込むため、カーテンやブラインドなどと比べて冷気や暖気が漏れにくいなど、温熱環境的にも有効な建具のひとつである。

このように障子は、光や視線、熱をコントロールできる機能性に優れた伝統的な建具で、その機能を活用した境界は、現代の住空間にも豊かな広がりをもたらしている。

障子の構成、組子のデザイン

一般的には、木でつくられた枠組み(上桟、下桟、框)の中に組子(竪子、横子)を組み、そこに障子紙を張る。建具の厚みは24−40mm程度で、角材(スギ、スプルースなど)で枠を組み、その中に細材で組子をつくる。框が細すぎると経年でたわみが生じてしまい、たわんだ建具同士が擦れる原因にもなり、太すぎると柱の間に納まらなくなってしまう[fig.2]。柱間を2枚引き、3枚引き、4枚引きなど何枚で引き分けるかによって、建具の厚みを調整する。また組子の見付けは7.5mmが一般的だが、荒組では9mm程度、繁組では5.4mm程度とする。

手漉き障子紙の場合は、紙の幅を基準として横子を割り付ける。機械漉き障子紙の場合は、紙の幅が少し大きいので、組子のデザインは比較的自由になる。伝統的には、床から6尺(1,820mm)程度の内法の高さの建具を基本とし、この高さを6等分、幅を4等分というのが基本的な組子割になる(荒組障子)。ほかの組み方として、障子の枡を横長に組んだものを横組障子、縦長に組んだものを竪組障子、ひと枡がほぼ正方形になるように組んだものを枡組障子、数本の組子を部分的に寄せて組んだものを吹寄せ障子という[fig.3]。

障子の一部にガラスを入れて、外の様子がうかがえるようにしたものを雪見障子といい、そのうちガラスの内側に見込みの小さい上下に移動できる小障子を入れたものを摺上げ障子、左右に移動できるものを猫間障子という。完全に視線を遮るのではなく、時に外を眺めたり、隣とつながる選択性をもたせた可動部分のある障子である。

また、一般的には障子紙は片面にしか張らない。室内側に組子を意匠として見せるため、紙は外側に張る。室内同士を仕切る場合には、格の高い室側に組子を見せるようにするが、両側に組子を見せたい場合は、紙の張替えのため片側を慳貪《けんどん》式にして和紙を挟み、両側に組子を見せるようにする(両面組子障子)。逆に、障子紙を框の両側に張って袋張りにするのが、太鼓張障子である。この場合建具内に空気層が形成され、断熱効果が高まる。また障子の下半分くらいを板戸として強度を高めた腰高障子もある。

障子の可能性

竪子と横子で組まれた組子は、日本的な意匠の代表といえるであろう。住宅に限らず、商業建築や公共建築など規模の大きな建築でも、日本的な雰囲気を演出したい場合には障子はよく使われている。西洋的な住まい方が導入された後でも、多くの建築家が、障子の機能を尊重しながら、組子の割り付けのプロポーションを変えることで、近代建築と日本的な意匠の調和を模索してきた。谷口吉郎や吉田五十八らは障子を取り入れる際、組子の割り付けを工夫しながら、近代建築の意匠や住宅より大きなスケールの空間にふさわしい障子を創造し、伝統的な建具をモダンな意匠に昇華させてきた[fig.4]。

障子を使う場合、空間構成とのバランスを考えて組子をデザインすることが大切である。たとえば、組子のプロポーションは空間全体の印象を左右することもあるので、組子の方向性を空間の方向性と同調させるのか、相反させるのかなどを検討する。正方形に近いプロポーションの割り付け(枡組障子)は、方向性にくせがない。その反対に、部分的に寄せてリズム感を感じさせたり、特徴的な模様を組み込んで絵画的な装飾性のあるデザインとすることもできる。

[参考文献]

- ——『和風デザイン図鑑/建築知識スーパームック』エクスナレッジ、1998年

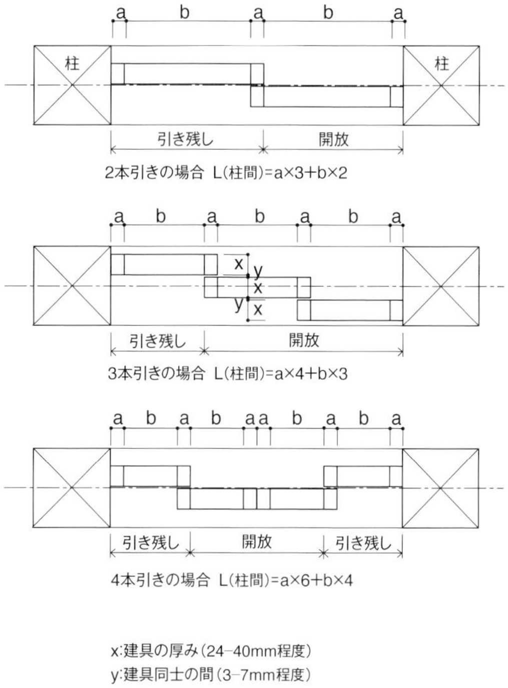

2｜障子の納まり

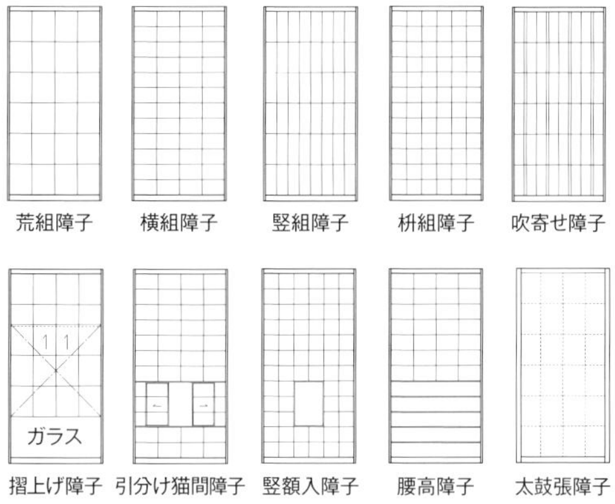

3｜障子の代表的な組子

4｜ホテルオークラ東京 別館ロビー(設計:谷口吉郎、1962年)

襖

［chapter2の主な関連事例］

31

設えとしての襖

襖は、仕切りのない寝殿造りの空間を、使い方に応じて仕切ったのがはじまりといわれている。柱と建具で構成される伝統的な空間において、柱間にはめられた建具を閉めれば、そこだけが囲まれた別の領域とすることができる。また、城や寺社などの襖は、四季の風景や想像上の動物、権威を象徴する図柄などが描かれ、その部屋の格式を表したり、空間を装飾するキャンバス（画面）としても機能した。襖は単に空間を仕切るという機能以上の役割を担っていた［fig.1］。

襖の構成

一般的に襖は、四周に框を組み、框に囲まれた中に中組子を格子状に組み、両側に紙や織物を張って仕上げた建具である。光をやわらかく通す障子に対し、襖は光を通さず、部屋を暗くすることができる。片側に障子紙を張る障子に対し、襖は両側に襖紙を張る。また組子の割り付けが意匠上重要な障子に対し、襖では襖紙のデザインが意匠上の顔になる［fig.2］。建具1枚の厚みは24−40mm程度だが、襖の場合は襖紙が擦れないように、建具同士の隙間を5−7mm程度は確保するのが望ましい。

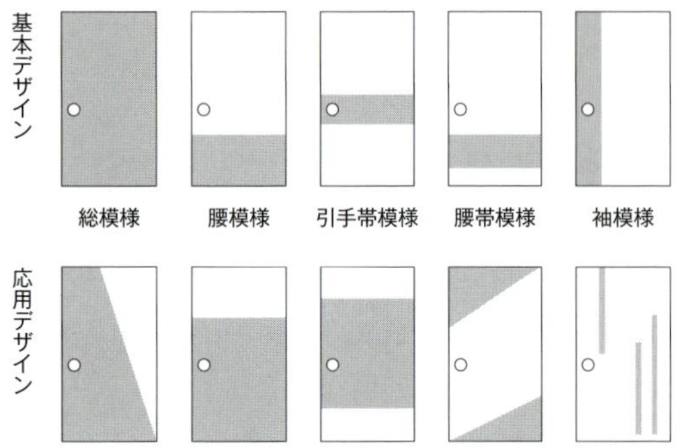

2｜襖紙のデザイン

襖は、中組子の上に種々の和紙が張り重ねられることで、建具としての機能を発揮する。上張り紙は表層材として意匠性が求められ、下張り紙は建具の性能として、強度を保つ、吸音性、遮音性、保温性など室内環境の変化に対応する役割がある。

一番表層の上張り紙には、雁皮《がんぴ》という植物を主原料とした「鳥の子」と呼ばれる和紙や、唐紙が使われる。「鳥の子」には手漉きの「本鳥の子」と機械漉きの「鳥の子」があり、「本鳥の子」は高価だが、年月を経て風合いを増す。機械漉きの「鳥の子」には、「上新鳥の子」と「新鳥の子」があり、「上新鳥の子」は比較的安価で、現在もっとも一般的に使われる和紙で、種類も豊富である。「新鳥の子」はパルプと古紙を原料とし、模様絵付けも印刷で行われるため、もっとも廉価な工業製品として普及している。

1｜建仁寺方丈障壁画「雲龍図」（下間二の間）

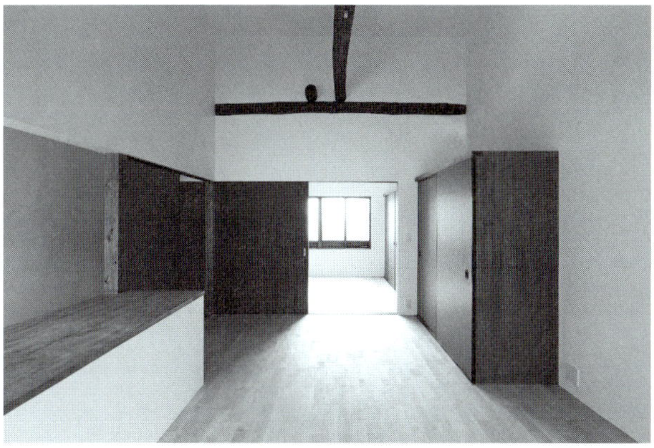

3｜清水坂の住宅（設計：魚谷繁礼建築研究所、2014年）
向かって左の襖、奥の板戸、収納扉の高さを揃えている。
建具を閉じると囲まれた空間としての領域性が明確に視覚化される

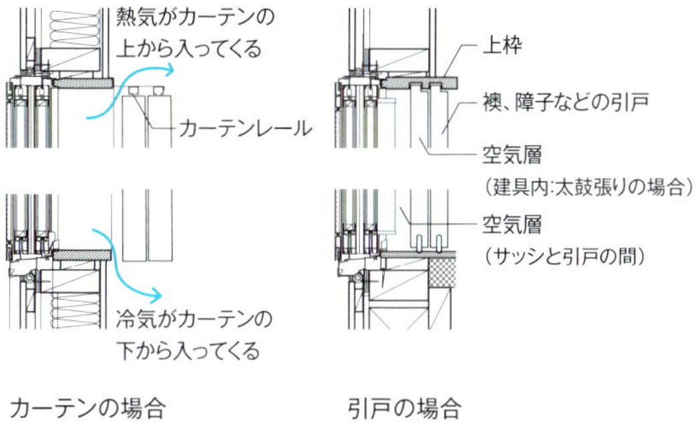

4｜窓辺の断熱効果

また、襖の四周を囲む縁は、漆などで塗装された塗り縁と、拭き漆や素地のままの木地縁がある。竪縁の寸法は、15−30mm程度で、太い場合は厳格な座敷にふさわしく、軽く見せたい場合は縁を細くする。縁を見せない縁なし襖は太鼓襖とも呼ばれている。茶室の給仕口や数寄屋建築でよく使われる。ただし、太鼓襖は框による襖紙の保護がないため、襖紙が擦り切れやすいので、使い方や使う場所に配慮する。太鼓襖の場合、装飾性を嫌い、引手金物も付けず、引手となる部分をへこませるだけの「切り引手」とすることもある。

現代住宅における襖の可能性

日本の住まいでは欠かすことのできない建具として親しまれてきた襖だが、和室が減ったこと、ライフスタイルの変化、また個室化やプライバシーが重視される現代の住宅では、使われる頻度も減っている。しかし、開閉することで室同士を連続させたり、ある領域を一時的に区切って空間を独立させたり、襖をアクセントカラーなどで仕上げて、室内を晴れやかに演出したり、可変性のある「境界」としての可能性は大いに期待できる［fig.3］。

また、ドアは開け閉めする際に回転半径分のスペースを必要とし、そこに家具などを置くことはできないが、襖などの引戸は溝1本分のスペースがあればよく、特に狭小住宅ではスペースの節約に一役買う。

近年は省エネルギーの観点からも襖に限らず引戸の採用が推奨されている。襖は、夏期には半分開けて視線を遮りながら通風を促すことができる。また冬期には広いリビングを暖房する際に、使う部分だけを襖で仕切ることで暖房効果を上げることができる。また襖は組子の両側を表装するため、中に空気層ができ、さらに鴨居と敷居で上下が抑えられているため、カーテンやブラインドなどと比べると、窓辺の足元やカーテンレール上部からの冷気の侵入も軽減でき、断熱効果も期待できる。また内側に発泡ウレタンフォームなどを仕込むことで、さらに断熱性能を向上することもできる［fig.4］。

襖の意匠性

襖の表装には、和紙や唐紙のほかに、織物、クロスなども使われる。素材によって、襖の印象も大きく変わり、襖紙や和紙、唐紙を使えば日本的な印象になり、壁紙と同じクロスを張ると壁の一部のように見せることもできる。和室と洋室の境界に使われる襖は、和室側には襖紙を張り、反対側に壁紙を張れば、1枚の襖でも表と裏でまったく違う表情をつくることもできる（ただし、この場合は表と裏で引っ張りに対する反り具合が変わる可能性があるので、下地などの処理について工務店と事前に相談する）。

また襖の縁の見せ方でも大きく印象が異なる。
面としての「白い壁」で構成される建築において、襖の縁は、その構成を弱める要素として敬遠される傾向がある。このような場合には、上張り紙を枠の小口まで張り回して枠を見せない「太鼓襖」として、襖を「動く壁」としてとらえれば、住空間の表情を変化させる「境界」として、襖の活用の幅も大きく広がるのではないだろうか。

［参考文献］

• ―――向井一太郎・向井周太郎著『ふすま』
中公文庫、2007年

布

［chapter2の主な関連事例］

20 | 45 | 47 | 50

カーテンとのれん

建築に使われている布といって思い浮かぶのは、「カーテン」と「のれん」である。どちらも開口部の上部から垂らす布で、建具を開けたまま通風を確保しながら日差しや視線を遮ったり、室内が外から丸見えになるのを適度に遮る役目を果たす。のれんは、商店の店先や、住宅では台所や洗面所などが丸見えにならないように目隠しするときに使われる。カーテンは一般的には窓辺に使われるが、大きな空間を部分的に囲むときにも活躍する。

また省エネルギーの観点から、近年ではさまざまな機能を備えたカーテンもつくられ、開口部からの熱や光の出入りをコントロールするのに一役買っている。のれんも「暖簾」と書くように、風雨や寒さをしのぐために布を垂らしたことがはじまりといわれている。商店では日差しから商品を守る日除けとしても使われてきた。

心理的境界として働く布

布で室内の一部を囲み、そこだけ別の領域とすることは、古来にもその原型を見ることができる。几帳と呼ばれる布を垂らした仕切りで、一続きの空間をいくつかのスペースに使い分けたり、視線を遮って貴人や女性を人目から守っていた［fig.1］。布一枚が境界としての役割を果たしていたのである。

布が掛けられた開口部を通るときには建具のように開け閉めする

3｜職人風俗絵巻（江戸時代前–中期、国立歴史民俗博物館蔵）
建具が開けられた軒先に白と黒の2色の布が交互に掛けられ、店先を賑やかに演出している

必要がない。ドアなどに比べると境界としての強さはないが、布がかけられていればそこにはやわらかな境界が存在する。つまり布による境界は、物理的な境界の強さを示すものではなく、心理的な境界としての意味が大きいといえる。たとえば、店先に掛けられたのれんは、足元まで長いものはあまりなく、なんとなくのれんの下から中が覗け、風が吹けばのれんがまくれ上がって中が見えたりする。ちらちら中を見せながらも、ここから先は店の領域ということをさりげなく示している。また、客が店に入るときには「のれんをくぐる」わけで、頭を少し下げ「礼」をする行為をさりげなく促すことで、心理的な境界を感じさせているともいえる。

色彩豊かな布を効果的に使う

のれんは、来客を迎え入れる顔として人をもてなすものでもあり、色や図案を変えて季節感を演出し、沿道を飾るディスプレイでもある。室町時代後期に描かれた『紙本著色洛中洛外図屛風』には商店の入口に屋号や家紋の描かれたのれんがかけられている［fig.2］。識字率が低かった時代には、屋号や家紋などの記号で何のお店なのか識別できるようになっていた。現代のグラフィックデザインにも通ずるところがある。江戸時代前期–中期に

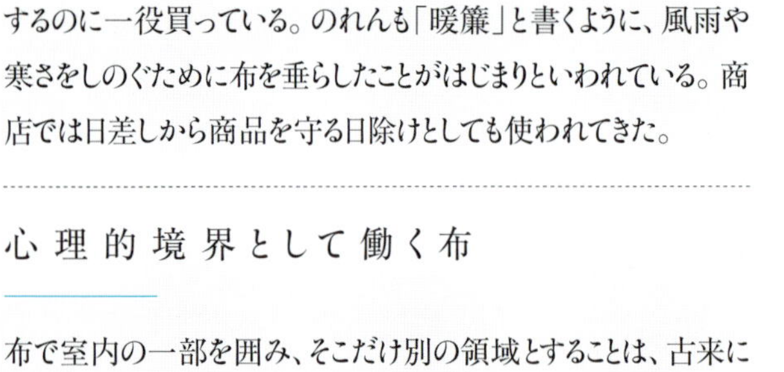

1｜玉藻の前（京都大学附属図書館蔵）
一室空間の中で、縁側で談話する貴族と奥にいる貴族の関係が几帳で仕切られている

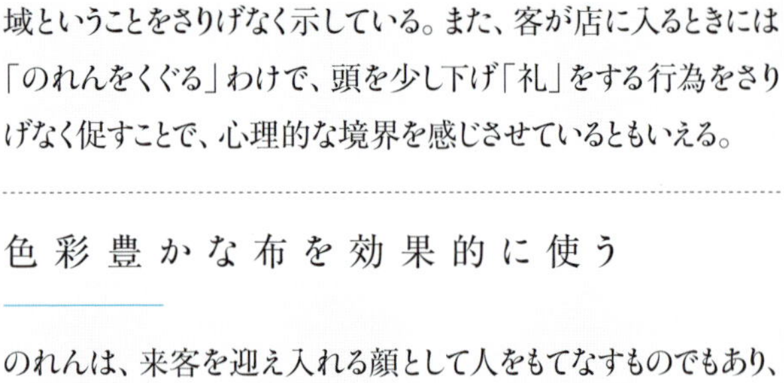

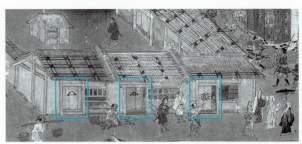

2｜紙本著色洛中洛外図屛風（歴博甲本、室町時代後期、国立歴史民俗博物館蔵）
各店の入口に、売っているものを示した記号が描かれている

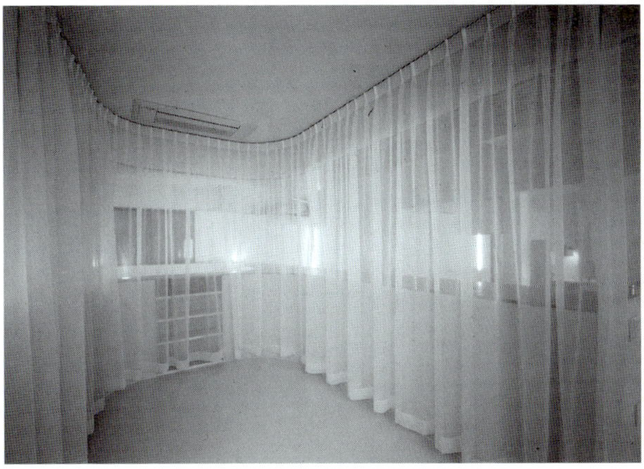

6｜西新井の住宅（設計：納谷建築設計事務所、2006年）
各領域を区切る腰壁に沿って架けられたカーテン。
カーテンを開ければ、腰壁から上は視線が通るワンルーム空間となる

7｜茶月斎（設計：五十嵐淳建築設計事務所、2011年）
レストランの一角を白いカーテンで仕切り、半個室的に使うことができるようになっている

描かれた『職人風俗絵巻』では、店の間口いっぱいに、染色されたり屋号が描かれた「水引のれん」が軒先を囲み、店先を飾っている。のれんは、建物のファサードを飾る装飾的な要素でもあり街並みに彩りを与えている[fig.3]。のれんを使用する場合は、開口部の幅で横幅が決まる。長さは標準的なサイズはあるものの[fig.4]、のれんの両側の空間をどのようにつなぎたいかによって、自由に長さを決めればよい。

同様に、カーテンの布地や色を変えると、室内の雰囲気が一変する。たとえば透ける布を使うと、全体がやわらかな雰囲気で包み込まれた印象になるが[fig.6]、鮮やかな色やゴージャスな模様が描かれた布を使えば、華やかな雰囲気が演出されると同時に、開け閉めによっても室内の雰囲気が変化する。吹抜けを貫く長いカーテンの場合は、垂直性がカーテンによって強調される。カーテンによる室内の演出には侮れないものがある。

開口部以外でのカーテンの使い方

通常カーテンは開口部に取り付けられるが、室内の仕切りとしてカーテンが使われることもある。カーテンは音を遮ることはできないが、視線は遮ることができ、開けてしまえば広い空間に戻すことができる。必要な時に仕切りたい場所だけ囲むことができる。

開け閉めにより空間の仕切りを大きく変えることができる可変性は、カーテンの魅力のひとつであろう。長さや幅、囲む形も自由に設定できるので、矩形の平面の中を曲線で囲んだりすることも可能になる。つまり、空間の形状に合わせて仕切ることもできれば、空間の形状とはまったく違う囲みで、自立した領域を生み出すこともできる[fig.5,7]。

たった1枚の布を垂らすことで、ある種の結界が生まれ、やわらかく空間を仕切ることができる布は、境界要素として大きな可能性を秘めているといえる。軽く、可変する布は、開口部まわりだけでなく、空間をやわらかく使い分ける境界的役割を担うものとして、限られたスペースを臨機応変に使いこなすのに、大いに役立つであろう。

[参考文献]

[★1]——京都のれん株式会社ホームページ
http://www.kyonoren.com/

標準は長さ113cm、
その半分の57cmは「半のれん」、
150cmは「長のれん」、
短いものは40cmが目安である

4｜のれんの標準的なサイズと切れ目★1
商店では、ひだの数は奇数がよいとされている。
「割り切れない」つまり「余りが出る」ということで、商売にも余裕が出るとされている

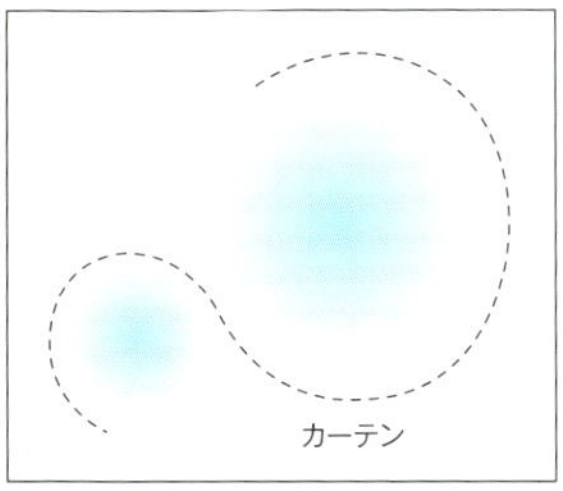

5｜矩形の平面から自在に空間を仕切ることができる

金属スクリーン

[chapter2の主な関連事例]
34 | 41 | 45

金属スクリーンの種類

金属スクリーンは、パンチングメタル、メッシュ(網状のもの)、エキスパンドメタルなどが代表的な製品として挙げられる。素材はスチール、ステンレス、アルミ、チタンなどが使われている。

—

パンチングメタルは、金属の薄板にさまざまな大きさの穴を一定のピッチであけたものである。製品の種類としては、穴の大きさ、ピッチで開口率が決まる。穴は60°や90°の角度で千鳥配置や角度をつけないで並列に並べられる[fig.1]。この穴の大きさとピッチにより反対側の見え方が変わってくる。パンチングメタルを置く両側の空間をどのようにつなぎたいか、仕切りたいのか、穴のあけ方次第でパンチングメタルが果たす境界の役割が変わってくる。また穴の形状は丸が一般的だが、さまざまな形の穴があいたパンチングメタルもある[fig.2]。

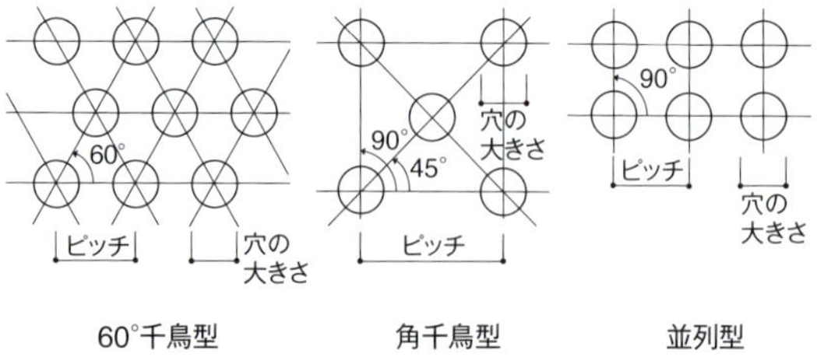

1 | パンチングメタルの穴の配置

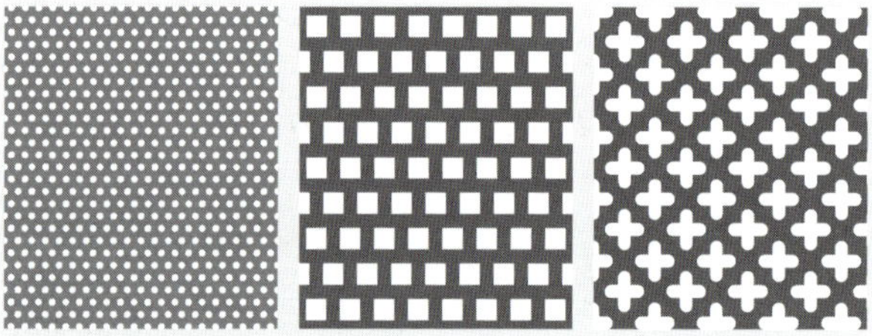

2 | パンチングメタルの種類(奥谷金網製作所)

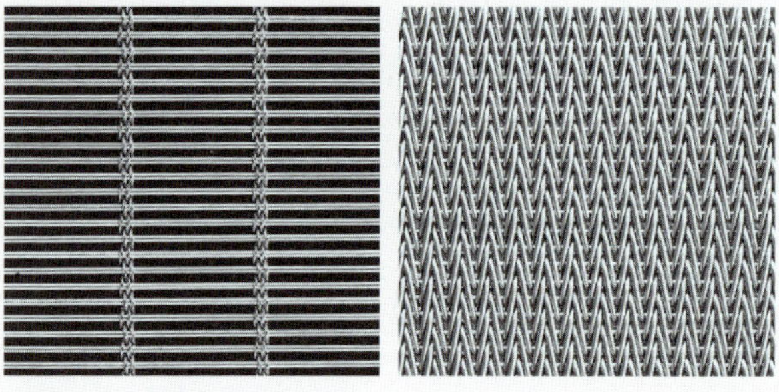

3 | 金属メッシュ(MK Design Mesh)

—

金属メッシュは、線や平板の金属を編んで網状にした素材である。平織、綾織、畳織、綾畳織などの織り方がある。縦線と横線を編むピッチや材の太さや厚みにより、反対側の見え方が変わる。また布地のようにさまざまなパターンで織り込むことも可能で、簾のような横材を主に編んだものや、斜めに編み込んだものなど、種類は豊富である[fig.3]。編み方により、「透け」感が強いものや、ほとんど反対側が見えなくなるものもある。また金属メッシュのなかでも、細い材で織られたものや、編み込みの密度がそれほど高くないものなどはやわらかく曲がり、カーテンのように吊るして使うことができる製品もある。

—

エキスパンドメタルは、金属板に規則的に切り込みを入れたものを延ばして、切り込み部分が菱形に開いたものである。1枚の板に切り込みを入れてそれを延ばすだけでできる無駄のない効率的な加工品である。工業製品として建築現場の足場の床板や、公園を囲むフェンスなど、日常的にさまざまな場所で多用されている。工業的なハードなイメージの強いエキスパンドメタルであるが、使い方によって繊細な表情をつくり出すことができる。またエキスパンドメタルは面の方向により、光の反射や開口率の見え方が変わり、張る方向を変えるだけで異なる陰影のある面の重なりをつくり出すことができる。このような特徴を活かして倉俣史朗がデザインした「How High The Moon」という椅子がある[fig.4]。ジョイントに3mmのスチールロッドを使う以外はすべてエキスパンドメタルでつくられている。光を受けてエキスパンドメタルが輝き、荒々しい工業製品のイメージを払拭させるような素材の使い方である。

金属スクリーンのデザイン性

金属スクリーンの利点は、丈夫である、シャープで軽快な印象を与えられる、豪華でおしゃれに見える、防犯性を高められる、などが挙げられる。工業製品であるため安価なものもあれば、装飾用の高価なものもある。製品そのもののデザイン性が高い装飾用のものは、要所に効果的に使用することで、印象的なインテリアとすることができる。一方、大きな面で使用したい場合は、ある程度の強度も担保されている工業製品として製作された既製品をうまく組み込むとよい。またメッシュやエキスパンドメタルの場合、金属スクリーンに光が当たると、一本一本の金属線が反射して面全体が輝き、外観の表情に変化を与えることができる[fig.5]。また、金属面に太陽光や照明の光が当たって反射することで、スクリーンの反対側が見えにくくなり、近くに居ながら互いの像がぼんやりとして、存在感を感じにくくすることができる[fig.6]。夜間にはスクリーンの裏側の光景がぼんやりと映り、金属らしからぬやわらかな表情を見せることもできる。

金属スクリーンの使い方

金属スクリーンはそれだけでは自立させることは難しい。鉄骨や木などで組んだフレームにはめ込んだり、天井などから吊るなどして建築の部位に取り付けるのが基本である。製品の最大製作寸法やたわみが生じない大きさなどをメーカーと相談し、適宜サポート材を配する。また製品によっては、金属の切り口の端部に衣服や皮膚が引っかかったりすることもあるので、そのような製品を使用する場合は、端部があらわしにならないようにフレームで囲んだり、平板で挟むなど、端部の処理に配慮する[fig.7]。建具などあらかじめ枠をつくる場合は、その枠に直接固定することで可動する金属スクリーンとなる。

ハードな印象のある金属だが、スクリーンとして効果的に使うことでやわらかく空間を包んだり、奥行きを感じさせることのできる境界面をつくることができる。

4｜How High The Moon（デザイン：倉俣史朗、1986年）

5｜Cerina store（設計：妹島和世建築設計事務所、2009年）

6｜居様（設計：永山佑子建築設計、総合プロデュース：トランジットジェネラルオフィス、2014年）

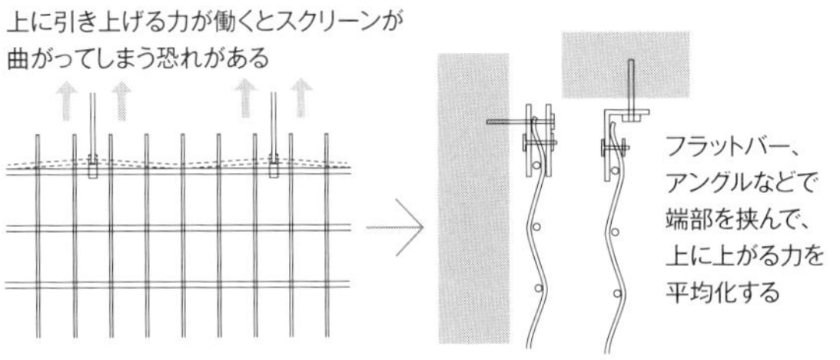
上に引き上げる力が働くとスクリーンが
曲がってしまう恐れがある
フラットバー、
アングルなどで
端部を挟んで、
上に上がる力を
平均化する

7｜端部の処理

ガラスブロック

ガラスブロック「ガラスの家」

ガラスブロックというと、パリに建つピエール・シャロー設計の「ガラスの家」[fig.1]を思い浮かべる人も多いだろう。この住宅では、ガラスブロックの前身であるガラスレンガが使われていた。この住宅が設計された1920年代後半(1927−31年)は、近代化が進み、建築界にもさまざまな新しい素材が登場した時代である。厚くて重い、光を閉ざす石の壁でつくられてきた建築が一般的であった地域において、光を通す明るいガラスレンガの壁は、新鮮かつ大胆な試みであったであろうことは想像に難くない。ガラスレンガの壁から入る明るい光に満ちた空間は、外への解放を象徴するような空間であったのだろう。

fig.2の住宅は、交通量の多い前面道路に対して、塀で閉じるのではなく、オリジナルで製作した密度と透明度の高いガラスの塊を、暖簾のようにSRCの梁から吊り下げた事例である。ガラスの壁を通した光は庭に拡散し、街の中心部に居ながら開放的な住宅を成立させている。

ガラスブロックの歴史

ガラスブロックの前身は、ガラスレンガやプリズムガラスである。電気のない時代に室内を明るくすることを目的に開発された。プリズムガラスは表面に三角形の凹凸がつけられたガラスで、入ってきた自然光を2倍の明るさにすることができたそうである。

1｜ガラスの家(設計:ピエール・シャロー、1931年)

2｜Optical Glass House(設計:中村拓志、NAP建築設計事務所、2012年)
厚み50mmのガラスの塊をファサード上部の梁から暖簾のように吊るしている

船舶や地階へ光を届けるために床に使われたという。「ガラスの家」には、1928年にサンゴバン社から発売された、外側は石目模様、内側はまるい凹みのある200×200×40mmの「ネヴァタ」というガラスレンガが使用されていた。現在のガラスブロックのように中空ではないが、ガラスレンガの表面加工により光が和らげられていたのは同じである。その後、電気による照明が次第に普及し、ガラスレンガには遮音性、断熱性が求められるようになり、ガラスの二重化によるガラスブロックに発展した[*1]。

ガラスブロックの特性

ガラスブロックでつくられた壁は、光を通す壁といえる[fig.1−3]。壁全体をガラスブロックでつくったり、壁の一部にガラスブロックをはめ込んでそこから光を取り込んだり、また外部の床にガラスブロックを敷けば、地階へ光を導くことができる。ガラスブロックは一般的には150−300mm角の正方形で、厚みは80−100mm程度である。薄いものでは50mmの製品もある。ガラスは透明、乳白色、フロストガラス、カラーガラスなどの種類がある。またガラスの表面に波状のパターンや指向性のあるプリズム状の加工がされたものもある[fig.4]。床に使う場合はノンスリップ加工の製品を使用する。

ガラスブロックはガラスとガラスに挟まれた中空層をもつ。ガラスブロックの内部は0.3気圧と真空に近い状態なので、音や熱が伝わりにくい構造になっている。ガラスブロックの熱貫流率は、普通複層ガラスより小さい[表1]。日射侵入率では、和障子を内側に入れた場合と145角のガラスブロックが同等であるが、ガラスブロックの大きさが大きくなるとやや不利になる[表2]。この場合は、庇を出す、外側に落葉樹を植えるなどで対処するのがよいだろう。標準的な施工方法としては、ガラスブロック同士の目地に鉄筋（ステンレス製）を格子状に入れてひとつひとつガラスブロックをはめ込んでいく方法、いくつかのガラスブロックを工場でユニット化し、それらを現場で取り付けていく方法がある。使う面の大きさや部位によって種類と施工法を選択する。ただし、防火延焼ラインにかかる部分に使用する場合は、特定防火設備や防火設備、また耐火構造（外壁、非耐力壁、屋根材）に認定された工法で施工する。

ガラスブロックの光壁

ガラスブロックを通した光は、フロートガラスを通った光よりやわらかく感じられる。2枚のガラスで構成されたブロックを通った光は室内に拡散し、明るい壁面をつくる。外の光を感じることのできる「やわらかい境界面」として開放感のある室内を演出する。

ガラスブロックの壁は光を通すため、壁でありながら重力から解放され、その存在感は軽快である。狭小住宅や壁で小室に仕切られがちな水まわりなどに使用すれば、機能的には仕切られながらも、広がりが感じられるつくりにできる。遮音性や防犯性にも優れるため、すぐ横に隣の家や道路が迫っている都市部でも、視線や音を遮りながら室内を明るくすることができる。ガラスブロックの光壁は、「仕切る」機能と「光を取り入れる」機能をあわせもった素材といえる。

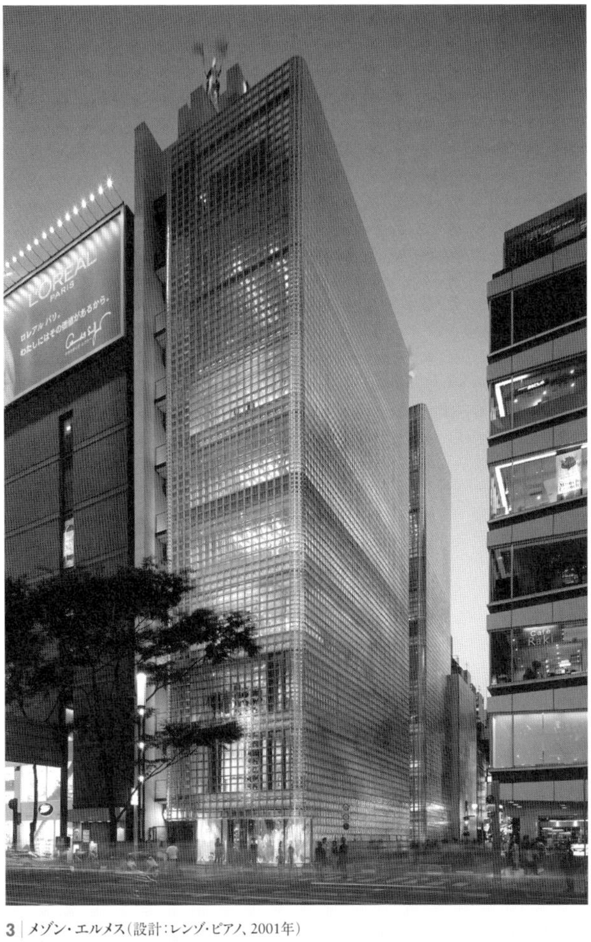

3｜メゾン・エルメス（設計：レンゾ・ピアノ、2001年）
400mm×400mmというかなり大きなガラスブロックをオリジナルで制作し、外壁全体をガラスブロックで覆っている。夜には「街の行灯」として室内の光が外にやわらかく放たれている

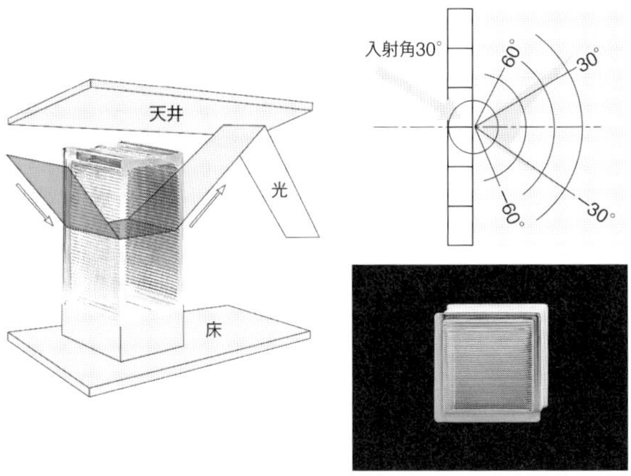

4｜指向性ガラスブロック（日本電気硝子）
一定の角度から入った光がガラスブロックを通り、屈折して拡散することを示す

［参考文献］

［★1］——井上朝雄、松村秀一『ヨーロッパにおけるガラス煉瓦の発展』日本建築学会関東支部研究報告集、2000年度、pp.77－80

［★2］——日本電気硝子資料

［★3］——平成25年省エネルギー基準に準拠した算定・判断の方法及び解説（Ⅱ住宅）

表1｜熱貫流率［★2］

材料	寸法［mm］	熱貫流率［W/m^2・K］
ガラスブロック	145×145×95	2.56
	190×190×95	2.56
	300×300×95	2.44
打放しコンクリート	150	4.05
普通複層ガラス	5-A6-5	3.47

表2｜日射侵入率（夏期）

材料	寸法［mm］	日射侵入率［η］
ガラスブロック［★2］	145×145×95	0.38
	190×190×95	0.46
	300×300×95	0.67
二重複層ガラス［★3］	単板ガラス2枚（ガラスのみ）	0.79
	単板ガラス2枚（和障子）	0.38
	Low-E 複層ガラス（日射遮蔽型／ガラスのみ）［★3］	0.40

花ブロック

花ブロックとは？

花ブロックは、主に沖縄で使用されている穴のあいた異型コンクリートブロックの呼び名である。名前から想像できるように、穴の形に円や1/4円が使われ、並べると花が開いているようなパターンになる。

沖縄では、1948年に米軍の沖縄地区工兵隊によりコンクリートブロックの製造機が導入され、米軍の施設や住宅が多く建てられてきた。翌年1949年には沖縄に地元初のコンクリートブロック業者が創業した[*1]。コンクリートブロックの普及が進むにつれて、沖縄の気候風土に適した、風や光を通しながら適度に影をつくり、目隠しにもなる穴のあいた異型コンクリートブロックが開発された。この異型コンクリートブロックは、沖縄を代表する建築家仲座久雄が考案者とされている[*2]。仲座は、1945年から米国海軍軍政府工務部に勤務し、「規格屋(きかくやー)」や「標準屋(ひょうじゅんやー)」といわれた米国産材の2×4規格による規格住宅の設計にも携わっていた。1956年には花ブロックを建物4面に採用した「仲座久雄建築設計事務所」の自社ビルを建てている(現存せず)。仲座は、戦後の沖縄の住宅建築の方向性として、木造から石造、レンガ造、コンクリート造への転換を推進していた[*2]。そのなかでコンクリートブロックのデザイン性を高めることで、沖縄の建築の未来像を描いていたのかもしれない。

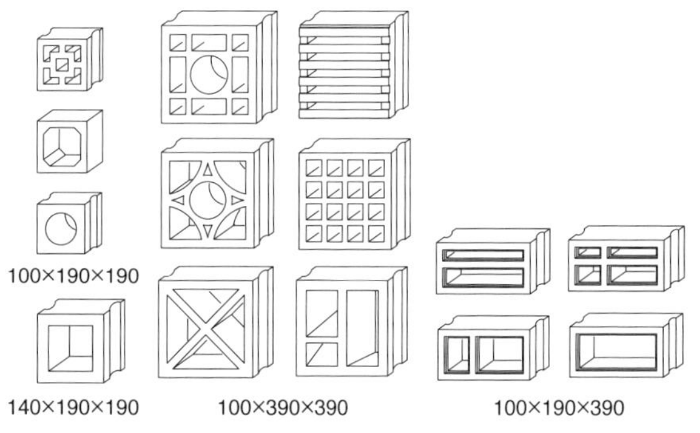

1 | 花ブロックの種類(一部/山内コンクリートブロック)

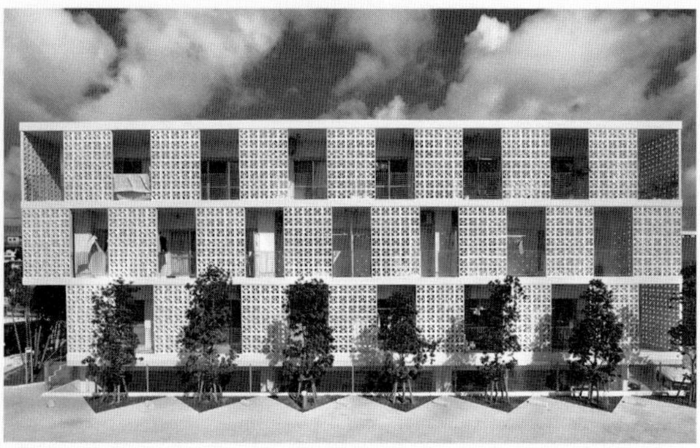

2 | ファサードに花ブロックが使用された集合住宅
(CasaVilla真地、設計:義空間設計工房 伊良波朝義、2010年)

花ブロックの特性

花ブロックは、「セメントと潮抜きした海砂、強度を高めるための砕砂さいさ(本部《もとぶ》石灰岩を細かく砕いたもの)を原材料とし、それらを金型に入れ振動を与えながらプレスし、型から外して、養生室で一晩乾燥させれば完成する[*2]」。また、「作業は一つ一つ人の手で行われていて、金型も熟練した職人が作ったオリジナル[*3]」である。地元で得られる材料を主とし、地元の職人によりつくられる沖縄産の建材といえる。

コンクリートブロックは390mm×190mm×厚み(100、120、150、190mm)が一般的な大きさである。花ブロックも、390mmと190mmを基本単位とした長方形や正方形が主流で、厚みは100、150、190mmである[fig.1]。なかでも390mm角のものは穴のパターンも豊富で四角や円を組み合わせた多様なデザインの種類がある。この穴のパターンは全部で100種類以上もある。また、着色したりオリジナルのデザインをつくることも可能である。

基本的には柱梁構造で囲まれた中に後積みで設置する。施工要領は、ブロック同士の間に、施工する面の短辺方向にステンレスまたは亜鉛メッキ鉄線6ϕの鋼棒を配筋し、モルタル充填する。特別な構法は必要なく、ブロックの単位もJIS規格と同じで、汎用性のある建材である。ただし沖縄本島以外で使用する場合は、運搬費用や日数をあらかじめ考慮する。

花ブロックを用いた事例

fig.2は、花ブロックが集合住宅のテラスを覆い、印象的な外観をつくり出している事例、**fig.3**は集合住宅の外廊下を花ブロックで覆った事例である。共に日射を適度に遮りながら、風を通し、外からの視線をコントロールするスクリーンとして機能している。また花ブロックで囲むことで、外部でありながら室内の延長であるかのような曖昧な外部空間となっている。名護市庁舎(象設計集団、1980年)にも外部テラスの腰壁に全面的に採用

3｜花ブロックで覆われた半外部通路
（エルサヴィエント朝、設計：義空間設計工房 伊良波朝義、2008年）

4｜名護市庁舎（設計：象設計集団、1980年）

5｜聖クララ教会（与那原教会、設計：片岡献、1958年）

されているし［**fig.4**］、DOCOMOMO100選に沖縄から選ばれている「聖クララ教会」の壁面や渡り廊下にも見ることができる［**fig.5**］。

日中は沖縄の強い日差しが花ブロックの穴を通って、床面や壁面に美しい陰影のパターンを映し出し、夜間には室内の光が花ブロックの穴から外へ漏れて、温かみのあるやわらかい印象のファサードをつくり出す。昼と夜で異なる表情を見せるのも花ブロックの魅力のひとつである。

花ブロックの境界としての機能

沖縄だけでなく、他の地域でも花ブロックの機能は有効である。夏期の西日は、開口部に対し水平方向から入るため、いくら庇を延ばしたり、軒を深くしても遮ることはできない［参照：日射遮蔽装置 **fig.1**］。水平方向からの日射をコントロールするには、開口部と並行して日射遮蔽物を設けるしかないが、日射を完全に遮ると今度は風が通りにくくなる。適度に光を通しながら風を通す花ブロックのような建材は、優れた日射遮蔽物といえる。また、光を遮るということは視線も遮ることである。住宅が密集した地域や道路に面した境界部分では、囲み方を工夫することで、視線を気にしなくてよいプライベート性の確保された開放的な外部空間（中間領域）をつくることのできる花ブロックは、大いに役に立つ建材である。空隙の面積が小さいほど日射遮蔽の効果は大きくなり、日差しを遮る部分と外部に開きたい部分で使い分けると、外観にも変化を与えることができ、デザインの幅も広がる。

［参考文献］

［★1］——小倉暢之『戦後沖縄におけるコンクリートブロックの品質保全法の成立過程』日本建築学会九州支部研究報告、第43号、2004.3、pp.593－596

［★2］——磯部直希『仲座久雄と「花ブロック」』立命館文學、2014年、pp.898－915

［★3］——義空間設計工房『魅力再発見！花ブロック』
メード・イン・ウチナー建材
（http://www.gikuukan.com/img/publication/taimusu_hanab.pdf）

日射遮蔽装置

［chapter2の主な関連事例］

| 13 | 24 | 34 | 40 | 43 | 44 |

日射遮蔽の必要性と境界要素としての可能性

自然エネルギーを利用した住宅の設計手法のひとつに、太陽の恩恵（日射熱、昼光など）をできるだけ取り入れ、住宅で消費するエネルギー量を減らす方法がある。開口部を大きくして光と日射熱を取り入れ、年間を通して明るい室内、冬期には暖かな室内とする住宅である。暖房と照明にかかるエネルギーを減らすことは省エネルギー上、非常に有効である。

しかしその一方、近年は夏の暑さが厳しく、住宅でも日中冷房を使う機会と時間が増え、冷房に消費するエネルギーも増加している。冬期の日射熱を期待して開口部を大きくすると、夏期には室内に入り込む熱の量も増えるため、冷房エネルギーの増大を導いてしまう。そのため、夏期の暑さを軽減するために日射遮蔽装置を取り付ける（ただし、冬期には取り外す、移動できるようにする）のが望ましい。

日射遮蔽装置は、「日射を避ける＝視線を避ける」「風を通す＝ちらちら反対側が見える」と、道路や隣地との距離感をコントロールする境界的な働きも果たすことができる。冬期の日射取得のために大きな開口部を設ける場合、視線や風を調整する日射遮蔽物のデザインは、外観上も重要な意匠になる。外観全体のバランスを調整しながら、取り付ける位置や大きさを検討する。

太陽の動きを理解する

太陽高度、日射の入射角は、季節や時刻により刻々と変化する。南側では、夏期は太陽高度が高く、冬期は低くなる。一方、東西側では年間を通して太陽高度は低く、壁や開口部には水平方向から日射が入ることになる［fig.1］。つまり太陽光の角度に対し、南側と東西側では有効な日射遮蔽の方法が異なり、方位を考慮しないと効果が得られない。南側では太陽高度が高いので、開口部の高さに応じて、軒の出を調整することで、室内に直接日射が入ることを防ぐことができる［fig.2］。一方、夕方以降の西日は太陽高度が低くなるので、水平方向から日射が当たる。そのため、いくら庇や軒を深く出しても、水平方向から入ってくる東西の日差しを遮ることはできず、開口部や外壁に平行に日射遮蔽物を設

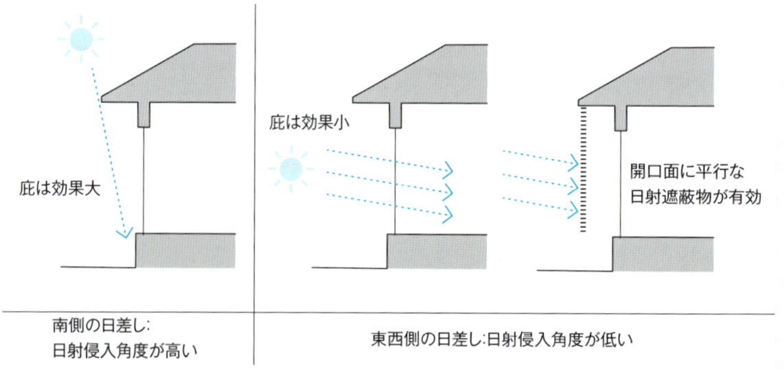

1｜方位別の日射侵入角度と日射遮蔽装置の関係

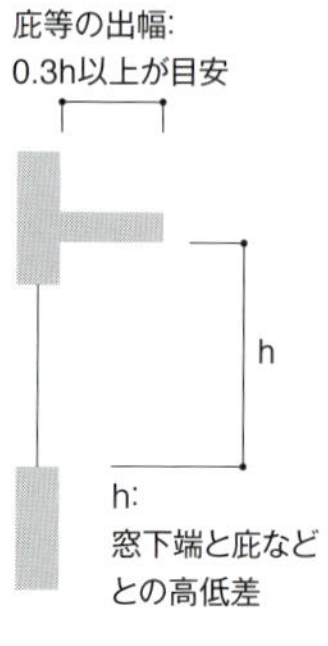

2｜窓の高さと庇の長さ［★1］

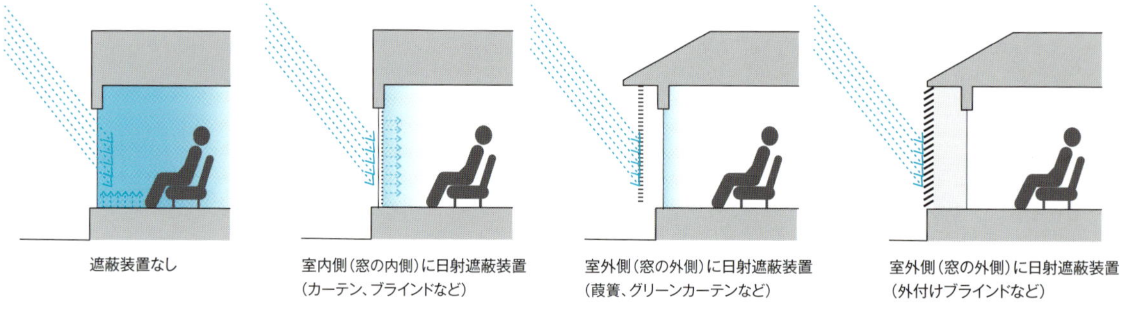

3｜日射遮蔽装置の位置［★1］

けないと意味がない。一方、冬期、日射遮蔽物が南側の開口部の前に設置されたままでは、日射取得を妨げてしまう。南側の開口部の前に日射遮蔽装置を取り付ける場合は、冬期には取り外す、またはどこかにしまうなど、可動できることが肝心である。

日射遮蔽装置の取り付け位置と種類

fig.3は、日射遮蔽装置の位置関係による室内の温度上昇の影響を示す概念図である。昔から使われてきた葭簀《よしず》もかなり効果があるが、一番効果が期待できるのは、外付けブラインドなどで開口部全面を覆い、開口部との間に外気より温度が上昇しにくいバッファーゾーンをつくることである。また、開口部だけでなく、日射遮蔽装置で外壁を覆うことも効果がある。外壁自体の温度上昇を抑えることは、室内の温度上昇を抑え、夜間の放熱によるヒートアイランド現象を抑制するからである。

室内側に付ける日射遮蔽装置には、カーテン、障子、ブラインドなどがある。近年では袋状の空気層で断熱効果のあるスクリーン（ハニカムスクリーンなど）も開発されている［fig.4］。障子、ハニカムスクリーンなどは閉じると外を見ることができないが、開口部全体を明るい面とすることができる。障子は通常枠を室内側に見せて障子紙を張るが、障子紙を室内側にも張って袋張りにすることで空気層ができ、省エネ効果を高めることができる。一方、レースカーテン、ブラインドは日射を遮りながら外を見ることができる。このような日射遮蔽装置は、光を取り入れたいけど見られたくない、という開口部の相反する機能を同時にコントロールできる。

外付け日射遮蔽装置（ルーバー）

日射遮蔽の効果が高い外付けルーバーは、外観のデザインを大きく左右する。同じ材が等間隔に均質に並んだルーバーは外観に整然とした印象を与えると同時に、水平に取り付けた場合は長さや奥行きが強調され、垂直に取り付けた場合は、高さ方向への伸長性が強調される。また開口部の前に取り付けるだけではなく、外観全体のバランスを考えてルーバーを取り付ける範囲を決定するのもひとつの方法である。雨戸や手すりなど、外壁に関係する部位に日射遮蔽を兼用させたり、塀や門扉なども同じパターンとすることで、外観全体を統合するデザインの主役となる［fig.5］。

5｜日射遮蔽と防犯を兼ねた通風もできる雨戸がデザインされた住宅
（久里浜の住宅、設計：タラオ・ヒイロアーキテクツ、2000年）

ルーバーは、基本的には薄い板状の材（羽板）を水平または垂直に並べ、日射の角度や、遮りたい視線の高さなどに応じて羽板を取り付ける角度と間隔を調整する。間隔が広くなれば風通しは良くなるが、視線や日射のコントロールには効果が弱まる［fig.6］。また前述のように太陽高度と方位にも注意する［fig.1］。

またルーバーを水平方向に取り付ける場合は、羽板の上に汚れが付着し、雨が降るとその汚れが垂れてくるため、汚れが外壁につかないように取付け位置や角度に注意する。垂直方向に取り付ける場合、羽板の斜め方向に対しては視線や日射は遮ることができるが、羽板に正対した場合は反対側もよく見えてしまう。

素材は、木、アルミ、ステンレス、再生木などが使われる。矩形の材を使用するのが簡便で安価だが、ひと手間加えて、菱形に加工してルーバーの見付けを細く見せたり、見付けの異なる材を組み合わせるなど、個性的なルーバーのデザインを追求するのも面白いだろう。

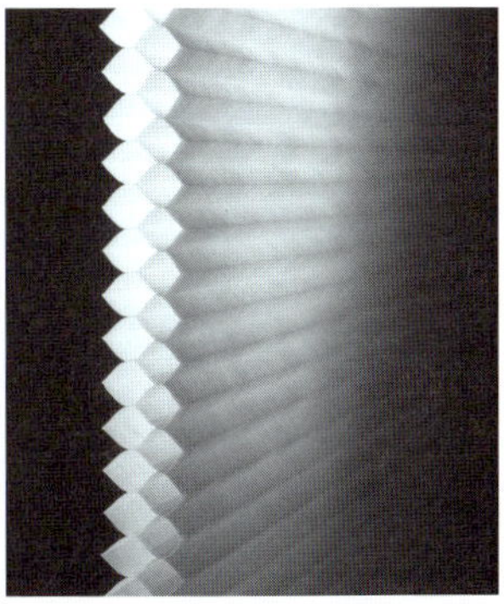

4｜ハニカムスクリーン（セイキ総業）

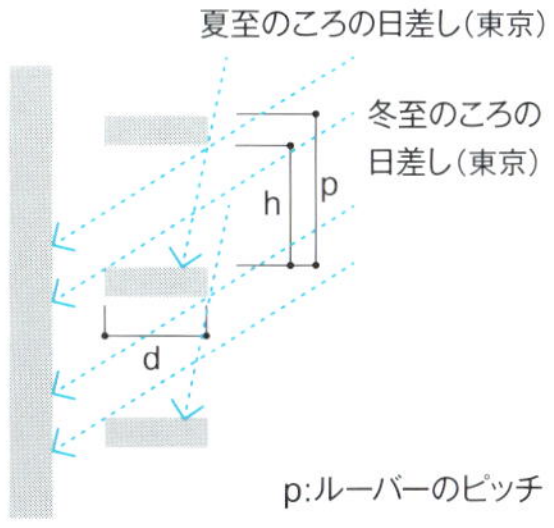

6｜ルーバーの幅とピッチ［★1］
幅d＞高さhであれば、夏期の日差しを遮りながら、冬の日差しを取り入れることができる

［参考文献］

［★1］——建築環境・省エネルギー機構『温暖地版 自立循環型住宅への設計ガイドライン』2015年より作成

ラジエーター 輻射式暖房設備

［chapter2の主な関連事例］

12 | 33

輻射式暖房設備

冬期の暖房には、エアコン、床暖房、暖炉、ペレットストーブ、こたつ、ホットカーペット、オイルヒーター、遠赤外線暖房機など実にさまざまな種類の設備機器がある。暖められた空気を室内に対流させるもの、輻射熱により室内の空気や壁面を暖めるもの、人体を直接暖めるものなど、暖房方法もさまざまだが、暖房設備の種類により、室内環境や快適性は大きく左右される。

ここで紹介する輻射式暖房設備は、空気を撹拌しないのでほこりが舞いにくく、音が静かなことが利点である。エアコンによる空気の対流や音に不快感を感じる人は、輻射式暖房はひとつの選択肢となる［fig.1］。床暖房はその代表で、温水が循環するパイプが仕込まれたパネルや電気ヒーターを床仕上げ材の下に敷き込み、床面を暖めることで室内の空気を暖める。暖められた空気は室内の上部にたまりやすいため、吹抜けがある場合は床暖房を採用して、足元から室内を暖めるという方法は有効である。

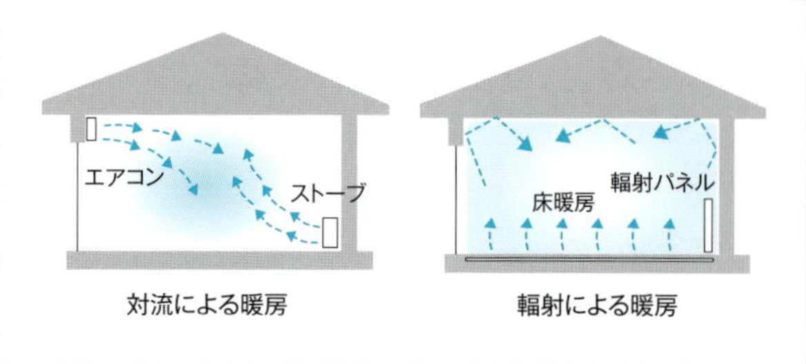

1 | 対流による暖房と輻射による暖房

ほかの輻射式の暖房設備として、ルーバー状のラジエーターで室内を暖めるシステムがある。ラジエーターに温水を流し、その輻射熱で部屋を暖める仕組みである。暖房する部屋の大きさや空間のボリュームによってラジエーターの面積や設置する位置を決める。床暖房と同様、できるだけ大きな面積のラジエーターに30－50℃程度の低温水（製品によって差がある）を循環して暖房することが、省エネルギーの観点からは望ましい。ラジエーターに触れてもやけどをすることがないので、子どもや高齢者のいる住宅でも安心して使うことができる。ただし、壁面を暖めることで部屋全体を暖める仕組みなので、外壁面の断熱性能を確保すること、また間仕切り壁に関しても、床下から冷たい空気が入り込んだり、暖められた空気が屋根裏へ逃げるのを防ぐために気流止めの措置を適切な箇所に施さないと、期待した暖房の効果は得られない。

ラジエーターの意匠性

床暖房は床下に敷設されるため、設備機器として目に見えることはないが、輻射式暖房のラジエーターは空気を暖めるという本来の機能を担いながら、「見せる空調設備」として存在感を放

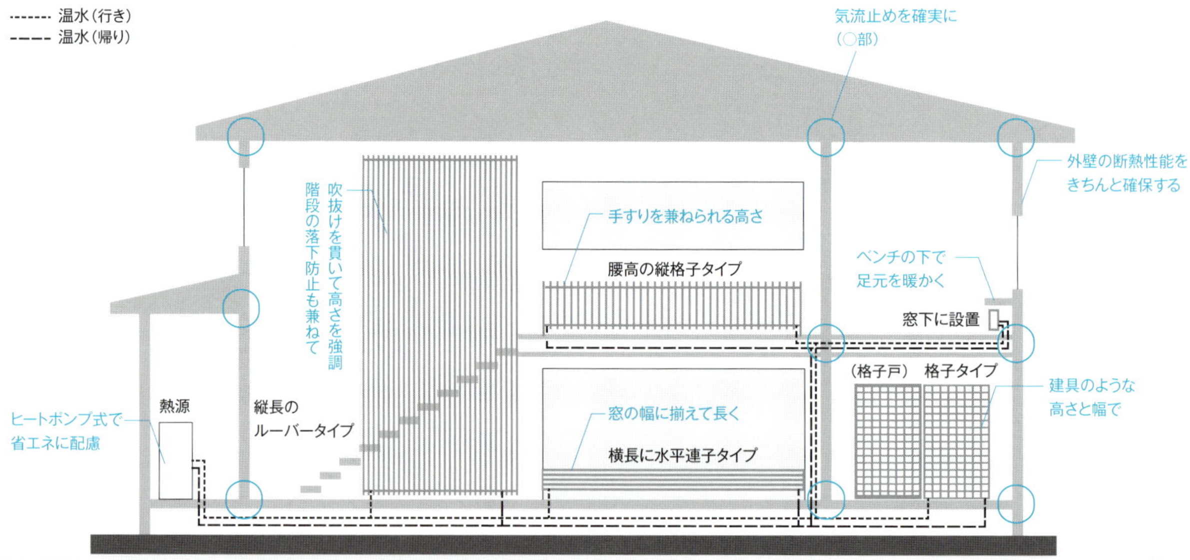

2 | 輻射熱暖房の仕組みとデザインへの取り入れ方

つ。エアコンや換気扇などの設備機器は、意匠的にはできれば隠したい。エアコンは性能を落とさないような目隠しパネルを付けたり、換気扇は家具の一部に組み込むなど工夫する。一方で、ラジエーター輻射式暖房設備は、ルーバーや格子状の羽が均質に並んだ面として、また家具と一体で考えることで装飾的な要素としてとらえることができる。

一般的に大きな空間は暖房の効果には不利だが、輻射式暖房設備のラジエーターを間仕切り的な境界として配置することで、大きな空間を効率的に暖めながら適度に空間を分節することができる。また吹抜けのように縦方向の温度むらによる不快感が生じやすい空間構成でも、吹抜けを貫いてラジエーターを縦長に設置することで、その不快感をある程度低減しながら、空間の垂直性を強調する演出的な装置とすることができる。階段まわりなどでは落下防止の柵としても役立つ。

ほかにも、腰高の縦格子のラジエーターを手すりと一体化したデザインにしたり、横長の窓の下にコールドドラフトを軽減しながら、窓と幅を揃えてすっきりとした窓辺を演出したり、ラジエーターのピッチを横の格子戸と揃えるなど、幅や高さを自在に調整できる長所を活かした使い方がある。また、窓辺のベンチの下に置けば足元の寒さを和らげながら冬でも窓辺の生活を楽しむことができるようになる。このように、置き方次第で多様な使い方が考えられるところが、この輻射式暖房設備の魅力といえる[fig.2–5]。

ラジエーターのデザイン

放熱体であるラジエーターは、表面積を確保するために、基本原理としては細いパイプを並べたもので構成される。メーカーによってデザインにはバリエーションがあるが、薄いフィン状、丸管、板状の幅のあるものなど、デザイン性をあらかじめ確認し、インテリア計画に取り入れてみるのも一考である。またラジエーターの色は、各メーカーで基本色を揃えているが、家具や壁の色と揃えた色味に塗装することも可能である。

[*]————ここでは、暖房についてのみ解説した。同じパネルを使用して冷房するシステムをもつ製品もある。夏期には15℃程度の冷水を循環させて室内を冷やし、湿度が高いときはラジエーターの表面で室内の湿気が結露することで除湿もできるシステムである。詳細は、各製品のホームページなどを参照すること。

3｜吹抜けに設置された輻射式暖房のスクリーン
（FK house、設計：今野政彦建築設計事務所、2005年）

4｜格子戸のようにデザインされた事例（好々庵、設計：安井妙子あとりえ、1993年）

5｜手すりと一体化してデザインされた事例（帯広市立啓西小学校、2002年）

グリーンカーテン

[chapter2の主な関連事例]
13 | 26 | 27 | 28

壁面緑化の効果

壁面緑化は、夏の日射が室内に入射するのを遮蔽して冷房エネルギーの消費量を削減する効果、暖められた壁からの夜間放熱を軽減しヒートアイランド現象を緩和する効果が期待できる。また壁面緑化は、環境的な側面以外にも、目にも優しく、花が咲くのを楽しんだりする景観的な効果や、実を収穫して食すという楽しみもある。また、開口部を覆う緑のスクリーンは、外からの視線を遮りプライバシーの確保にも役立つ。さまざまな効果や楽しみ方の期待できる壁面緑化は、近年技術も進化し、さまざまなタイプの壁面緑化が可能になっている[fig.1]。

内外をやわらかく仕切る「境界」としてのグリーンカーテン

窓と外をやわらかく仕切る境界としての役割を果たす壁面緑化の工法には、代表的なものとして以下の5つのタイプがある[fig.3]。

1———直接登はん型
壁に付着する植物の登はん力によって壁を緑化するタイプ。気根もしくは吸着根が建物に付着して壁を上がる。そのため、壁の表面の状態が植物の登はんしやすさに大きく影響する。つるつるした面(ガラス面、タイル面など)は登はんしにくいため、壁の表面を粗面に加工したり、ヤシガラなどの立体的な編み目の素材などを使って、登はんしやすくすることがポイントである。

2———巻き付き登はん型
壁に取り付けたネットや格子状の補助部材に、ツル植物の巻き付く性質を活かして緑化するタイプ。比較的簡易に大きな壁面を緑化することができる。生育が早く、上方へ伸びることから、植物が旺盛に伸長する春から夏にかけて、剪定により茎の数を増やして横に広がるように枝を誘引する作業が非常に大切である。支持材は、ワイヤーなどの線状のものとネットやメッシュなどの格子状のものを使う。支持材はさびや風などに耐えられるように、ステンレスやアルミ、ビニール系素材によって被覆されたものを選ぶ。農業用ネットなどもよい。また支持材のメッシュやワイヤーの間隔は、ツルが伸びて支持材に絡まることができるように、植物の回旋半径を超えない30−40mm程度とする。ただし、植物によってはもう少し小さい間隔が適するものもある[fig.2]。住宅では「巻き付き登はん型」が一番安価で手軽である。

3———下垂型
屋上や壁上部にプランターを設置し、下垂型の植物を壁上部から垂らして壁面を緑化するタイプ。壁面に支持材などが不要で、簡易で安価な壁面緑化の手法である。壁面の上部に植栽が可能なスペースや、プランターを置く場所を確保し、そこに下垂する植物を植え、壁面側に植物を垂らす。ただし、プランターなどが風などで倒れないように固定する。高所にプランターなどを置く場合は、メンテナンスができるようにしておく必要がある。

1 | グリーンカーテンの下の屋外テラス(緑のカーテンの家、設計:オーガニックデザイン、2012年)
ゆるやかに曲げられた壁と屋根のようなグリーンカーテンに囲まれた空間は、外の生活を誘引し、自由な活動の場となっている

2 | ゴルフネット(目合い25mm)を利用したグリーンカーテンでゴーヤを育てる
(キチ001、設計:柴田晃宏+比護結子/ikmo、2006年)

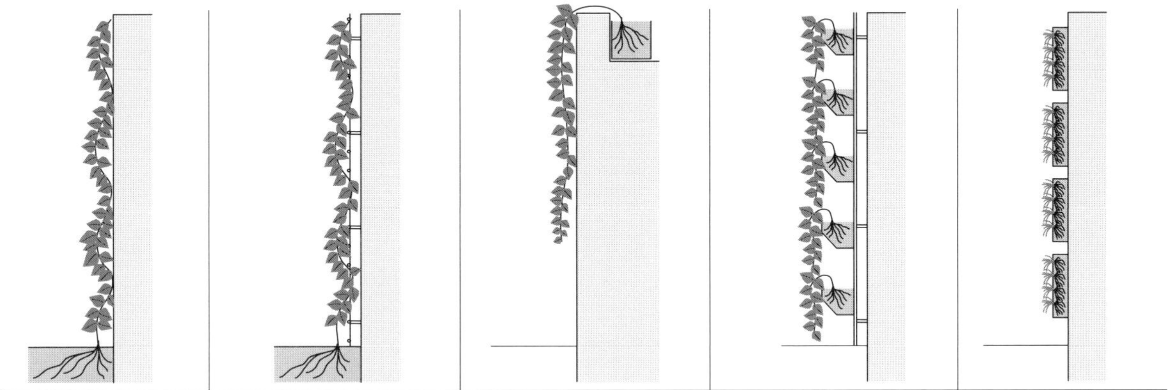

直接登はん型	巻き付き登はん型	下垂型	プランター型	ユニット型
ナツヅタ、オオイタビ、 ヘデラ、ノウゼンカズラ など	カロライナジャスミン、 テイカズラ、ヘチマ、ゴーヤ、 クレマチス、朝顔など	ヘデラ・カナリエンシス、 コトネアスター類、 コニファー類など	ヘデラ・カナリエンシス、 ヘデラ・ヘリックス、 イヌツゲなど	

3｜壁面緑化の種類

4———プランター型・ユニット型

壁面にあらかじめフレームを設置し、そこにプランターを掛けて壁面を緑化する「プランター型」、植物が生育可能な基盤に潅水・排水装置を設けたユニット化したパネルを壁面に掛ける「ユニット型」がある。植物の生長を待つことなく、施工直後から均質に被覆された緑化壁面を実現することが可能である。そのため、植物の自生で伸びた自然な緑の広がりを活かすというよりは管理されデザインされた緑として、前述の3つの手法よりデザイン性の高い壁面緑化手法といえる。また、季節やイベントなどに応じて、植栽を変更することも可能である。

—

プランター型やユニット型はある程度の数を設置できるビルなどに向いており、コストや荷重を考えると住宅の規模ではおすすめしない。

壁面緑化の注意点

1———土壌の選択

植える場所と植物に適した土壌を選択することはもっとも基本的な注意事項である。植物の生長には自然土壌が理想的だが、緑化の手法によっては荷重を考慮して軽量な人工土壌とする。管理のしやすさや植物の適性にあった土壌を選択する［**表1**］。

表1｜土壌の種類と特徴

根域・土壌	植物の生長	維持管理
地根 （自然土壌）	旺盛	剪定管理：多 潅水管理：少
コンテナ （人工軽量土壌）	抑制	剪定管理：少 潅水管理：多

2———植物の選択

緑化の工法に適した植物の特性（特に弱点）を理解して選択する。工法や設置場所に適さない植物を選ぶと、予想外の生長をしたり、枯れてしまう。また紅葉したり実がなる楽しさを味わう一方で、落ち葉の管理や熟した果実の果汁が飛び散ることもあるので、周辺環境を考慮して選択する。

—

3———荷重負担への配慮

土壌や水分を踏まえた荷重を考慮して壁面の構造を決める。壁面に支持材などを設置して長期間維持できる強度に満たない場合は、支持材を壁面から自立した構造とする。特にプランター型やユニット型では、土壌+植物+水分を合計した荷重がかかるので、あらかじめ構造への負担を検討する。

—

4———維持管理

植物が生長するための潅水や、万が一病気になったときの処置ができる維持管理システムをあらかじめ構築する。植物は植えただけでは育たない。外部でも、雨がほとんど降らない時期があったり、夏の日射で土壌の水分が奪われてしまうことがある。また、プランターやユニットの場合、保水性能には限界がある。手に届く部分であれば、水をあげることはできるが、高い壁面に取り付けた場合や、面積が大きい場合は、自動で潅水するシステムを取り付けることが肝要である。潅水システムに肥料などの成分を混ぜて潅水できるとなおよいであろう。

［参考文献］

●——東京都『壁面緑化ガイドライン』2006年

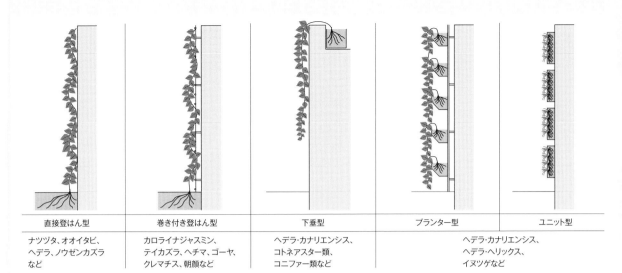

室をつなぐテーブル

[chapter2の主な関連事例]
14 | 18 | 20 | 22 | 24 | 25

住宅におけるテーブルの存在

住宅の設計をする際、「テーブル」は建築家が好んで設計する家具である。ダイニングテーブル、ティーテーブル、サイドテーブルなど、用途や置かれる場所によって大きさや高さもさまざまである。大きなテーブルを真ん中に置いたり、窓辺に沿って細長くテーブルを設けたり、形や大きさ、素材などに建築家の設計思想が映し出され、家具でありながら建築の一部としての存在感を主張する家具といえるであろう。

—

たとえば、chapter2の事例では、住宅のコア的な存在として室同士をつなげる巨大なテーブル、両側の床レベルの違う高さで挟んで使うテーブル（デスク）など、隣接する室同士の関係性に関わるような建築の一部として設計されている。ここでは、隣接する室同士の境界を越えて配置されるようなテーブルのデザインを考えてみる。

生活行為を提案するダイニングテーブル

住宅のなかで使われるテーブルや机のなかでも、ダイニングテーブルは一番大きく、家族が集うダイニングルームの広さや使い方とも密接に関係するため、住宅の設計と並行して考えられる場合が多い。家族が食事をする場であるのはもちろんのこと、料理の準備や配膳スペースとなったり、子どもが遊んだり宿題をしたり、新聞や本を読んだり、趣味の創作を行ったり、実にさまざまな日常生活の行為が繰り広げられる場となる。つまりダイニングテーブルは食事以外にも家族の活動の重要な場であり、提案次第で家族の生活スタイルを大きく左右する家具となる。

1｜ダイニングからリビングに延びる長大なテーブル
（深沢のN邸、設計：横河健／横河設計工房、2002年）

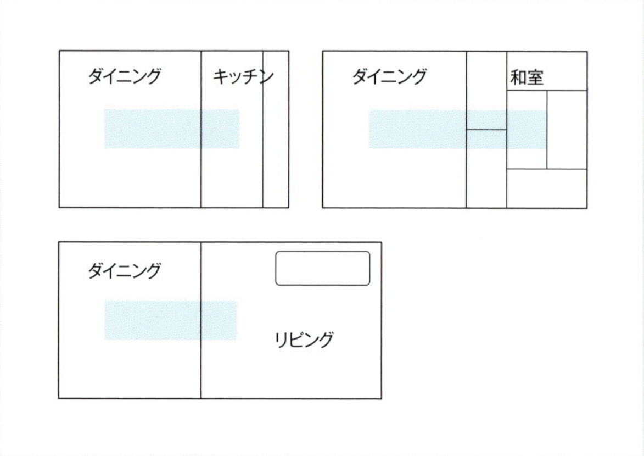

2｜ダイニングテーブルの位置と高さの関係
テーブルの高さは、ダイニングは700mm前後、キッチンは850mm前後、和室では400mm前後の高さが望ましい。
この高さを解消するには、床に段差を設けるか、テーブルに段差を設ける

—

建築計画的には、食事をするときの椅子同士の間隔や食器を並べることを想定したテーブルの幅など、ダイニングテーブルとして適正と考えられているサイズがある。市販されているダイニングテーブルは、4人家族+αを想定してつくられているものがほとんどで、このような場合ダイニングテーブルでの日常の生活行為は限られてしまう。

建築の一部となるテーブル

長くて大きなテーブルの場合でも、幅は機能的な点から1m前後が使いやすいが、長さは空間にあわせて自在に設計され、4−6mほどの事例もある。たとえばダイニングテーブルの場合、ダイニングには納まりきらず、隣の部屋にまで越境する[fig.1,2]。この越境が長大なテーブルのミソで、越境した先はキッチンだったり、リビングだったり、和室だったりする。つまり長くて大きなテーブルは、ダイニングルームと隣の部屋をつなぐ「橋掛かり」のような役目を果たすのである。隣の部屋にいる家族とダイニングルームにいる家族がテーブルを介してつながったり、その一方で、ちょっと離れて作業をしたい場合など、同じテーブルを使うことでつながっているようでも別の部屋にいる、というつかず離れずの関係になる。建築の一部となる長大なテーブルは、家族同士の距離感を縮

めたり離したり、時と場合によって、家族の関係を調整する境界的な役割を果たす家具となる。

製作上の注意点

テーブルは、天板となる大きな板とそれを支える脚から構成される。天板の形は、長方形、正方形、円形などが一般的だが、テーブルが置かれる部屋や場所にあわせた形でつくられることもある。脚の位置は、座る位置を想定して、膝が当たらないような位置に配置するのが原則である［fig.3］。

製作には①天板を何でつくるか、②脚などの骨組みを何でつくるか、③運べる重さか、④取り付けや搬入は可能か、などに注意する。

まず、長大なテーブルの天板を何でつくるか、という点だが、長大な天板はできれば継ぎ目のない素材でつくりたい。木材でつくる場合は無垢板か、集成材か、突板を貼るか、といった選択肢がある。継ぎ目をなくすことのできる人造大理石や、下地の板を組んでその上に長尺シートなどを貼る、というつくり方もできる。また天板が反らないように、反り止めを必ず入れることを忘れないようにする。

次に骨組みだが、天板の素材により重量も大きく変わり、支える方法もそれに対応して考える。幅方向はワンスパンで支えられるが、長さ方向をどのように支えるかが難しい。長さ方向のスパンを支えられるように、天板を構成する材と桁の高さを決める。鋼材でつくる場合は比較的細く見せられるが、木材でつくる場合はある程度の厚みや太さが必要になる。また、片側をキッチン台や別の家具などで支えることができる場合は、長さ方向のスパンは短くすることができる。

天板の小口のデザインはテーブルの見せ方に大きく関係する。小口を薄く見せたい場合は、骨組みは天板の淵に揃えないで、少し奥に入れて設置したり、テーパーをつけて見付けを小さくすると、天板の小口が厚く見えないので、大きさの割には重さを感じさせないデザインとすることができる［fig.4］。

最後に、取り付けや搬入の仕方も検討する必要がある。天板が工場で製作されて現場に搬入される場合は、長い天板が階段を回転できるだけのスペースがあるか、窓からの搬入が可能かなどを検討する。脚を一体でつくりたい場合は、搬入ルート上にあるドアの幅にも注意する。またこのようなテーブルは重くなることが多いので、搬入の際、何人かの人で運ぶことができるスペースがあるかどうかというのもあらかじめ確認する必要がある。また将来的に移動する可能性がある場合は、家族だけで移動できる重さにするべきかも事前に相談し、その場合は移動の際に天板と脚が分解できるような仕組みも考えておくべきである。

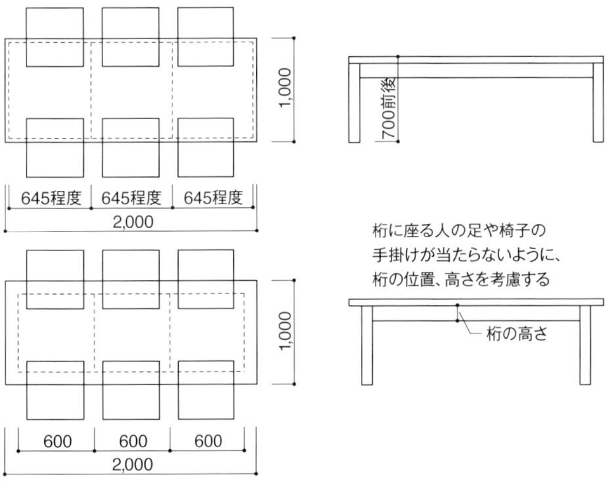

3｜テーブルのサイズと座る位置

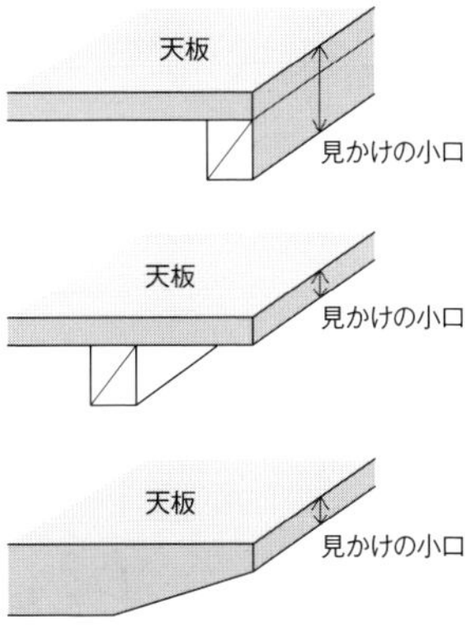

4｜天板の端部の処理

おわりに

「そもそも、空間の際《きわ》には、工夫が集中していますよね」
「そういえば、近ごろの住宅は、空間のつなぎ具合に
いろんなニュアンスが込められている気がしませんか?」
「そうそう、縁側とか坪庭や土間のような、
半外部の空間を外側にまとっていたり、
外が通り抜けるようで、内外の輪郭がはっきりしないものだとか」
「ほかにも、開口の向こう側が、隣の部屋だと思ったら
実はテラスだったり、良い意味で予想を
裏切るような外の引き寄せ方も見られますね」

—

近年に発表される住宅作品を眺めながら、
本書の企画当初に漠然と交わしていた会話である。
住宅の内と外、あるいは内と内同士を仕切り、
つなぎ合わせる境界まわりに、なんらかの伝統的な工夫の踏襲や、
現代の問題解決を計るべく、それらを発展させている様子を、
薄ぼんやりとではあるが感じていた。

—

本書は、「はじめに」でも述べたように、
住宅の「境界」を「空間同士のつなぎ方」という視点から再考し、
現代の住宅設計に見られる新しい境界形成の
手法について読み解く試みである。

—

まずは、住宅にとって「境界とはどのようなものであるか?」
という疑問に立ち返り、伝統的な境界と、
現代に見られる境界について分類を行った。
なかば強引な見立てであることは自覚しつつも、
現在に至るまでの境界の形状や手法において、
類似性・関連性や変化、可能性を
提示したつもりであるが、いかがだろうか。
さらに、現代の住宅の事例を観察するところから、
境界部の調整、操作の手法において、

一定の傾向や定型を読み取ることを試みた。
事例として取り上げた作品には、
豊かな自然の中にたたずむ週末住宅もあれば、
密集した市街地に建つ都市型の住宅もある。

—

また、戸建てに限らず、なかには集合住宅の1住戸や
シェアハウスをリノベーションした作品も意図的に混ぜている。
当然ながら、領域の境界を挟んで対峙する対象は、
周囲の環境であったり、近隣の人々、
ともに暮らす家族や住人など、それぞれに状況が異なる。
これら作品の選定は、空間同士のつなぎ具合において、
明快な「開・閉」ではなく、なんらかの調整が計られていること、
住宅全体の印象と実際の境界面との間に
ずれが生み出されていること、似た平面・断面計画であっても、
併置するとそれぞれの手法の相違点が
浮かび上がることなどに注目して行った。
冒頭の会話のごとく、当初は漠然ととらえていた
境界形成の手法であったが、
これら多様で特徴の異なる事例のなかにも、
なんらかの共通性や傾向、汎用性といいかえられるような
手法を抽出し、整理することができたのではないかと思う。

—

事例は個別の解であり、その時々のシチュエーションや
社会のニーズで、境界の役割は変わる。
本書であげた事例の手法、分析の切り取り方や視点は
ひとつの見方にすぎないが、境界という要素や領域について
考察するときの一定の手法を示唆するものであると思われる。
読者のみなさんが住宅の設計にあたって、
境界部分について意識するときに、
本質に立ち返り、見通しを確保し、
具体化への一助となることを期待している。

最後に、本書をまとめるにあたり、
快く作品の資料提供ならびに掲載許可を
いただきました建築家のみなさまには、深く感謝いたします。
また、著者らコンビによる前作から、
引き続き担当編集を務めてくださった彰国社の尾関恵さん。
しっかり手綱を握っていただいたおかげで、
毎回の打ち合せが意義あるものになりました。
そして、エディトリアルデザインをご担当いただきました
neucitoraの刈谷悠三さん、角田奈央さん、平川響子さん。
これでもかと詰め込んだ原稿データを、
スマートな装いに仕立ててくださいました。
その他、ご支援・ご協力いただきましたみなさんへ、
この場を借りてお礼申し上げます。

—

ありがとうございました。

—

2017年8月　大塚篤

写真クレジット

IWAN BAAN
p.038下/060上
—
Hiroshi Nakamura & NAP
p.120上
—
ikmo
p.128右
—
Subrealistsandu
p.120下
—
淺川敏
p.066/067
—
アトリエ・ワン
p.048上[021]/050下[019]
—
阿野太一
p.056
—
池井健
p.115
—
上田宏
p.038上/076下
—
内山昭一
p.090/091上
—
オーガニックデザイン
p.128左
—
川辺明伸
p.117右
—
義空間設計工房
p.122/123左
—
北村徹
p.103[015]
—
小泉アトリエ
p.034/035下
—
小島光晴
p.096[025]/097

椎名英三
p.070
—
繁田諭
p.054[019]
—
彰国社写真部
p.014/016/022/032[015]/033/036下/040[013]/041/044[017]/053[015]/062/069/072[017]/077上[021]/078[023]/079/084/085/086/091下[023]/093上/119中/121下
—
新建築社
p.035上/036上/042下[023]/048下/050上/058上・下/060下[023]/064[013]/075/082/087/088上・下/094[025]/102[015]/127上/130
—
鈴木研一
p.046[017]/047
—
鈴木豊
p.093下
—
セイキ総業株式会社
p.125下
—
タトアーキテクツ/
島田陽建築設計事務所
p.074
—
タラオ・ヒイロ・アーキテクツ
p.125上
—
トランジットジェネラルオフィス
p.119下
—
長澤浩二
p.098/099[019]
—
西川公朗
p.100/101

日本電気硝子株式会社
p.121上
—
畑拓
p.012/024
—
ピーエス株式会社
p.127中・下
—
藤井浩司/
Nacasa & Partners Inc.
p.077下[013]
—
藤塚光政
p.119上
—
堀田貞雄
p.104上・下
—
ホテルオークラ東京
p.113
—
丸山弾
p.081
—
武藤圭太郎建築設計事務所
p.107上
—
名鉄犬山ホテル
p.018[112]
—
元離宮二条城事務所
p.020
—
森中康彰
p.105
—
矢野紀行
p.057[021]/106/107下[015]
—
吉田誠
p.042上[025]/117左
—
与那原町
p.123右下
—
臨済宗 大本山 建仁寺
p.114

*同一写真を複数ページにおいて掲載している場合は、chapter2の当該ページを示し、[ ]内にそれ以外のページを示した。

著者略歴

大塚篤｜おおつか あつし

略歴

1971年 東京都生まれ
1996年 工学院大学大学院工学研究科建築学専攻修士課程修了
2006年 工学院大学大学院工学研究科建築学専攻博士課程満期退学
設計事務所、工学院大学専門学校専任講師を経て、
現在 工学院大学建築学部建築系学科実習指導教員
博士(工学) 一級建築士
ソフトユニオン会員

主な著作

『北欧の巨匠に学ぶ図法 家具・インテリア・建築のデザイン基礎』
彰国社｜2012年(共著)
『実務初心者からの木造住宅矩計図・詳細図の描き方』
彰国社｜2014年(共著)
『家づくりの裏ワザアイデア図鑑』エクスナレッジ｜2015年(共著)
『カタチから考える住宅発想法「空間づくり」をはじめるための
思考のレッスン』彰国社｜2016年(単著)など

主な建築作品

「国分寺の家」2013年
「福生の家」2011年
「伊豆の家」2007年
「国立の家」2006年

執筆担当

chapter1
chapter2［事例1/3–25/28/29］

是永美樹｜これなが みき

略歴

1970年 東京都生まれ
1996年 東京工業大学大学院総合理工学研究科社会開発工学科修了
AMO設計事務所、東京工業大学建築学専攻助教を経て、
現在 KMKa一級建築士事務所(共同主宰)
一級建築士、CASBEE建築・戸建評価員、京都市文化財マネージャー、
博士(工学)
ソフトユニオン会員
第6回サステナブル住宅賞国土交通大臣賞受賞

主な著作

『拼合记忆——澳门历史建筑的发展与保护』中国电力出版社｜
2009年(共著)
『世界で一番やさしいエコ住宅』エクスナレッジ｜2011年(共著)
『実務初心者からの木造住宅矩計図・詳細図の描き方』
彰国社｜2014年(共著)など

主な建築作品

「成蹊通りの民家」2016年
「八雲の大屋根・小屋根」2013年
「鶴見の家」2004年
「樹霊の家」2004年
「庇の家」2002年
「吉礼の家」2001年

執筆担当

chapter2［事例2/26/27/30–51］
chapter3

「境界」から考える住宅　空間のつなぎ方を読み解く

2017年9月10日　第1版発　行

著　者　大　塚　篤・是　永　美　樹

発行者　下　出　雅　徳

発行所　株式会社　彰　国　社

162-0067 東京都新宿区富久町8-21

電話　03-3359-3231（大代表）

振替口座　00160-2-173401

自然科学書協会会員

工学書協会会員

Printed in Japan

印刷：壮光舎印刷　製本：誠幸堂

ISBN978-4-395-32097-4　C3052

http://www.shokokusha.co.jp